KB138457

ITQ 한글

ver.2016(NEO)

"이" 한 권으로 합격의 "기적"을 경험하세요!

자격증은 이기적!

ITQ 시험은 매회 어느정도 정해진 유형 안에서 출제되고 있습니다. 필기 없이 실기 작업만 시행되며 500점 만점에 400점 이상의 점수를 받으면 A등급이 주어집니다.

유형이 정해져 있다는 것은 반복 숙달을 통해 고득점을 받기 쉽다는 것을 의미합니다. 각 작업별로 어떻게 평가가 이루어지고 어떤 연습이 필요한지 체크하여 ITQ A등급에 도전하세요.

ITQ 한글은 워드프로세서인 아래한글을 이용해 작업을 진행하여 문서작성 능력을 객관적으로 평가하는 자격시험입니다. 아래한글은 일상에서 자주 사용하는 프로그램이지만 막상 그 기능들을 완전히 활용하고 있지 않은 경우가 많으며 본 수험서를 통해 기존보다 더욱 질 높은 문서를 쉽게 작성하고 시험유형에 대비할 수 있습니다.

문제	기능	배점
기능평가 I	스타일	50
	표	50
	차트	50
기능평가 II	수식 입력 2문제	40
	그리기 작업 : 도형, 글맵시, 그림 삽입, 하이퍼링크	110
문서작성능력평가	문서 입력, 들여쓰기, 머리말/꼬리말, 덧말 넣기, 책갈피, 문단 첫글자 장식, 그림 삽입, 각주, 문단 번호 기능, 표, 쪽번호, 서식 지정	200
	합계	500

전체 구성 문서 환경 설정 및 답안 전송

✔ 체크포인트

– 파일명 : 본인의 '수험번호–성명' 입력

– '수험번호–성명'과 불일치 혹은 답안 파일 미전송 시 실격 처리

– 글자체, 용지 여백, 페이지 구분 우선 지정할 것

글꼴 : 굴림, 18pt, 진하게, 가운데 정렬
책갈피 이름 : 가족   덧말 넣기

문단 첫 글자 장식 기능
글꼴 : 궁서, 면색 : 노랑

가족 사랑

머리말 기능
굴림, 10pt, 오른쪽 정렬

가족의 행복
가족이 웃을 수 있는 세상

각주

아이돌봄 지원사업은 부모의 맞벌이 등으로 양육 공백이 발생한 가정의 만 12세 이하의 아동을 대상으로 아이돌보미가 찾아가는 돌봄서비스를 제공(提供)하여 부모의 양육부담을 경감하고 시설보육의 사각지대를 보완하고자 하는 정부 정책 사업입니다. 한국건강가정진흥원에서는 아이돌봄 지원사업의 원활한 서비스 운영을 위해 아이돌봄서비스 개발, 조사, 담당자 교육, 광역거점기관 및 서비스제공기관 지원Ⓐ, 평가, 컨설팅 등을 운영하고 있습니다. 개별가정 특성 및 아동발달을 고려하여 아동의 집에서 돌봄서비스를 제공하며 야간, 주말 등 틈새 시간에 '일시돌봄', '영아종일돌봄' 등 수요자가 원하는 서비스를 확충(擴充)해 나아가고 있습니다.

아이돌봄서비스는 전 국민이 이용할 수 있는 전국 단위의 사업이지만 지역 또는 기관의 특성에 의해 동일한 서비스를 제공받지 못하는 상황이 발생할 수 있습니다. 따라서 한국건강가정진흥원에서는 각 기관 간의 사업운영 격차를 해소하고 담당자의 전문성을 강화하여 모든 수행기관에서 표준화된 품질의 서비스를 제공할 수 있도록 기관 및 광역거점 담당자를 대상으로 직무 교육을 실시하고 있습니다.

♥ 기업 방문형 가족친화 직장교육

글꼴 : 돋움, 18pt, 하양
음영색 : 파랑

그림위치(내 PC\문서\ITQ\Picture\그림4.jpg, 문서에 포함)
자르기 기능 이용,
크기(40mm×40mm),
바깥 여백 왼쪽 : 2mm

ⅰ. 교육 기업에 맞춤화된 진행 방법
　a. 전문 강사가 기업으로 직접 찾아가 진행하는 대면교육
　b. 실시간 화상교육 시스템으로 진행하는 비대면 화상교육
ⅱ. 직원과 기업 모두에 도움을 줄 수 있는 교육 내용
　a. 조화로운 삶을 향한 일, 가정, 생활의 균형
　b. 출산, 양육친화적인 직장문화 조성을 위한 조직 차원의 전략

♥ 가족친화 경영 컨설팅 운영 형태

글꼴 : 돋움, 18pt, 밑줄, 강조점

유형	방법	컨설팅단 구성	신청 대상	비고
집단 컨설팅	그룹 워크숍	기업 4-5개를 1개 그룹으로 구성	제반 정보 희망 기업(관)	인증 전
자문 컨설팅	방문 컨설팅	기업 규모 및 컨설팅 내용에 따라 컨설턴트 1-2인 방문	제도 재검토 및 보완 필요 기업(관)	인증 전
		컨설턴트 1-2인 방문	가족친화 조직문화 조성 희망하는 인증 기업(관)	인증 후

문단 번호 기능 사용
1수준 : 20pt, 오른쪽 정렬,
2수준 : 30pt, 오른쪽 정렬
줄 간격 : 180%

표 전체 글꼴 :
굴림, 10pt, 가운데 정렬
셀 배경(그러데이션) :
유형(가로)【수평】,
시작색(하양), 끝색(노랑)

한국건강가정진흥원

글꼴 : 궁서, 24pt, 진하게
장평 95%, 오른쪽 정렬

Ⓐ 서비스 제공기관의 서비스 질 향상 도모를 위해 사업현황 점검과 평가를 수행

각주 구분선 : 5cm

쪽 번호 매기기
5로 시작
⑤

제1작업 기능 평가 I

기능평가 ①　　　　　　　　　　　　　　　　　　　　　　　　　　**150**점

01 다음의 《조건》에 따라 스타일 기능을 적용하여 《출력형태》와 같이 작성하시오.　　**50**점

조건	(1) 스타일 이름 – robot (2) 문단 모양 – 왼쪽 여백 : 10pt, 문단 아래 간격 : 10pt (3) 글자 모양 – 글꼴 : 한글(돋움)/영문(굴림), 크기 : 10pt, 장평 : 95% 자간 5%
출력형태	We are to hold this contest to breed talented individuals in science technologies and make it easy and convenient for everybody to use and handle them in everyday lives. 인간 생활의 새로운 패러다임을 열어갈 로봇 경연대회는 참가자 상호 간에 정보를 교환하며 창의력을 개발하고 지능 로봇의 시연과 전시를 통해 일반인이 직접 체험할 수 있는 기회를 제공합니다.

02 다음 《조건》에 따라 《출력형태》와 같이 표와 차트를 작성하시오.　　**100**점

표 조건	(1) 표 전체(표, 캡션) – 굴림, 10pt (2) 정렬 – 문자 : 가운데 정렬, 숫자 : 오른쪽 정렬 (3) 셀 배경색 : 노랑 (4) 한글의 계산 기능을 이용하여 빈칸에 합계를 구하고, 캡션 기능 사용할 것 (5) 선 모양은 《출력형태》와 동일하게 처리할 것

출력형태

연도별 로봇경진대회 참가 현황(단위 : 명)

구분	2020년	2019년	2018년	2017년	2016년
지능로봇	1,760	1,408	964	876	916
청소로봇	1,404	1,280	916	720	884
로봇올림픽	980	896	560	496	620
합계					

차트 조건	(1) 차트 데이터는 표 내용에서 구분별 2020년, 2019년, 2018년의 값만 이용할 것 (2) 종류 – 〈묶은 세로 막대형〉으로 작업할 것 (3) 제목 – 궁서, 진하게, 12pt, 배경 – 선 모양(한 줄로), 그림자(2pt) (4) 제목 이외의 전체 글꼴 – 굴림, 보통, 10pt (5) 기타 나머지 사항은 《출력형태》와 동일하게 처리할 것

출력형태

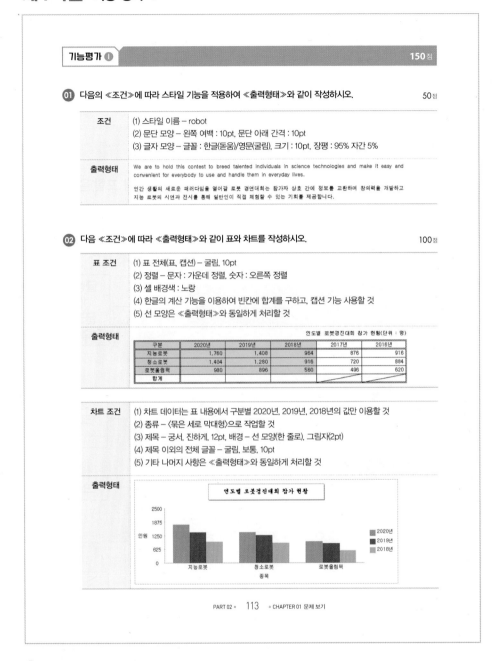

✔ 체크포인트

스타일 – 한글/영문 두 문단으로 출제, '문단 모양'과 '글자 모양' 지정

　표 – 내용 작성 및 글꼴, 정렬, 셀 테두리, 셀 배경색 지정, 블록 계산 및 캡션 설정

　차트 – 작성된 표의 일부 데이터 사용, 차트 요소의 서식 지정

03 다음 (1), (2)의 수식을 수식 편집기로 각각 입력하시오.　　40점

출력형태

$$(1)\ \ Y = \sqrt{\frac{gL}{2\pi}} = \frac{gT}{2\pi}$$

$$(2)\ \ \frac{a^4}{T^2} - 1 = \frac{G}{4\pi^2}(M + m)$$

04 다음의 ≪조건≫에 따라 ≪출력형태≫와 같이 문서를 작성하시오.　　110점

조건

(1) 그리기 도구를 이용하여 작성하고, 모든 도형(글맵시, 지정된 그림 포함)을 ≪출력형태≫와 같이 작성하시오.

(2) 도형의 면색은 지시사항이 없으면 색 없음을 제외하고 서로 다르게 임의로 지정하시오.

출력형태

글상자 : 크기(80mm× 15mm), 면색(파랑), 글꼴(돋움, 24pt, 하양), 정렬(수평 · 수직–가운데)

아이돌봄 목적

그림위치(내 PC\문서\ITQ\Picture\로고 3.jpg, 문서에 포함), 크기(40mm×40mm), 그림 효과(회색조)

하이퍼링크 : 문서작성 능력평가의 **"가족이 웃을 수 있는 세상"** 제목에 설정한 책갈피로 이동

글맵시 이용(물결 1), 크기(50mm×30mm), 글꼴(궁서, 빨강)

크기(110mm×140mm)

직사각형 그리기 : 크기(13mm×13mm), 면색(하양), 글꼴(궁서, 20pt), 정렬(수평 · 수직–가운데)

직사각형 그리기 : 크기(7mm×7mm), 면색(하양을 제외한 임의의 색)

1　아동의 안전한 보호

2　부모의 일/가정 양립

3　돌봄 자원 창출

글상자 이용, 선 종류(점선 또는 파선), 면색(색 없음), 글꼴(굴림, 18pt), 정렬(수평 · 수직–가운데)

크기(120mm×145mm)

제 2 작업 기능 평가 II

기능평가 ⑪　　　　　　　　　　　　　　　　　　　　150점

03 수식 편집기로 다음 수식 (1), (2)를 각각 입력하시오.　　　　40점

출력형태　(1) $\sum_{k=1}^{n} k^3 = 1^3 + 2^3 + 3^3 \cdots + n^3 = \left(\frac{1}{2}n(n+1)\right)^2$　　(2) $a(1+r)^n = \frac{a((1+r)^n - 1)}{r}$

04 다음의 《조건》에 따라 《출력형태》와 같이 문서를 작성하시오.　　　　110점

조건　(1) 그리기 도구를 이용하여 작성하고, 모든 도형(글맵시, 지정된 그림 포함)을 《출력형태》와 같이 작성하시오.
　　(2) 도형의 면 색은 지시사항이 없으면 색 없음을 제외하고 서로 다르게 임의로 지정하시오.

출력형태

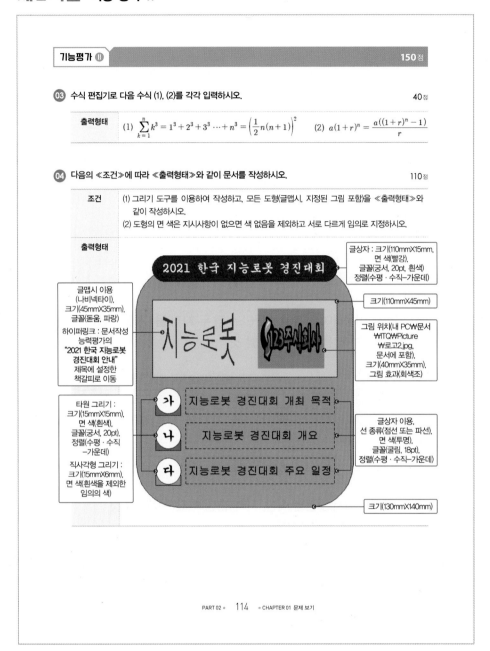

✔ **체크포인트**
　수식 작성 – [수식 편집기] 이용, '수식 기호'와 '확장 연산자'로 작성
　그리기 도구 작업 – 도형 및 글상자, 글맵시 및 하이퍼링크 설정, 그림 삽입, 지시사항 설정

01 다음의 ≪조건≫에 따라 스타일 기능을 적용하여 ≪출력형태≫와 같이 작성하시오. 50점

조건	(1) 스타일 이름 – family
	(2) 문단 모양 – 첫 줄 들여쓰기 : 10pt, 문단 아래 간격 : 10pt
	(3) 글자 모양 – 글꼴 : 한글(궁서)/영문(돋움), 크기 : 10pt, 장평 : 105%, 자간 : –5%

출력형태	Korean Institute for Healthy Family (KIHF) aims to improve the quality of life for various types of families, including single-parent and multicultural families.
	한국건강가정진흥원은건강한 가정과 가족 친화적 사회 분위기 조성에 기여하고, 국민들에게 보다 체계적인 가족 서비스를 제공할 수 있도록 그 역할에 충실하겠습니다

02 다음의 ≪조건≫에 따라 ≪출력형태≫와 같이 표와 차트를 작성하시오. 100점

표 조건	(1) 표 전체(표, 캡션) – 굴림, 10pt
	(2) 정렬 – 문자 : 가운데 정렬, 숫자 : 오른쪽 정렬
	(3) 셀 배경(면색) : 노랑
	(4) 한글의 계산 기능을 이용하여 빈칸에 평균(소수점 두 자리)을 구하고, 캡션 기능 사용할 것
	(5) 선 모양은 ≪출력형태≫와 동일하게 처리할 것

출력형태

유아 종일제 돌봄 건강보험료 본인 부담금(단위 : 천 원)

구분	3인	4인	5인	6인	평균
직장	73	84	92	101	
지역	80	97	110	122	
혼합	73	84	95	102	
소득 기준	2,530	2,930	3,270	3,580	

차트 조건	(1) 차트 데이터는 표 내용에서 구분별 직장, 지역, 혼합의 값만 이용할 것
	(2) 종류 – 〈묶은 세로 막대형〉으로 작업할 것
	(3) 제목 – 돋움, 진하게, 12pt, 속성 – 채우기(하양), 테두리, 그림자(대각선 오른쪽 아래)
	【돋움, 진하게, 12pt, 배경 – 선 모양(한 줄로), 그림자(2pt)】
	(4) 제목 이외의 전체 글꼴 – 돋움, 보통, 10pt
	(5) 축제목과 범례는 ≪출력형태≫와 동일하게 처리할 것

출력형태

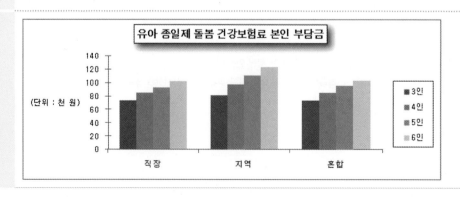

ITQ 한글 ver.2016(NEO)

제3작업 문서작성 능력평가

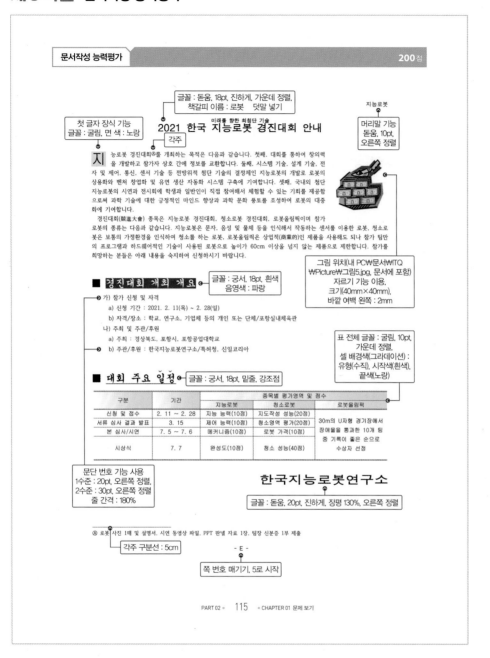

문서작성 능력평가 | 200점

글꼴 : 돋움, 18pt, 진하게, 가운데 정렬,
책갈피 이름 : 로봇 덧말 넣기

미래를 향한 최첨단 기술
2021 한국 지능로봇 경진대회 안내
각주

첫 글자 장식 기능
글꼴 : 굴림, 면 색 : 노랑

지능로봇
머리말 기능
돋움, 10pt,
오른쪽 정렬

지 능로봇 경진대회를 개최하는 목적은 다음과 같습니다. 첫째, 대회를 통하여 창의력을 개발하고 참가자 상호 간에 정보를 교환합니다. 둘째, 시스템 기술, 설계 기술, 전자 및 제어, 통신, 센서 기술 등 전방위적 첨단 기술의 결정체인 지능로봇의 개발로 로봇의 상용화와 벤처 창업화 및 유연 생산 자동화 시스템 구축에 기여합니다. 셋째, 국내의 첨단 지능로봇의 시연과 전시회에 학생과 일반인이 직접 참여해서 체험할 수 있는 기회를 제공함으로써 과학 기술에 대한 긍정적인 마인드 향상과 과학 문화 풍토를 조성하여 로봇의 대중화에 기여합니다.

경진대회(競進大會) 종목은 지능로봇 경진대회, 청소로봇 경진대회, 로봇올림픽이며 참가 로봇의 종류는 다음과 같습니다. 지능로봇은 문자, 음성 및 물체 등을 인식해서 작동하는 센서를 이용한 로봇, 청소로봇은 보통의 가정환경을 인식하여 청소를 하는 로봇, 로봇올림픽은 상업적(商業的)인 제품을 사용해도 되나 참가 팀만의 프로그램과 하드웨어적인 기술이 사용된 로봇으로 높이가 60cm 이상을 넘지 않는 제품으로 제한합니다. 참가를 희망하는 분들은 아래 내용을 숙지하시기 바랍니다.

그림 위치(내 PC₩문서₩ITQ
₩Picture₩그림5.jpg, 문서에 포함)
자르기 기능 이용,
크기(40mm×40mm),
바깥 여백 왼쪽 : 2mm

■ 경진대회 개최 개요

글꼴 : 궁서, 18pt, 흰색
음영색 : 파랑

가) 참가 신청 및 자격
　　a) 신청 기간 : 2021. 2. 11(목) ~ 2. 28(일)
　　b) 자격/장소 : 학교, 연구소, 기업체 등의 개인 또는 단체/포항실내체육관
나) 주최 및 주관/후원
　　a) 주최 : 경상북도, 포항시, 포항공업대학교
　　b) 주관/후원 : 한국지능로봇연구소/특허청, 신일코리아

표 전체 글꼴 : 굴림, 10pt,
가운데 정렬,
셀 배경색(그라데이션) :
유형(수직), 시작색(흰색),
끝색(노랑)

■ 대회 주요 일정 글꼴 : 궁서, 18pt, 밑줄, 강조점

구분	기간	종목별 평가영역 및 점수			
		지능로봇	청소로봇	로봇올림픽	
신청 및 접수	2. 11 ~ 2. 28	지능 능력(10점)	지도작성 성능(20점)	30m의 U자형 경기장에서 장애물을 통과한 10개 팀 중 기록이 좋은 순으로 수상자 선정	
서류 심사 결과 발표	3. 15	제어 능력(10점)	청소영역 평가(20점)		
본 심사/시연	7. 5 ~ 7. 6	메커니즘(10점)	로봇 가격(10점)		
시상식	7. 7	완성도(10점)	청소 성능(40점)		

문단 번호 기능 사용
1수준 : 20pt, 오른쪽 정렬,
2수준 : 30pt, 오른쪽 정렬
줄 간격 : 180%

한국지능로봇연구소

글꼴 : 돋움, 20pt, 진하게, 장평 130%, 오른쪽 정렬

Ⓐ 로봇 사진 1매 및 설명서, 시연 동영상 파일, PPT 판넬 자료 1장, 탐장 신분증 1부 제출

각주 구분선 : 5cm

- E -

쪽 번호 매기기, 5로 시작

✔ 체크포인트

- 머리말, 쪽 번호
- 제목 설정, 문단 첫 글자 장식, 각주, 그림 삽입
- 문단 번호
- 표 작성 및 설정

정답파일 Part 4 기출문제₩기출문제 10회 답안.hwp

과목	코드	문제유형	시험시간	수험번호	성명
아래한글	1111	A	60분	20231020	홍길동

수험자 유의사항

- 수험자는 문제지를 받는 즉시 문제지와 **수험표상의 시험과목(프로그램)이 동일한지 반드시 확인**하여야 합니다.
- 파일명은 본인의 "수험번호–성명"으로 입력하여 답안폴더(내 PC₩문서₩ITQ)에 하나의 파일로 저장해야 하며, 답안문서 파일명이 "수험번호–성명"과 일치하지 않거나, 답안파일을 전송하지 않아 미제출로 처리될 경우 실격 처리합니다(예:12345678–홍길동.hwp).
- 답안 작성을 마치면 파일을 저장하고, '답안 전송' 버튼을 선택하여 감독위원 PC로 답안을 전송하십시오. 수험생 정보와 저장한 파일명이 다를 경우 전송되지 않으므로 주의하시기 바랍니다.
- 답안 작성 중에도 **주기적으로 저장하고, '답안 전송'**하여야 문제 발생을 줄일 수 있습니다. 작업한 내용을 저장하지 않고 전송할 경우 이전에 저장된 내용이 전송되니 이점 유의하시기 바랍니다.
- 답안문서는 지정된 경로 외의 다른 보조기억장치에 저장하는 경우, 지정된 시험 시간 외에 작성된 파일을 활용할 경우, 기타 통신수단(이메일, 메신저, 네트워크 등)을 이용하여 타인에게 전달 또는 외부 반출하는 경우는 부정 처리합니다.
- 시험 중 부주의 또는 고의로 시스템을 파손한 경우는 수험자가 변상해야 하며, 〈수험자 유의사항〉에 기재된 방법대로 이행하지 않아 생기는 불이익은 수험생 당사자의 책임임을 알려 드립니다.
- 문제의 조건은 한컴오피스 2020 버전으로 설정되어 있으며 한컴오피스 NEO는【 】에 표기되어 있습니다. 이와 관련하여 작성한 답안의 출력형태가 문제지와 다를 수 있습니다.
- 시험을 완료한 수험자는 답안파일이 전송되었는지 확인한 후 감독위원의 지시에 따라 문제지를 제출하고 퇴실합니다.

답안 작성요령

- **온라인 답안 작성 절차**
  수험자 등록 ⇒ 시험 시작 ⇒ 답안파일 저장 ⇒ 답안 전송 ⇒ 시험 종료
- **공통 부문**
- 글꼴에 대한 기본설정은 함초롬바탕, 10포인트, 검정, 줄간격 160%, 양쪽정렬로 합니다.
- 색상은 조건의 색을 적용하고 색의 구분이 안 될 경우에는 RGB 값을 적용하십시오
  (빨강 255,0,0 / 파랑 0,0,255 / 노랑 255,255,0).
- 각 문항에 주어진 ≪조건≫에 따라 작성하고 언급하지 않은 조건은 ≪출력형태≫와 같이 작성합니다.
- 용지여백은 왼쪽·오른쪽 11mm, 위쪽·아래쪽·머리말·꼬리말 10mm, 제본 0mm로 합니다.
- 그림 삽입 문제의 경우 「내 PC₩문서₩ITQ₩Picture」 폴더에서 지정된 파일을 선택하여 삽입하십시오.
- 삽입한 그림은 반드시 문서에 포함하여 저장해야 합니다(미포함 시 감점 처리).
- 각 항목은 지정된 페이지에 출력형태와 같이 정확히 작성하시기 바라며, 그렇지 않을 경우에 해당 항목은 0점 처리됩니다.
  ※ 페이지구분 : 1페이지 – 기능평가 I (문제번호 표시 : 1. 2.),
  　　　　　　　　2페이지 – 기능평가 II (문제번호 표시 : 3. 4.),
  　　　　　　　　3페이지 – 문서작성 능력평가
- **기능평가**
- 문제와 ≪조건≫은 입력하지 않으며 문제번호와 답(≪출력형태≫)만 작성합니다.
- 4번 문제는 묶기를 했을 경우 0점 처리됩니다.
- **문서작성 능력평가**
- A4 용지(210mm×297mm) 1매 크기, 세로 서식 문서로 작성합니다.
- □□□ 표시는 문서작성에 대한 지시사항이므로 작성하지 않습니다.

맞춤 학습 플랜

▶ QR 코드를 스캔하여 테스트를 시작하세요.

▶ 선택지에 따라 나에게 맞는 학습 플랜이 제시됩니다.

(학습플랜은 참고용으로 개인의 상황에 맞게 조정하세요.)

☑ 1주 완성 : 중급 플랜
부족하다고 느끼는 유형에 집중하세요.

1단계 : 출제 유형으로 정리하는 꼼꼼이론
- 도서의 내용을 빠르게 따라하세요.
- 난이도가 높은 부분을 위주로 연습하세요.
- 동영상 강의는 이해가 어려운 부분만 시청하세요.

2단계 : 기출문제 따라하기
- 실제 시험처럼 답안을 작성해보세요.
- 연습이 필요한 부분은 1단계를 참고해보세요.

☑ 2주 완성 : 초급 플랜
무료 동영상 강의와 함께 꼼꼼히 학습하세요.

1단계 : 출제 유형으로 정리하는 꼼꼼이론
- 도서의 내용을 꼼꼼히 따라하세요.
- 난이도가 높은 부분을 여러 번 연습하세요.
- 동영상 강의를 최대한 활용하세요.

2단계 : 기출문제 따라하기
- 실제 시험처럼 답안을 작성해보세요.
- 어렵게 느껴지는 부분은 꼼꼼이론을 참고하세요.

3단계 : 모의고사
- 다양한 유형의 문제를 통해 시험에 대비하세요.

플러스 알파 단계 : 기출문제
- 최근 출제된 기출문제들을 연습하여 고득점을 노려보세요.
- 전문가가 직접 답변해주는 이기적 스터디 카페도 활용해보세요.

꼼꼼이론   기출문제 따라하기   모의고사   기출문제

☑ 1주 완성 : 중급 플랜

	1일	2일	3일	4일	5일	6일	7일
1주	꼼꼼이론		기출문제 따라하기		모의고사		
					기출문제		

☑ 2주 완성 : 초급 플랜

	1일	2일	3일	4일	5일	6일	7일
1주	꼼꼼이론					기출문제 따라하기	
2주	모의고사			기출문제			

글꼴 : 굴림, 18pt, 진하게, 가운데 정렬
책갈피 이름 : 메타버스　　덧말 넣기

로그인 메타버스

문단 첫 글자 장식 기능
글꼴 : 궁서, 면색 : 노랑

머리말 기능
굴림, 10pt, 오른쪽 정렬

포스트 인터넷 시대
새로운 시대의 미래상 메타버스

메 타버스란 가상과 현실이 상호작용하며 공진화하고 그 속에서 사회, 경제, 문화 활동이 이루어지면서 가치를 창출하는 세상을 뜻한다. 최근 새로운 시대의 미래상으로 메타버스를 주목 중이며 관련 시장도 급성장할 전망(展望)이다.

　메타버스는 3가지 측면에서 혁명적인 변화라고 할 수 있다. 먼저 편의성, 상호작용 방식, 화면 또는 공간 확장성 측면에서 기존 PC, 모바일 기반의 인터넷 시대와 메타버스 시대는 차이가 존재한다. AR 글라스 등 기존 휴대에서 착용의 시대로 전환되면서 편의성이 증대하였고, 상호작용은 음성, 동작, 시선 등 오감(五感)을 활용하는 것으로 발전하고 있다. 2D 웹 화면에서 화면의 제약이 사라진 3D 공간 웹으로 진화 중인 것이다. 두 번째는 기술적 측면이다. 메타버스를 구현하는 핵심기술은 범용기술의 복합체인 확장현실이다. 메타버스는 다양한 범용기술이 복합 적용되어 구현되며 이를 통해 현실과 가상의 경계가 소멸되고 있다. 세 번째는 경제적 측면이다. 메타버스 시대의 경제 패러다임으로 가상융합경제가 부상하고 있다. 메타버스Ⓐ는 기술 진화의 개념을 넘어 사회경제 전반의 혁신적 변화를 초래하고 있다.

각주

그림위치(내 PC\문서\ITQ\Picture\그림 4.jpg, 문서에 포함)
자르기 기능 이용,
크기(40mm×40mm),
바깥 여백 왼쪽 : 2mm

◆ 메타버스와 가상융합경제

글꼴 : 돋움, 18pt, 하양
음영색 : 파랑

A. 경제 패러다임으로 가상융합경제에 주목
　Ⓐ 기술 진화의 개념을 넘어, 사회경제 전반의 혁신적 변화를 초래
　Ⓑ 실감경제, 가상융합경제의 개념이 대두
B. 가상융합경제는 경험경제가 고도화된 개념
　Ⓐ 경험 가치는 오프라인, 온라인, 가상융합 형태로 점차 고도화
　Ⓑ 소비자들은 개인화된 경험에 대한 지불 의사가 높음

◆ 포스트 인터넷 혁명, 메타버스

글꼴 : 돋움, 18pt, 밑줄, 강조점

구분	1990년대 이전	1990년대 – 2020년대	2020년대 이후
정의	네트워크에 접속하지 않은 세계	네트워크 장치의 상호작용 세계	가상과 실재가 공존하는 세계
주요 특징	대면 만남 중심, 높은 보안	편리성 증대, 시간과 비용 절감	경험 확장 및 현실감 극대화
경제	오프라인 경제	온라인 중심 확장 경제	가상과 현실의 결합
비고	오프라인에서 온라인 확장으로		온라인 확장에서 가상 융합 확장으로

문단 번호 기능 사용
1수준 : 20pt, 오른쪽 정렬,
2수준 : 30pt, 오른쪽 정렬
줄 간격 : 180%

표 전체 글꼴 :
굴림, 10pt, 가운데 정렬
셀 배경(그러데이션) :
유형(가로)【수평】,
시작색(하양), 끝색(노랑)

소프트웨어정책연구소

글꼴 : 궁서, 24pt, 진하게
장평 95%, 오른쪽 정렬

Ⓐ 그리스어 메타(초월, 그 이상)와 유니버스(세상, 우주)의 합성어

각주 구분선 : 5cm

쪽 번호 매기기
5로 시작

마

이 책의 구성

합격 강의 QR

동영상 강의를 제공합니다. 이기적 홈페이지에 접속하거나 QR코드를 통해 시청하실 수 있습니다.

정답파일 안내

수록된 문제의 정답파일을 확인하실 수 있습니다. 이기적 홈페이지 자료실에서 다운로드 받으세요.

기적의 3초컷

학습 노하우, 출제 경향 등을 쉽게 알려드립니다. 이기적만의 실전 꿀팁을 확인하세요.

기출문제 따라하기

시험에 출제된 대표 기출문제를 세세하게 한 단계씩 따라하기식으로 구성하였습니다.

모의고사 & 기출문제

최신 출제경향이 반영된 모의고사 10회, 기출문제 10회를 수록하였습니다.

03 다음 (1), (2)의 수식을 수식 편집기로 각각 입력하시오.   40점

출력형태

$$(1) \quad E = mr^2 = \frac{nc^2}{\sqrt{1 - \frac{r^2}{d^2}}}$$

$$(2) \quad Q = \lim_{\triangle t \to 0} \frac{\triangle s}{\triangle t} = \frac{d^2 s}{dt^2} + 1$$

04 다음의 ≪조건≫에 따라 ≪출력형태≫와 같이 문서를 작성하시오.   110점

조건

(1) 그리기 도구를 이용하여 작성하고, 모든 도형(글맵시, 지정된 그림 포함)을 ≪출력형태≫와 같이 작성하시오.

(2) 도형의 면색은 지시사항이 없으면 색 없음을 제외하고 서로 다르게 임의로 지정하시오.

출력형태

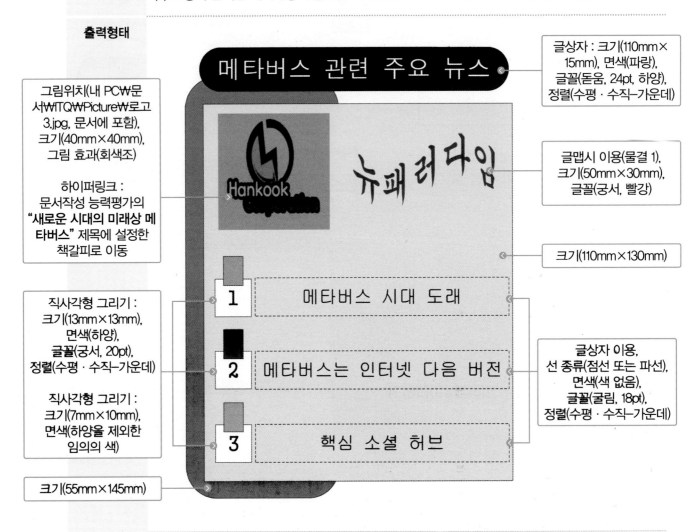

글상자 : 크기(110mm× 15mm), 면색(파랑), 글꼴(돋움, 24pt, 하양), 정렬(수평 · 수직-가운데)

그림위치(내 PC\문서\ITQ\Picture\로고3.jpg, 문서에 포함), 크기(40mm×40mm), 그림 효과(회색조)

하이퍼링크 : 문서작성 능력평가의 "새로운 시대의 미래상 메타버스" 제목에 설정한 책갈피로 이동

글맵시 이용(물결 1), 크기(50mm×30mm), 글꼴(궁서, 빨강)

크기(110mm×130mm)

직사각형 그리기 : 크기(13mm×13mm), 면색(하양), 글꼴(궁서, 20pt), 정렬(수평 · 수직-가운데)

직사각형 그리기 : 크기(7mm×10mm), 면색(하양을 제외한 임의의 색)

글상자 이용, 선 종류(점선 또는 파선), 면색(색 없음), 글꼴(굴림, 18pt), 정렬(수평 · 수직-가운데)

크기(55mm×145mm)

차례

 부록 자료 다운로드 안내

영진닷컴 이기적 홈페이지(license.youngjin.com)에서 [자료실]-[ITQ]를 클릭하시면, 답안 파일을 다운로드하실 수 있습니다.
[2024] 이기적 ITQ 한글 ver.2016(NEO) 부록 자료를 클릭하고 첨부 파일을 다운로드 받아 압축을 해제하시면 됩니다.

01 다음의 ≪조건≫에 따라 스타일 기능을 적용하여 ≪출력형태≫와 같이 작성하시오.   50점

조건	(1) 스타일 이름 – metaverse (2) 문단 모양 – 첫 줄 들여쓰기 : 10pt, 문단 아래 간격 : 10pt (3) 글자 모양 – 글꼴 : 한글(궁서)/영문(돋움), 크기 : 10pt, 장평 : 105%, 자간 : –5%
출력형태	Metaverse refers to a world in which virtual and reality interact and co-evolve, and social, economic, and cultural activities take place within them to create value. 메타버스는 구현되는 공간이 현실 중심인지, 가상 중심인지, 구현되는 정보가 외부 환경정보 중심인지, 개인, 개체 중심인지에 따라 4가지 유형으로 구분된다.

02 다음의 ≪조건≫에 따라 ≪출력형태≫와 같이 표와 차트를 작성하시오.   100점

표 조건	(1) 표 전체(표, 캡션) – 굴림, 10pt (2) 정렬 – 문자 : 가운데 정렬, 숫자 : 오른쪽 정렬 (3) 셀 배경(면색) : 노랑 (4) 한글의 계산 기능을 이용하여 빈칸에 합계를 구하고, 캡션 기능 사용할 것 (5) 선 모양은 ≪출력형태≫와 동일하게 처리할 것

출력형태

AR 콘텐츠 시장 규모 및 전망(단위 : 천만 달러)

구분	2020년	2021년	2022년	2023년	합계
하드웨어	103	201	659	1,363	
게임	234	484	926	1,514	
전자상거래	71	198	417	845	
테마파크	172	192	375	574	✕

차트 조건	(1) 차트 데이터는 표 내용에서 연도별 하드웨어, 게임, 전자상거래의 값만 이용할 것 (2) 종류 – 〈꺾은선형〉으로 작업할 것 (3) 제목 – 돋움, 진하게, 12pt, 속성 – 채우기(하양), 테두리, 그림자(대각선 오른쪽 아래) 【돋움, 진하게, 12pt, 배경 – 선 모양(한 줄로), 그림자(2pt)】 (4) 제목 이외의 전체 글꼴 – 돋움, 보통, 10pt (5) 축제목과 범례는 ≪출력형태≫와 동일하게 처리할 것

출력형태

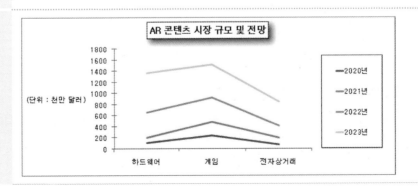

이기적 합격 서비스

▶ 동영상 재생 목록

이기적이 수험생들의 합격을 위해 모든 것을 무료로 드립니다.
QR 코드 또는 이기적 홈페이지에 접속하여 동영상을 시청하세요.

* 도서에 따라 동영상 제공 범위가 다를 수 있습니다.

질문답변

이기적 스터디 카페에서 ITQ, 컴활, 워드, 빅분기 등 자격증을 준비하세요.
다양한 시험 정보와 질문답변까지 해결해 드립니다.

* 이기적 스터디 카페 : cafe.naver.com/yjbooks

자료실

책으로는 모자라다! 자료를 더 원하는 수험생을 위해 준비했습니다.
이기적 홈페이지에서 추가 제공 자료를 다운로드받으세요.

정오표

이미 출간된 도서에는 오류가 있을 수 있습니다.
출간 후 발견되는 오류는 정오표를 확인해 주세요.

* 도서의 오류는 교환, 환불의 사유에 해당하지 않습니다.

이기적 Youtube 채널

자격증은 이기적!
수험생 여러분을 위해 노력하는 이기적을 Youtube에서 만나보세요.

정답파일 Part 4 기출문제₩기출문제 9회 답안.hwp

과목	코드	문제유형	시험시간	수험번호	성명
아래한글	1111	A	60분	20231019	홍길동

수험자 유의사항

- 수험자는 문제지를 받는 즉시 문제지와 **수험표상의 시험과목(프로그램)이 동일한지 반드시 확인**하여야 합니다.
- 파일명은 본인의 "수험번호—성명"으로 입력하여 답안폴더(내 PC₩문서₩ITQ)에 하나의 파일로 저장해야 하며, 답안문서 파일명이 "수험번호—성명"과 일치하지 않거나, 답안파일을 전송하지 않아 미제출로 처리될 경우 실격 처리합니다(예:12345678—홍길동.hwp).
- 답안 작성을 마치면 파일을 저장하고, '답안 전송' 버튼을 선택하여 감독위원 PC로 답안을 전송하십시오. 수험생 정보와 저장한 파일명이 다를 경우 전송되지 않으므로 주의하시기 바랍니다.
- 답안 작성 중에도 **주기적으로 저장하고, '답안 전송'**하여야 문제 발생을 줄일 수 있습니다. 작업한 내용을 저장하지 않고 전송할 경우 이전에 저장된 내용이 전송되니 이점 유의하시기 바랍니다.
- 답안문서는 지정된 경로 외의 다른 보조기억장치에 저장하는 경우, 지정된 시험 시간 외에 작성된 파일을 활용할 경우, 기타 통신수단(이메일, 메신저, 네트워크 등)을 이용하여 타인에게 전달 또는 외부 반출하는 경우는 부정 처리합니다.
- 시험 중 부주의 또는 고의로 시스템을 파손한 경우는 수험자가 변상해야 하며, 〈수험자 유의사항〉에 기재된 방법대로 이행하지 않아 생기는 불이익은 수험생 당사자의 책임임을 알려 드립니다.
- 문제의 조건은 한컴오피스 2020 버전으로 설정되어 있으며 한컴오피스 NEO는 【 】에 표기되어 있습니다. 이와 관련하여 작성한 답안의 출력형태가 문제지와 다를 수 있습니다.
- 시험을 완료한 수험자는 답안파일이 전송되었는지 확인한 후 감독위원의 지시에 따라 문제지를 제출하고 퇴실합니다.

답안 작성요령

- **온라인 답안 작성 절차**
  수험자 등록 ⇒ 시험 시작 ⇒ 답안파일 저장 ⇒ 답안 전송 ⇒ 시험 종료
- **공통 부문**
- 글꼴에 대한 기본설정은 함초롬바탕, 10포인트, 검정, 줄간격 160%, 양쪽정렬로 합니다.
- 색상은 조건의 색을 적용하고 색의 구분이 안 될 경우에는 RGB 값을 적용하십시오
  (빨강 255,0,0 / 파랑 0,0,255 / 노랑 255,255,0).
- 각 문항에 주어진 ≪조건≫에 따라 작성하고 언급하지 않은 조건은 ≪출력형태≫와 같이 작성합니다.
- 용지여백은 왼쪽·오른쪽 11mm, 위쪽·아래쪽·머리말·꼬리말 10mm, 제본 0mm로 합니다.
- 그림 삽입 문제의 경우 「내 PC₩문서₩ITQ₩Picture」 폴더에서 지정된 파일을 선택하여 삽입하십시오.
- 삽입한 그림은 반드시 문서에 포함하여 저장해야 합니다(미포함 시 감점 처리).
- 각 항목은 지정된 페이지에 출력형태와 같이 정확히 작성하시기 바라며, 그렇지 않을 경우에 해당 항목은 0점 처리됩니다.
  ※ 페이지구분 : 1페이지 – 기능평가 I (문제번호 표시 : 1. 2.).
  　　　　　　　　2페이지 – 기능평가 II (문제번호 표시 : 3. 4.).
  　　　　　　　　3페이지 – 문서작성 능력평가
- **기능평가**
- 문제와 ≪조건≫은 입력하지 않으며 문제번호와 답(≪출력형태≫)만 작성합니다.
- 4번 문제는 묶기를 했을 경우 0점 처리됩니다.
- **문서작성 능력평가**
- A4 용지(210mm×297mm) 1매 크기, 세로 서식 문서로 작성합니다.
- ▭ 표시는 문서작성에 대한 지시사항이므로 작성하지 않습니다.

한글 핵심 기능 정리

01 문서 환경 설정

파일 저장	내 PC₩문서₩ITQ₩수험번호-성명.hwp
글꼴	함초롬바탕, 10pt, 검정, 줄간격 160%, 양쪽정렬
용지 여백	왼쪽 · 오른쪽 11mm, 위쪽 · 아래쪽 · 머리말 · 꼬리말 10mm, 제본 0mm

02 스타일

스타일	⪡, F6	[서식]-[스타일]
스타일 해제	바탕글, Ctrl + 1	
한/영 전환	한/영, 왼쪽 Shift + Space Bar	
문단 모양	⪡, Alt + T	[서식]-[문단 모양]
글자 모양	⪡, Alt + L	[서식]-[글자 모양]

03 표 만들기

표	⊞, Ctrl + N , T	[입력]-[표]
블록 설정	F5	
셀 합치기	⊞, 블록 설정 후 M	[표]-[셀 합치기]
셀 나누기	⊞, 블록 설정 후 S	[표]-[셀 나누기]
선 모양	블록 설정 후 L	[표]-[셀 테두리/배경]
캡션	⊞, Alt + N , C	[입력]-[캡션 넣기]
블록 합계	⊞, Ctrl + Shift + S	[표]-[블록 계산식]-[블록 합계]
블록 평균	⊞, Ctrl + Shift + A	[표]-[블록 계산식]-[블록 평균]
블록 곱	⊞, Ctrl + Shift + P	[표]-[블록 계산식]-[블록 곱]

04 차트 및 수식

차트 만들기	⊞	[표]-[차트 만들기]
수식 만들기	$\sqrt{x}$, Ctrl + N , M	[입력]-[수식]

글꼴 : 궁서, 18pt, 진하게, 가운데 정렬
책갈피 이름 : 무역통계   덧말 넣기

문단 첫 글자 장식 기능
글꼴 : 궁서, 면색 : 노랑

무역통계 서비스

머리말 기능
돋움, 10pt, 오른쪽 정렬

한국무역통계진흥원
내 손안에 동행하는 무역 파트너

세 계 경제의 불확실성 증가와 글로벌화가 지속(持續)되고 있고 우리나라 경제 성장에 무역이 차지하는 비중이 절대적임을 고려할 때, 경제주체들에게 무역 통계 정보 활용의 중요성은 더욱 커져가고 있다. 2015년 공식 개원한 한국무역통계진흥원은 관세청 '무역통계 작성 및 교부업무 대행기관'으로서 대민 무역통계 보급 및 이용 활성화를 위해 다양한 정보서비스를 제공하고 있는 무역통계 전문기관이다.

한국무역통계진흥원은 이러한 세계 경제 전략과 정책의 고도화를 요구하는 무역 환경의 변화에 따른 각 무역 주체들의 요구에 부응(副應)하기 위해 설립된 무역통계 전문기관으로서 날로 다양화되고 있는 무역통계정보 수요에 더욱 적극적으로 대처하고 있다. 또한 무역통계에 대한 일반 국민들의 정보 접근성 제고와 이용 활성화를 위한 다각인 노력을 지속적으로 하고 있으며 특히 단순한 무역통계자료 제공을 넘어서 이를 정보화, 지식화하는 서비스 고도화 노력①을 통해 갈수록 치열해지는 세계무역환경에서 무역통계가 국내 기업들이 세계시장을 개척하고 이를 통해 국가경제를 성장시키는 가치 있는 정보로 널리 활용될 수 있도록 하는데 그 목적을 두고 있다.

각주

그림위치(내 PC₩문서₩ITQ₩Picture₩그림4.jpg, 문서에 포함)
자르기 기능 이용,
크기(40mm×40mm),
바깥 여백 왼쪽 : 2mm

♣ 설립 목적 및 주요 사업

글꼴 : 굴림, 18pt, 하양
음영색 : 빨강

① 설립 목적
　(ㄱ) 무역통계(정보) 교부 서비스 제공
　(ㄴ) 무역통계에 관한 연구 분석 업무 수행원
② 주요 사업
　(ㄱ) 무역통계서비스 관련 전산인프라 구축 및 운영 관리
　(ㄴ) 수출입통관정보 DB 운영 및 관리, 시스템 운영

♣ *추진전략 및 핵심가치*

글꼴 : 굴림, 18pt, 기울임, 강조점

추진전략	전문성 강화	지속가능경영 추구	비고
세부전략	전문인력 지속 육성	경영효율화 달성	
	새로운 IT, DT기술 접목	고객감동 윤리경영	
	정보 지식관계망 구축	사회적 책임 확대	국가무역통계 진흥
핵심가치	고객 만족, 그 이상의 고객 감동	정보제공, 그 이상의 가치 창출	
가치	상호신뢰, 고객 감동	전문역량, 가치혁신	

문단 번호 기능 사용
1수준 : 20pt, 오른쪽 정렬,
2수준 : 30pt, 오른쪽 정렬
줄 간격 : 180%

표 전체 글꼴 : 돋움, 10pt,
가운데 정렬
셀 배경(그러데이션) :
유형(가로)【수평】,
시작색(하양), 끝색(노랑)

한국무역통계진흥원

글꼴 : 굴림, 24pt, 진하게
장평 110%, 오른쪽 정렬

① 2016년 5월 19일 빅데이터 기반의 무역통계정보분석서비스 개시

각주 구분선 : 5cm

쪽 번호 매기기
5로 시작

⑤

05 그리기 도구 작업

그리기 도구		
도형 여러 개 선택	Shift +클릭	
글상자	, Ctrl + N , B	[입력]─[글상자]
도형 회전		
도형 면 색	도형 채우기	
도형 복사	Ctrl +드래그	
그림 삽입	, Ctrl + N , I	[입력]─[그림]
글맵시		[입력]─[개체]─[글맵시]
하이퍼링크	, Ctrl + K , H	[입력]─[하이퍼링크]

06 문서작성 능력평가

덧말 넣기		[입력]─[덧말 넣기]
머리말/꼬리말	, Ctrl + N , H	[쪽]─[머리말/꼬리말]
책갈피	, Ctrl + K , B	[입력]─[책갈피]
문단 첫 글자 장식		[서식]─[문단 첫 글자 장식]
그림 삽입	, Ctrl + N , I	[입력]─[그림]
한자 입력	, 한자 또는 F9	[입력]─[한자 입력]─[한자로 바꾸기]
각주	, Ctrl + N , N	[입력]─[주석]─[각주]
문자표	, Ctrl + F10	[입력]─[문자표]
문단 번호	, Ctrl + K , N	[서식]─[문단 번호 모양]
문단 모양	, Alt + T	[서식]─[문단 모양]
글자 모양	, Alt + L	[서식]─[글자 모양]
표 만들기	, Ctrl + N , T	[입력]─[표]
표 그러데이션		[표]─[셀 테두리/배경]
쪽 번호 매기기	, Ctrl + N , P	[쪽]─[쪽 번호 매기기]
새 번호로 시작		[쪽]─[새 번호로 시작]

03 다음 (1), (2)의 수식을 수식 편집기로 각각 입력하시오. 40점

출력형태	
(1) $\dfrac{V_2}{V_1} = \dfrac{0.9 \times 10^3}{1.0 \times 10^2} = 0.8$	(2) $\sqrt{a+b+2\sqrt{ab}} = \sqrt{a} + \sqrt{b}\,(a>0, b>0)$

04 다음의 ≪조건≫에 따라 ≪출력형태≫와 같이 문서를 작성하시오. 110점

조건
(1) 그리기 도구를 이용하여 작성하고, 모든 도형(글맵시, 지정된 그림 포함)을 ≪출력형태≫와 같이 작성하시오.
(2) 도형의 면색은 지시사항이 없으면 색 없음을 제외하고 서로 다르게 임의로 지정하시오.

출력형태

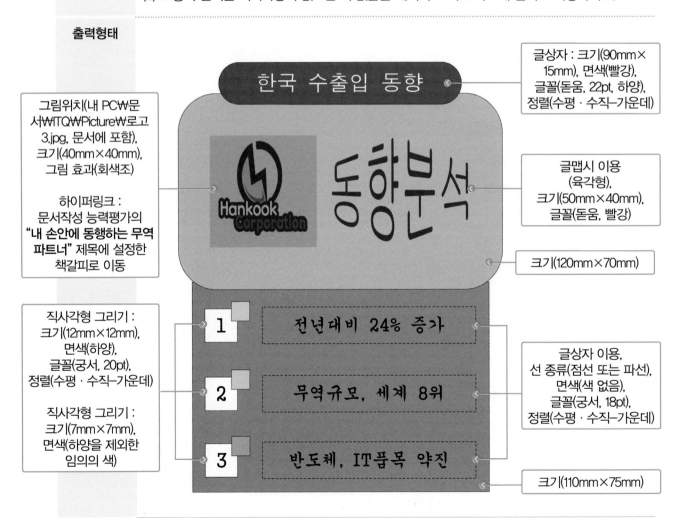

글상자 : 크기(90mm×15mm), 면색(빨강), 글꼴(돋움, 22pt, 하양), 정렬(수평·수직-가운데)

그림위치(내 PC₩문서₩ITQ₩Picture₩로고3.jpg, 문서에 포함), 크기(40mm×40mm), 그림 효과(회색조)

하이퍼링크 : 문서작성 능력평가의 "내 손안에 동행하는 무역파트너" 제목에 설정한 책갈피로 이동

글맵시 이용 (육각형), 크기(50mm×40mm), 글꼴(돋움, 빨강)

크기(120mm×70mm)

직사각형 그리기 : 크기(12mm×12mm), 면색(하양), 글꼴(궁서, 20pt), 정렬(수평·수직-가운데)

직사각형 그리기 : 크기(7mm×7mm), 면색(하양을 제외한 임의의 색)

글상자 이용, 선 종류(점선 또는 파선), 면색(색 없음), 글꼴(궁서, 18pt), 정렬(수평·수직-가운데)

크기(110mm×75mm)

시험 안내

01 ITQ 응시 절차 안내

01 응시 자격 조건

제한 없음

02 원서 접수하기

https://license.kpc.or.kr 인터넷 접수

- 직접 선택한 고사장, 날짜, 시험시간 확인(방문 접수 가능)
- 응시료
 − 1과목 : 22,000원 I 2과목 : 42,000원 I 3과목 : 60,000원

03 시험 응시

- 60분 안에 답안 파일 작성
- 네트워크로 연결된 감독위원 PC로 답안 전송

04 합격자 발표

https://license.kpc.or.kr에서 성적 확인 후
자격증 발급 신청

01 다음의 ≪조건≫에 따라 스타일 기능을 적용하여 ≪출력형태≫와 같이 작성하시오. 　50점

조건	(1) 스타일 이름 – trade (2) 문단 모양 – 왼쪽 여백 : 15pt, 문단 아래 간격 : 10pt (3) 글자 모양 – 글꼴 : 한글(궁서)/영문(돋움), 크기 : 10pt, 장평 : 105%, 자간 : –5%
출력형태	Trade exists due to the specialization and division of labor, in which most people concentrate on a small aspect of production, but use that output in trades for other products and needs. 초창기의 무역은 서로의 산물을 교환하는 것에 국한되었으나, 넓은 뜻의 무역은 단순한 상품의 교환같아 보이는 무역뿐만 아니라, 기술 및 용역, 자본의 이동까지도 포함한다.

02 다음의 ≪조건≫에 따라 ≪출력형태≫와 같이 표와 차트를 작성하시오. 　100점

표 조건	(1) 표 전체(표, 캡션) – 굴림, 10pt (2) 정렬 – 문자 : 가운데 정렬, 숫자 : 오른쪽 정렬 (3) 셀 배경(면색) : 노랑 (4) 한글의 계산 기능을 이용하여 빈칸에 평균(소수점 두 자리)을 구하고, 캡션 기능 사용할 것 (5) 선 모양은 ≪출력형태≫와 동일하게 처리할 것

출력형태

골프용품 국가별 수입 현황(단위 : 백만 달러)

구분	2018년	2019년	2020년	2021년	평균
중국	68	80	91	118	
미국	50	67	82	96	
태국	41	47	48	43	
대만	21	23	23	27	

차트 조건	(1) 차트 데이터는 표 내용에서 연도별 중국, 미국, 태국의 값만 이용할 것 (2) 종류 – 〈묶은 세로 막대형〉으로 작업할 것 (3) 제목 – 돋움, 진하게, 12pt, 속성 – 채우기(하양), 테두리, 그림자(대각선 오른쪽 아래) 　　　【돋움, 진하게, 12pt, 배경 – 선 모양(한 줄로), 그림자(2pt)】 (4) 제목 이외의 전체 글꼴 – 돋움, 보통, 10pt (5) 축제목과 범례는 ≪출력형태≫와 동일하게 처리할 것

출력형태

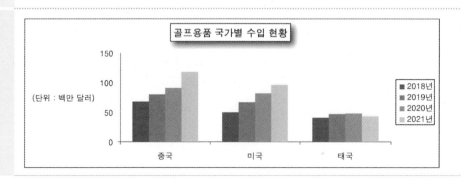

02 ITQ 시험 과목

자격 종목	시험 과목	S/W Version	접수 방법	시험 방식
정보기술자격 (ITQ)	아래한글	한컴오피스 2020/2016(NEO) 선택	온라인/방문	PBT
	한글엑셀 한글파워포인트 한글액세스	MS Office 2016/2021 선택		
	인터넷	익스플로러 8.0 이상		

- 정보 기술 자격(ITQ) 시험은 정보 기술 실무능력을 평가하는 시험으로 국민 누구나 응시가 가능한 시험이다.
- 동일 회차에 최대 3과목까지 신청자가 선택하여 응시할 수 있다.

03 시험 배점 및 시험 시간

시험 배점	시험 방법	시험 시간
과목당 500점	실무작업형 실기시험	과목당 60분

04 시험 검정 기준

ITQ 시험은 500점 만점을 기준으로 200점 이상 취득자에 한해서 C등급부터 A등급까지 등급별 자격을 부여하며, 낮은 등급을 받은 수험생이 차기시험에 재응시하여 높은 등급을 받으면 등급을 업그레이드 할 수 있다.

A등급	B등급	C등급
500 ~ 400점	399 ~ 300점	299 ~ 200점

※ 200점 미만은 불합격 처리

05 등급 기준

A등급	주어진 과제의 100~80%를 정확히 해결할 수 있는 능력 수준
B등급	주어진 과제의 79~60%를 정확히 해결할 수 있는 능력 수준
C등급	주어진 과제의 59~40%를 정확히 해결할 수 있는 능력 수준

정답파일 Part 4 기출문제₩기출문제 8회 답안.hwp

과목	코드	문제유형	시험시간	수험번호	성명
아래한글	1111	A	60분	20231018	홍길동

수험자 유의사항

- 수험자는 문제지를 받는 즉시 문제지와 **수험표상의 시험과목(프로그램)이 동일한지 반드시 확인**하여야 합니다.
- 파일명은 본인의 "수험번호−성명"으로 입력하여 답안폴더(내 PC₩문서₩ITQ)에 하나의 파일로 저장해야 하며, 답안문서 파일명이 "수험번호−성명"과 일치하지 않거나, 답안파일을 전송하지 않아 미제출로 처리될 경우 실격 처리합니다(예:12345678−홍길동.hwp).
- 답안 작성을 마치면 파일을 저장하고, '답안 전송' 버튼을 선택하여 감독위원 PC로 답안을 전송하십시오. 수험생 정보와 저장한 파일명이 다를 경우 전송되지 않으므로 주의하시기 바랍니다.
- 답안 작성 중에도 **주기적으로 저장하고, '답안 전송'**하여야 문제 발생을 줄일 수 있습니다. 작업한 내용을 저장하지 않고 전송할 경우 이전에 저장된 내용이 전송되니 이점 유의하시기 바랍니다.
- 답안문서는 지정된 경로 외의 다른 보조기억장치에 저장하는 경우, 지정된 시험 시간 외에 작성된 파일을 활용할 경우, 기타 통신수단(이메일, 메신저, 네트워크 등)을 이용하여 타인에게 전달 또는 외부 반출하는 경우는 부정 처리합니다.
- 시험 중 부주의 또는 고의로 시스템을 파손한 경우는 수험자가 변상해야 하며, 〈수험자 유의사항〉에 기재된 방법대로 이행하지 않아 생기는 불이익은 수험생 당사자의 책임임을 알려 드립니다.
- 문제의 조건은 한컴오피스 2020 버전으로 설정되어 있으며 한컴오피스 NEO는 【 】에 표기되어 있습니다. 이와 관련하여 작성한 답안의 출력형태가 문제지와 다를 수 있습니다.
- 시험을 완료한 수험자는 답안파일이 전송되었는지 확인한 후 감독위원의 지시에 따라 문제지를 제출하고 퇴실합니다.

답안 작성요령

- **온라인 답안 작성 절차**
  수험자 등록 ⇒ 시험 시작 ⇒ 답안파일 저장 ⇒ 답안 전송 ⇒ 시험 종료
- **공통 부문**
- 글꼴에 대한 기본설정은 함초롬바탕, 10포인트, 검정, 줄간격 160%, 양쪽정렬로 합니다.
- 색상은 조건의 색을 적용하고 색의 구분이 안 될 경우에는 RGB 값을 적용하십시오
  (빨강 255,0,0 / 파랑 0,0,255 / 노랑 255,255,0).
- 각 문항에 주어진 ≪조건≫에 따라 작성하고 언급하지 않은 조건은 ≪출력형태≫와 같이 작성합니다.
- 용지여백은 왼쪽·오른쪽 11mm, 위쪽·아래쪽·머리말·꼬리말 10mm, 제본 0mm로 합니다.
- 그림 삽입 문제의 경우 「내 PC₩문서₩ITQ₩Picture」 폴더에서 지정된 파일을 선택하여 삽입하십시오.
- 삽입한 그림은 반드시 문서에 포함하여 저장해야 합니다(미포함 시 감점 처리).
- 각 항목은 지정된 페이지에 출력형태와 같이 정확히 작성하시기 바라며, 그렇지 않을 경우에 해당 항목은 0점 처리됩니다.
  ※ 페이지구분 : 1페이지 − 기능평가 I (문제번호 표시 : 1, 2,).
  　　　　　　　 2페이지 − 기능평가 II (문제번호 표시 : 3, 4,).
  　　　　　　　 3페이지 − 문서작성 능력평가
- **기능평가**
- 문제와 ≪조건≫은 입력하지 않으며 문제번호와 답(≪출력형태≫)만 작성합니다.
- 4번 문제는 묶기를 했을 경우 0점 처리됩니다.
- **문서작성 능력평가**
- A4 용지(210mm×297mm) 1매 크기, 세로 서식 문서로 작성합니다.
- ▢ 표시는 문서작성에 대한 지시사항이므로 작성하지 않습니다.

부록 자료 안내

이기적 홈페이지(license.youngjin.com)에 접속한 후 상단에 있는 **[자료실]─[ITQ]**를 클릭한다.
[2024] 이기적 ITQ 한글 ver.2016(NEO) 부록 자료'를 클릭하고 첨부 파일을 다운로드 받아 압축을 해제한다.

답안 전송 프로그램
입실부터 퇴실까지의 작업 환경을 그대로 옮겼습니다.

수험자 답안 작성 방법 동영상

출제 유형으로 정리하는 꼼꼼이론 답안 파일

유형을 확인하는 기출문제 답안 파일

기출문제 따라하기 답안 파일

모의고사 10회분 답안 파일

기출문제 10회분 답안 파일

글꼴 : 궁서, 18pt, 진하게, 가운데 정렬
책갈피 이름 : 데이터   덧말 넣기

문단 첫 글자 장식 기능
글꼴 : 궁서, 면색 : 노랑

공공데이터포털
공공, 민간 공공데이터 허브

공공데이터

머리말 기능
돋움, 10pt, 오른쪽 정렬

각주

공공데이터포털은 공공기관이 생성 또는 취득하여 관리하는 공공데이터를 한 곳에서 제공하는 통합 창구이다. 포털에서는 국민이 쉽고 편리하게 공공데이터ⓣ를 이용할 수 있도록 파일데이터, 오픈 API, 시각화 등 다양한 방식으로 제공하고 있으며 누구라도 쉽고 편리한 검색을 통해 원하는 공공데이터를 빠르고 정확하게 찾을 수 있다.

공공데이터포털을 통해 제공 중인 공공데이터는 별도의 신청 절차 없이 이용 가능하며, 제공되는 공공데이터의 목록은 각 공공기관의 홈페이지에서도 확인할 수 있다. 공공데이터 포털에서 제공하고 있지 않은 데이터의 경우 제공신청을 통해 이용할 수 있다. 다만, 공공데이터법 제17조 상의 제외대상 정보가 포함된 경우 제공이 거부될 수 있으며, 이 경우 공공데이터 제공 분쟁 조정위원회에 조정을 신청할 수 있다. 공공데이터의 이용 허락범위에 관련하여 '이용 허락범위 제한 없음'일 경우 자유로운 이용이 가능(可能)하다. 공공기관이 보유한 공공데이터는 최근 들어 민간 공개를 통한 다양한 정보서비스 발굴 및 제공 등 국가정보화를 선진화하는 중요한 자원(資源)으로 인식되고 있으므로 품질관리를 통해 원활한 활용을 하도록 해야 한다.

그림위치(내 PC\문서\ITQ\Picture\그림4.jpg, 문서에 포함)
자르기 기능 이용,
크기(40mm×40mm),
바깥 여백 왼쪽 : 2mm

♣ **공공데이터 활용지원센터의 업무와 조직**

글꼴 : 굴림, 18pt, 흰색
음영색 : 파랑

A. 공공데이터 활용지원센터 업무
  ⓐ 제공대상 공공데이터 목록공표 지원 및 목록정보서비스
  ⓑ 공공데이터의 품질진단, 평가 및 개선의 지원
B. 공공데이터 활용지원센터 조직
  ⓐ 공공데이터 기획팀과 개방팀
  ⓑ 공공데이터 품질팀과 데이터기반 행정팀

♣ *공공데이터의 활용사례*

글꼴 : 굴림, 18pt, 기울임, 강조점

구분	사례	개발유형	제공기관
공공행정	실시간 전력 수급 현황	웹 사이트	한국수력원자력
문화관광	하이 캠프-전국 캠핑장 정보	모바일앱	한국관광공사
	전주시 문화 관광정보 서비스		전라북도 전주시
보건의료	이 병원 어디야		건강보험심사평가원
국토관리	전국 아파트 매매 실거래가 정보	웹 사이트	국토교통부

문단 번호 기능 사용
1수준 : 20pt, 오른쪽 정렬,
2수준 : 30pt, 오른쪽 정렬
줄 간격 : 180%

표 전체 글꼴 :
돋움, 10pt, 가운데 정렬
셀 배경(그러데이션) :
유형(가로)【수평】,
시작색(하양), 끝색(노랑)

공공데이터포털

글꼴 : 굴림, 24pt, 진하게
장평 120%, 오른쪽 정렬

ⓣ 설치 및 운영 근거 : 공공데이터의 제공 및 이용 활성화에 관한 법률 제21조

각주 구분선 : 5cm

쪽 번호 매기기
4로 시작
④

웹 채점 프로그램(무설치)

01 채점 서비스(itq.youngjin.com)에 접속한 후 ISBN 5자리 번호(도서 표지에서 확인)를 입력하고 [체크]를 클릭한다. 체크가 완료되면 [확인]을 클릭한다.

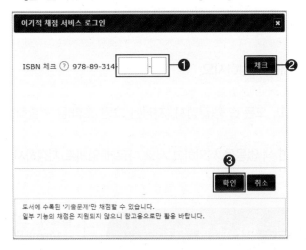

02 [작성한 파일 선택] 버튼을 클릭한다. 직접 작성하여 저장한 파일을 선택하고 '열기'를 클릭한다. 화면에 보이는 보안문자를 똑같이 입력하고 [실행]을 클릭한다.

03 채점 결과를 확인한다(왼쪽 상단이 정답 파일, 하단이 사용자 작성 파일).

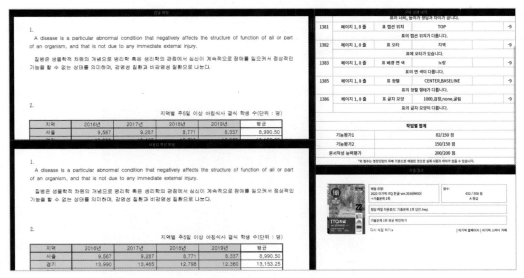

※ 현재 시범 서비스 중으로 답안의 일부 요소는 정확한 인식이 되지 않을 수 있습니다.

※ 본 서비스는 영진닷컴이 직접 설정한 기준에 의해 채점되므로 참고용으로만 활용 바랍니다.

03 다음 (1), (2)의 수식을 수식 편집기로 각각 입력하시오. 40점

출력형태

(1) $\vec{F} = -\dfrac{4\pi^2 m}{T^2} + \dfrac{m}{T^3}$

(2) $\overline{AB} = \sqrt{(x_2 - x_1)^2 + (y_2 - y_1)^2}$

04 다음의 ≪조건≫에 따라 ≪출력형태≫와 같이 문서를 작성하시오. 110점

조건

(1) 그리기 도구를 이용하여 작성하고, 모든 도형(글맵시, 지정된 그림 포함)을 ≪출력형태≫와 같이 작성하시오.

(2) 도형의 면색은 지시사항이 없으면 색 없음을 제외하고 서로 다르게 임의로 지정하시오.

출력형태

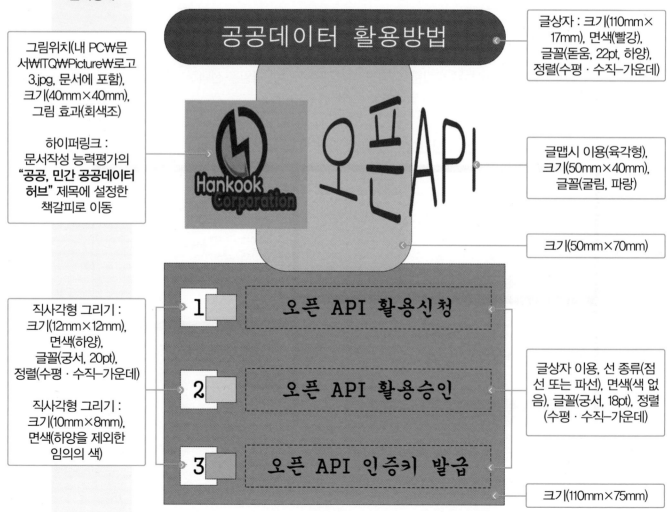

그림위치(내 PC\문서\ITQ\Picture\로고3.jpg, 문서에 포함), 크기(40mm×40mm), 그림 효과(회색조)

하이퍼링크 : 문서작성 능력평가의 **"공공, 민간 공공데이터 허브"** 제목에 설정한 책갈피로 이동

글상자 : 크기(110mm× 17mm), 면색(빨강), 글꼴(돋움, 22pt, 하양), 정렬(수평·수직-가운데)

글맵시 이용(육각형), 크기(50mm×40mm), 글꼴(굴림, 파랑)

크기(50mm×70mm)

직사각형 그리기 : 크기(12mm×12mm), 면색(하양), 글꼴(궁서, 20pt), 정렬(수평·수직-가운데)

직사각형 그리기 : 크기(10mm×8mm), 면색(하양을 제외한 임의의 색)

글상자 이용, 선 종류(점선 또는 파선), 면색(색 없음), 글꼴(궁서, 18pt), 정렬(수평·수직-가운데)

크기(110mm×75mm)

답안 전송 프로그램 설치

01 이기적 홈페이지(license.youngjin.com)에 접속한 후 상단에 있는 [자료실]–[ITQ]를 클릭한다. '[2024] 이기적 ITQ 한글 ver.2016(NEO) 부록 자료'를 클릭하고 첨부 파일을 다운로드 받아 압축을 해제한다.

02 다음과 같은 폴더가 열리면 'SETUP.EXE'를 더블클릭하여 프로그램을 실행시킨다.
(※ 운영체제가 Windows 7 이상인 경우는 마우스 오른쪽 버튼을 클릭해 '관리자 권한으로 실행'을 선택하여 실행시킨다.)

03 다음과 같이 설치 화면이 나오면 [다음]을 클릭하고 설치를 진행한다.

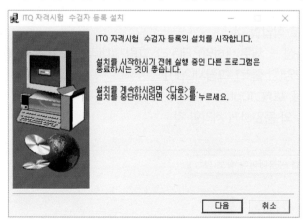

04 설치 진행이 완료되면 'ITQ 수험자용' 아이콘을 더블클릭하여 프로그램을 실행한다.

※ 여러 과목의 ITQ 시험을 함께 준비하는 수험생은 기존 과목의 프로그램을 삭제하지 마시고 그대로 사용하세요.

01 다음의 《조건》에 따라 스타일 기능을 적용하여 《출력형태》와 같이 작성하시오.   50점

조건	(1) 스타일 이름 – data
	(2) 문단 모양 – 왼쪽 여백 : 15pt, 문단 아래 간격 : 10pt
	(3) 글자 모양 – 글꼴 : 한글(궁서)/영문(돋움), 크기 : 10pt, 장평 : 105%, 자간 : –5%

출력형태	Open Government Data is data that is generated from information and material provided by all public sector organizations. All data owned by these organizations is shared among the public.
	공공데이터는 데이터베이스 전자화된 파일 등 공공기관이 법령 등에서 정하는 목적을 위하여 생성 또는 취득하여 관리하는 전자적 방식으로 처리된 자료 또는 정보이다.

02 다음의 《조건》에 따라 《출력형태》와 같이 표와 차트를 작성하시오.   100점

표 조건	(1) 표 전체(표, 캡션) – 굴림, 10pt
	(2) 정렬 – 문자 : 가운데 정렬, 숫자 : 오른쪽 정렬
	(3) 셀 배경(면색) : 노랑
	(4) 한글의 계산 기능을 이용하여 빈칸에 합계를 구하고, 캡션 기능 사용할 것
	(5) 선 모양은 《출력형태》와 동일하게 처리할 것

출력형태

업종별 공공데이터 확보 방법(단위 : 건)

구분	제조	도/소매	기술 서비스	정보 서비스	합계
다운로드	93	39	91	184	
API 연동	68	45	94	175	
이메일 이용	17	5	16	26	
기타	5	3	6	15	✕

차트 조건	(1) 차트 데이터는 표 내용에서 구분별 다운로드, API 연동, 이메일 이용의 값만 이용할 것
	(2) 종류 – 〈묶은 세로 막대형〉으로 작업할 것
	(3) 제목 – 돋움, 진하게, 12pt, 속성 – 채우기(하양), 테두리, 그림자(대각선 오른쪽 아래)
	【돋움, 진하게, 12pt, 배경 – 선 모양(한 줄로), 그림자(2pt)】
	(4) 제목 이외의 전체 글꼴 – 돋움, 보통, 10pt
	(5) 축제목과 범례는 《출력형태》와 동일하게 처리할 것

출력형태

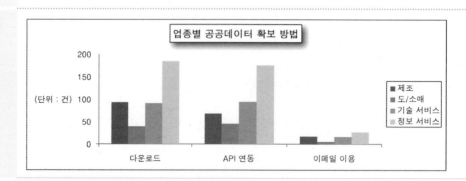

답안 전송 프로그램 사용 방법

❶ 수험자 시험 시작
20분 전 입실 ▶ **❷** 수험자 등록
(수험번호) ▶ **❸** 시험 시작
(응시과목 답안
작성) ▶ **❹** 답안 파일 저장
(수험자 PC 저장) ▶ **❺** 답안 파일 전송
(감독 PC로 전송) ▶ **❻** 시험 종료
(수험자 퇴실)

01 수험자 수험번호 등록

1. 바탕화면에서 'ITQ 수험자용'아이콘을 실행한다. [수험자 등록] 화면에 수험번호를 입력한 후 [확인]을 클릭한다.

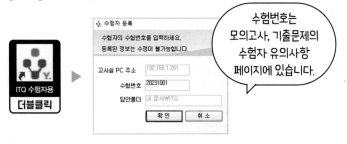

2. 수험번호가 화면과 같으면 [예]를 클릭한다. 다음 화면에서 수험번호, 성명, 수험과목, 좌석번호를 확인한다.

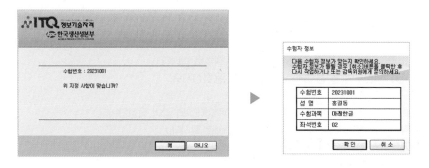

3. 다음과 같은 출력화면 확인 후 감독위원의 지시를 기다린다.

▶ 기적의 합격 강의

정답파일 Part 4 기출문제\기출문제 7회 답안.hwp

과목	코드	문제유형	시험시간	수험번호	성명
아래한글	1111	A	60분	20231017	홍길동

수험자 유의사항

- 수험자는 문제지를 받는 즉시 문제지와 **수험표상의 시험과목(프로그램)이 동일한지 반드시 확인**하여야 합니다.
- 파일명은 본인의 "수험번호–성명"으로 입력하여 답안폴더(내 PC\문서\ITQ)에 하나의 파일로 저장해야 하며, 답안문서 파일명이 "수험번호–성명"과 일치하지 않거나, 답안파일을 전송하지 않아 미제출로 처리될 경우 실격 처리합니다(예:12345678–홍길동.hwp).
- 답안 작성을 마치면 파일을 저장하고, '답안 전송' 버튼을 선택하여 감독위원 PC로 답안을 전송하십시오. 수험생 정보와 저장한 파일명이 다를 경우 전송되지 않으므로 주의하시기 바랍니다.
- 답안 작성 중에도 **주기적으로 저장하고, '답안 전송'**하여야 문제 발생을 줄일 수 있습니다. 작업한 내용을 저장하지 않고 전송할 경우 이전에 저장된 내용이 전송되니 이점 유의하시기 바랍니다.
- 답안문서는 지정된 경로 외의 다른 보조기억장치에 저장하는 경우, 지정된 시험 시간 외에 작성된 파일을 활용할 경우, 기타 통신수단(이메일, 메신저, 네트워크 등)을 이용하여 타인에게 전달 또는 외부 반출하는 경우는 부정 처리합니다.
- 시험 중 부주의 또는 고의로 시스템을 파손한 경우는 수험자가 변상해야 하며, 〈수험자 유의사항〉에 기재된 방법대로 이행하지 않아 생기는 불이익은 수험생 당사자의 책임임을 알려 드립니다.
- 문제의 조건은 한컴오피스 2020 버전으로 설정되어 있으며 한컴오피스 NEO는 【 】에 표기되어 있습니다. 이와 관련하여 작성한 답안의 출력형태가 문제지와 다를 수 있습니다.
- 시험을 완료한 수험자는 답안파일이 전송되었는지 확인한 후 감독위원의 지시에 따라 문제지를 제출하고 퇴실합니다.

답안 작성요령

- **온라인 답안 작성 절차**
  수험자 등록 ⇒ 시험 시작 ⇒ 답안파일 저장 ⇒ 답안 전송 ⇒ 시험 종료
- **공통 부문**
- 글꼴에 대한 기본설정은 함초롬바탕, 10포인트, 검정, 줄간격 160%, 양쪽정렬로 합니다.
- 색상은 조건의 색을 적용하고 색의 구분이 안 될 경우에는 RGB 값을 적용하십시오
  (빨강 255,0,0 / 파랑 0,0,255 / 노랑 255,255,0).
- 각 문항에 주어진 ≪조건≫에 따라 작성하고 언급하지 않은 조건은 ≪출력형태≫와 같이 작성합니다.
- 용지여백은 왼쪽·오른쪽 11mm, 위쪽·아래쪽·머리말·꼬리말 10mm, 제본 0mm로 합니다.
- 그림 삽입 문제의 경우 「내 PC\문서\ITQ\Picture」 폴더에서 지정된 파일을 선택하여 삽입하십시오.
- 삽입한 그림은 반드시 문서에 포함하여 저장해야 합니다(미포함 시 감점 처리).
- 각 항목은 지정된 페이지에 출력형태와 같이 정확히 작성하시기 바라며, 그렇지 않을 경우에 해당 항목은 0점 처리됩니다.
  ※ 페이지구분 : 1페이지 – 기능평가 I (문제번호 표시 : 1. 2.),
  　　　　　　　　2페이지 – 기능평가 II (문제번호 표시 : 3. 4.),
  　　　　　　　　3페이지 – 문서작성 능력평가
- **기능평가**
- 문제와 ≪조건≫은 입력하지 않으며 문제번호와 답(≪출력형태≫)만 작성합니다.
- 4번 문제는 묶기를 했을 경우 0점 처리됩니다.
- **문서작성 능력평가**
- A4 용지(210mm×297mm) 1매 크기, 세로 서식 문서로 작성합니다.
- ⬜ 표시는 문서작성에 대한 지시사항이므로 작성하지 않습니다.

02 시험 시작(답안 파일 작성)

1. 과목에 맞는 수검 프로그램(아래한글, MS 오피스) 실행 후 작성한다.

2. 이미지 파일은 '내 PC₩문서₩ITQ₩Picture' 폴더 내의 파일을 참조한다.

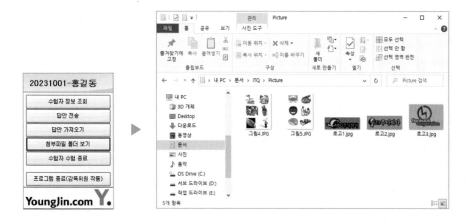

03 답안 파일 저장(수험자 PC 저장)

1. 답안 파일은 '내 PC₩문서₩ITQ' 폴더에 저장한다.

2. 답안 파일명은 '수험번호-성명'으로 저장해야 한다.
   (단, 인터넷 과목은 '내 PC₩문서₩ITQ'의 '답안 파일-인터넷.hwp' 파일을 불러온 후 '수험번호-성명-인터넷.hwp'로 저장)

04 답안 파일 저장(감독 PC로 전송)

1. 바탕화면의 실행 화면에서 [답안 전송]을 클릭한다.

수험생 PC 실행화면

글꼴 : 궁서, 18pt, 진하게, 가운데 정렬
책갈피 이름 : 공정무역　　덧말 넣기

문단 첫 글자 장식 기능
글꼴 : 돋움, 면색 : 노랑

아름다운 가게
머리말 기능
굴림, 10pt, 오른쪽 정렬

불평등 해소
세계의 농부들 공정무역과 손잡다

각주

　　매 년 5월 둘째 주 토요일은 공정무역을 널리 알리기 위해 전 세계적으로 동시에 진행되는 공정무역 캠페인의 날로 세계의 생산품들이 모두 공정한 대가를 받고 판매되기를 기원하는 날이다. 공정무역은 경제발전의 혜택(惠澤)으로부터 소외된 저개발국가⊙에서 생산자와 노동자들에게 더 나은 거래 조건을 제공하고 그들의 권리를 보호함으로써 지속 가능한 발전에 이바지한다. 공정무역은 대화와 투명성, 존중에 기초하여 국제 무역에서 더욱 공평하고 정의로운 관계를 추구하는 거래 기반의 동반자 관계이다. 또한 공정무역은 가격을 고정하기보다는 최저 가격을 두어서 시장가격이 이 수준 이하로 떨어질 때도 농민들이 지속 가능한 생산을 위한 비용을 지불받을 수 있도록 보장해준다.

　　유럽과 북미의 경우 1950년대에 공정무역 운동을 시작하였으며 우리나라는 '아름다운 가게'가 2003년에 아시아의 수공예품을 수입(輸入)하여 판매하기 시작하고 2006년에 네팔의 커피를 수입, 판매하며 공정무역 커피 브랜드 '히말라야의 선물'을 런칭하였다. 아름다운 가게뿐 아니라 2008년부터 공정무역단체들을 중심으로 세계 공정무역의 날 한국 페스티벌을 개최하고 있다.

그림위치(내 PC\문서\ITQ\Picture\그림4.jpg, 문서에 포함)
자르기 기능 이용,
크기(35mm×40mm),
바깥 여백 왼쪽 : 2mm

♠ ＳＰＡＤＥ 공정무역 키워드

글꼴 : 돋움, 18pt, 하양
음영색 : 빨강

　i. 공정한 가격
　　a. 생산비용, 생활비용 등 공정무역 기준을 충족시키는 비용 포함
　　b. 최종 가격은 시장가격과 공정가격 중에 높은 쪽으로 결정
　ii. 공정한 임금
　　a. 노동자가 자유롭게 협상에 참여하여 상호 합의하여 결정
　b. 공정한 임금을 위한 지역 생활 임금 고려

♠ *공정무역 다큐멘터리 영상 자료*

글꼴 : 돋움, 18pt, 기울임, 강조점

국가	작품명	제작 단체	연도
일본	패션이 빈곤을 구한다	동경TV	2004년
	아이에게 공정무역을 알리다	NHK	2004년
	종이의 천으로 희망을 허락한다	네팔리 바자로	2006년
한국	웃는 얼굴로 거래하다	울림기획	2006년
	이영돈 PD의 소비자 고발 37회	KBS	2008년

문단 번호 기능 사용
1수준 : 20pt, 오른쪽 정렬,
2수준 : 30pt, 오른쪽 정렬
줄 간격 : 180%

표 전체 글꼴 :
굴림, 10pt, 가운데 정렬
셀 배경(그러데이션) :
유형(가운데에서),
시작색(하양), 끝색(노랑)

한국공정무역협의회

글꼴 : 궁서, 24pt, 진하게
장평 105%, 오른쪽 정렬

⊙ 산업 발달이 거의 이루어지지 않은, 농업과 같은 1차 산업이 주요 산업인 국가

각주 구분선 : 5cm

쪽 번호 매기기
7로 시작　　　　G

2. 작성한 답안 파일을 감독 PC로 전송한다. 화면에서 작성한 답안파일의 존재유무(파일이 '내 PC
₩문서₩ITQ' 폴더에 있을 경우 '있음'으로 표시됨)를 확인 후 [답안 전송]을 클릭한다.

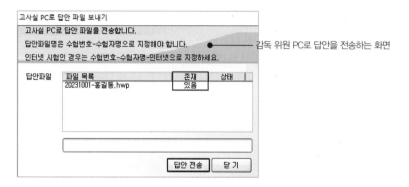

감독 위원 PC로 답안을 전송하는 화면

3. 전송이 성공적으로 끝나면 상태 부분에 '성공'이라 표시된다.

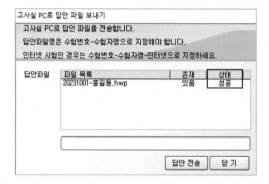

1. 수험자 PC화면에서 [수험자 수험 종료]를 클릭한 후 감독위원의 지시를 기다린다.

2. 감독위원의 퇴실 지시에 따라 퇴실한다.

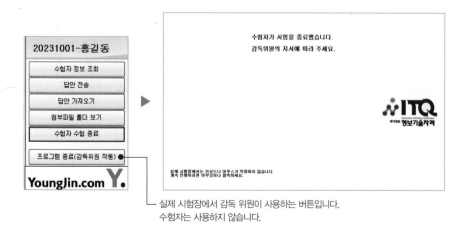

실제 시험장에서 감독 위원이 사용하는 버튼입니다.
수험자는 사용하지 않습니다.

03 다음 (1), (2)의 수식을 수식 편집기로 각각 입력하시오.　　40점

출력형태	
(1) $\dfrac{k_x}{2h} \times (-2mk_x) = -\dfrac{mk^2}{h}$	(2) $\displaystyle\int_a^b xf(x)dx = \dfrac{1}{b-a}\int_a^b xdx = \dfrac{a+b}{2}$

04 다음의 ≪조건≫에 따라 ≪출력형태≫와 같이 문서를 작성하시오.　　110점

조건

(1) 그리기 도구를 이용하여 작성하고, 모든 도형(글맵시, 지정된 그림 포함)을 ≪출력형태≫와 같이 작성하시오.

(2) 도형의 면색은 지시사항이 없으면 색 없음을 제외하고 서로 다르게 임의로 지정하시오.

출력형태

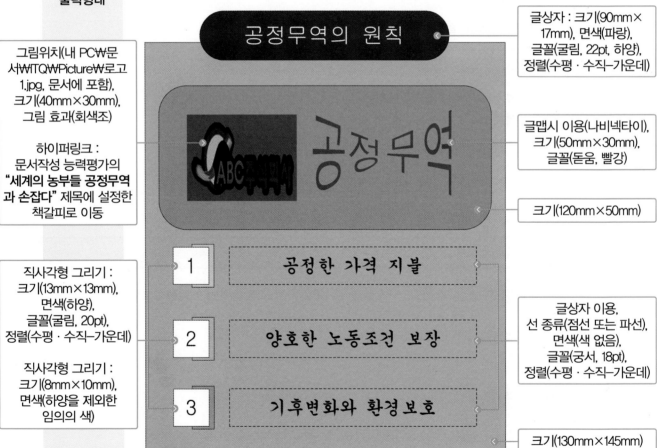

그림위치(내 PC\문서\ITQ\Picture\로고1.jpg, 문서에 포함), 크기(40mm×30mm), 그림 효과(회색조)

하이퍼링크 : 문서작성 능력평가의 **"세계의 농부들 공정무역과 손잡다"** 제목에 설정한 책갈피로 이동

직사각형 그리기 : 크기(13mm×13mm), 면색(하양), 글꼴(굴림, 20pt), 정렬(수평 · 수직-가운데)

직사각형 그리기 : 크기(8mm×10mm), 면색(하양을 제외한 임의의 색)

글상자 : 크기(90mm×17mm), 면색(파랑), 글꼴(굴림, 22pt, 하양), 정렬(수평 · 수직-가운데)

글맵시 이용(나비넥타이), 크기(50mm×30mm), 글꼴(돋움, 빨강)

크기(120mm×50mm)

글상자 이용, 선 종류(점선 또는 파선), 면색(색 없음), 글꼴(궁서, 18pt), 정렬(수평 · 수직-가운데)

크기(130mm×145mm)

공정무역의 원칙

공정무역

1　공정한 가격 지불

2　양호한 노동조건 보장

3　기후변화와 환경보호

자주 질문하는 Q&A

01 | ITQ 시험에 대한 일반 사항

Q ITQ는 어떤 시험인가요?

ITQ는 실기 시험으로만 자격을 평가하는 시험으로 아래한글(MS 워드), 엑셀, 파워포인트, 액세스, 인터넷 등으로 이루어져 있습니다.

Q 3과목을 취득해야 국가공인 자격증이 인정된다는데 사실인가요?

사실이 아닙니다. ITQ는 한글, 파워포인트, 엑셀, 액세스, 인터넷 등의 과목으로 이루어져 있으며, 이 중 한 가지만 자격을 취득하여도 국가공인 자격으로 인정됩니다.

Q 1년에 몇 회 정도 시험이 시행되나요?

매월 1~2회 정도 1년에 16번 시행되며, 지역센터에서 시험을 응시할 수 있습니다.

Q OA MASTER 자격 취득은 어떻게 하는 건가요?

ITQ 시험에 응시하여 3과목 "A"등급을 취득한 자로, 온라인으로 신청 가능하며 발급 비용 및 수수료는 별도로 부과됩니다.

Q 답안 전송 프로그램을 실행하는데 '339 런타임 오류가 발생하였습니다'라는 오류 메시지가 나타납니다. 어떻게 해야 되나요?

339 런타임 오류는 운영체제가 윈도 비스타일 경우 발생하는 오류입니다. 컴퓨터 부팅 시 반드시 관리자 모드로 부팅해주시고, 해당 프로그램 실행 시 마우스 오른쪽 버튼을 클릭하여 '관리자 권한으로 실행'을 선택해서 설치해 주시기 바랍니다.

Q 답안 전송 프로그램을 실행하는데, 'vb6ko.dll'파일 오류가 발생합니다. 어떻게 해야 하나요?

오류가 발생하는 경우는 이기적 홈페이지 ITQ 자료실 공지사항을 확인하시고 첨부 파일을 다운로드 받으셔서 해당 폴더에 넣어주시면 됩니다.
- 윈도우XP – C:₩Windows₩System
- 윈도우7, 10 ① 32bit – C:₩Windows₩System32
　　　　　　② 64bit – C:₩Windows₩System32, C:₩Windows₩Syswow64

01 다음의 ≪조건≫에 따라 스타일 기능을 적용하여 ≪출력형태≫와 같이 작성하시오. 50점

조건	(1) 스타일 이름 – trade (2) 문단 모양 – 왼쪽 여백 : 15pt, 문단 아래 간격 : 10pt (3) 글자 모양 – 글꼴 : 한글(굴림)/영문(돋움), 크기 : 10pt, 장평 : 95%, 자간 : 5%
출력형태	The WFTO is the global community of social enterprises that fully practice Fair Trade. Spread across 76 countries, all members exist to serve marginalised communities. 공정무역은 대화와 투명성, 생산자와 소비자의 상호존중에 기반하여 개발도상국 생산자와 노동자를 보호하며 공정한 가격을 지불받도록 하는 사회 운동이다.

02 다음의 ≪조건≫에 따라 ≪출력형태≫와 같이 표와 차트를 작성하시오. 100점

표 조건	(1) 표 전체(표, 캡션) – 굴림, 10pt (2) 정렬 – 문자 : 가운데 정렬, 숫자 : 오른쪽 정렬 (3) 셀 배경(면색) : 노랑 (4) 한글의 계산 기능을 이용하여 빈칸에 합계를 구하고, 캡션 기능 사용할 것 (5) 선 모양은 ≪출력형태≫와 동일하게 처리할 것

출력형태

아름다운 가게 정기수익 수도권 나눔 현황(단위 : 십만 원)

구분	교육지원비	의료비	주거개선비	학비	평균
남양주	74	89	23	40	
부천	103	143	132	25	
성남	234	150	115	36	
하남	68	65	25	41	✕

차트 조건	(1) 차트 데이터는 표 내용에서 구분별 정족산본, 태백산본, 오대산본의 값만 이용할 것 (2) 종류 – 〈묶은 세로 막대형〉으로 작업할 것 (3) 제목 – 궁서, 진하게, 12pt, 속성 – 채우기(하양), 테두리, 그림자(아래쪽) 【궁서, 진하게, 12pt, 배경 – 선 모양(한 줄로), 그림자(2pt)】 (4) 제목 이외의 전체 글꼴 – 궁서, 보통, 10pt (5) 축제목과 범례는 ≪출력형태≫와 동일하게 처리할 것

출력형태

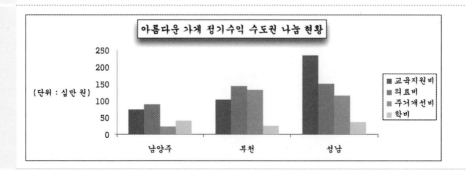

문서 환경 설정 및 파일 저장

Q **파일 저장 시 파일명을 어떻게 입력해야 하나요?**

파일명은 본인의 '수험번호-성명'으로 입력하여 저장해야 합니다. 답안 문서 파일명이 '수험번호-성명'과 일치하지 않거나, 답안 파일을 전송하지 않아 미제출로 처리될 경우 실격 처리합니다.

Q **페이지 구분은 어떻게 해야 하나요?**

Alt+Shift+Enter를 눌러 페이지를 구분해야 합니다. 각 문제를 해당 페이지에 작성하지 않을 경우 해당되는 모든 부분은 0점으로 처리됩니다.

스타일

Q **스타일이 계속 적용되어서 나타나요. 어떻게 해제해야 하나요?**

스타일이 적용된 마지막 문장의 마침표(.) 다음에 Enter를 누르고 [서식] 도구 모음의 [스타일] 도구 상자를 [바탕글]로 설정해주세요. 또는 Ctrl+1을 누르셔도 됩니다.

Q **글자 입력 시 빨간색 물결이 표시되는데 어떻게 하죠?**

한글 사전에 등록되지 않은 단어나 오타의 경우 빨간색 물결이 표시되는데 이와 상관 없이 입력하세요.

표 만들기

Q **표 정렬이 안되는데 어떻게 해야 하나요?**

[표 만들기] 대화상자에서 '글자처럼 취급'을 설정하면 표의 위치가 문서 변동에 따라 조절됩니다.

Q **테두리 종류를 고르기만 하면 저절로 적용돼요.**

[선 모양 바로 적용]이 체크되어 있기 때문입니다. [선 모양 바로 적용]의 체크를 해제한 후 실제 적용될 테두리 부분만 클릭하세요.

Q **표 테두리의 왼쪽과 오른쪽에 '선 없음'을 적용했는데 빨간색 점선이 보여요.**

선 없음 기능으로 설정된 투명선은 편집할 때 빨간색 점선으로 보입니다. 이는 표 내부에 커서가 있을 때만 나타나는 것이므로 채점 시 감점 요인이 아닙니다.

Q **캡션을 완전히 지우고 싶어요!**

캡션 영역에서 Delete 또는 Back Space를 눌러 내용을 모두 지워도 캡션 영역은 남아 있습니다. 삭제하려면 캡션 영역에서 마우스 오른쪽 버튼을 클릭한 후 [캡션 없음]을 선택하세요.

▶ 기적의 합격 강의

정답파일 Part 4 기출문제₩기출문제 6회 답안.hwp

과목	코드	문제유형	시험시간	수험번호	성명
아래한글	1111	A	60분	20231016	홍길동

수험자 유의사항

- 수험자는 문제지를 받는 즉시 문제지와 **수험표상의 시험과목(프로그램)이 동일한지 반드시 확인**하여야 합니다.
- 파일명은 본인의 "수험번호-성명"으로 입력하여 답안폴더(내 PC₩문서₩ITQ)에 하나의 파일로 저장해야 하며, 답안문서 파일명이 "수험번호-성명"과 일치하지 않거나, 답안파일을 전송하지 않아 미제출로 처리될 경우 실격 처리합니다(예:12345678-홍길동.hwp).
- 답안 작성을 마치면 파일을 저장하고, '답안 전송' 버튼을 선택하여 감독위원 PC로 답안을 전송하십시오. 수험생 정보와 저장한 파일명이 다를 경우 전송되지 않으므로 주의하시기 바랍니다.
- 답안 작성 중에도 **주기적으로 저장하고, '답안 전송'**하여야 문제 발생을 줄일 수 있습니다. 작업한 내용을 저장하지 않고 전송할 경우 이전에 저장된 내용이 전송되니 이점 유의하시기 바랍니다.
- 답안문서는 지정된 경로 외의 다른 보조기억장치에 저장하는 경우, 지정된 시험 시간 외에 작성된 파일을 활용할 경우, 기타 통신수단(이메일, 메신저, 네트워크 등)을 이용하여 타인에게 전달 또는 외부 반출하는 경우는 부정 처리합니다.
- 시험 중 부주의 또는 고의로 시스템을 파손한 경우는 수험자가 변상해야 하며, 〈수험자 유의사항〉에 기재된 방법대로 이행하지 않아 생기는 불이익은 수험생 당사자의 책임임을 알려 드립니다.
- 문제의 조건은 한컴오피스 2020 버전으로 설정되어 있으며 한컴오피스 NEO는 【 】에 표기되어 있습니다. 이와 관련하여 작성한 답안의 출력형태가 문제지와 다를 수 있습니다.
- 시험을 완료한 수험자는 답안파일이 전송되었는지 확인한 후 감독위원의 지시에 따라 문제지를 제출하고 퇴실합니다.

답안 작성요령

- **온라인 답안 작성 절차**
  수험자 등록 ⇒ 시험 시작 ⇒ 답안파일 저장 ⇒ 답안 전송 ⇒ 시험 종료
- **공통 부문**
- 글꼴에 대한 기본설정은 함초롬바탕, 10포인트, 검정, 줄간격 160%, 양쪽정렬로 합니다.
- 색상은 조건의 색을 적용하고 색의 구분이 안 될 경우에는 RGB 값을 적용하십시오.
  (빨강 255,0,0 / 파랑 0,0,255 / 노랑 255,255,0).
- 각 문항에 주어진 ≪조건≫에 따라 작성하고 언급하지 않은 조건은 ≪출력형태≫와 같이 작성합니다.
- 용지여백은 왼쪽·오른쪽 11mm, 위쪽·아래쪽·머리말·꼬리말 10mm, 제본 0mm로 합니다.
- 그림 삽입 문제의 경우 「내 PC₩문서₩ITQ₩Picture」 폴더에서 지정된 파일을 선택하여 삽입하십시오.
- 삽입한 그림은 반드시 문서에 포함하여 저장해야 합니다(미포함 시 감점 처리).
- 각 항목은 지정된 페이지에 출력형태와 같이 정확히 작성하시기 바라며, 그렇지 않을 경우에 해당 항목은 0점 처리됩니다.
  ※ 페이지구분 : 1페이지 – 기능평가 I (문제번호 표시 : 1. 2.),
  　　　　　　　 2페이지 – 기능평가 II (문제번호 표시 : 3. 4.),
  　　　　　　　 3페이지 – 문서작성 능력평가
- **기능평가**
- 문제와 ≪조건≫은 입력하지 않으며 문제번호와 답(≪출력형태≫)만 작성합니다.
- 4번 문제는 묶기를 했을 경우 0점 처리됩니다.
- **문서작성 능력평가**
- A4 용지(210mm×297mm) 1매 크기, 세로 서식 문서로 작성합니다.
- ⬜ 표시는 문서작성에 대한 지시사항이므로 작성하지 않습니다.

차트만들기

Q 차트에 [차트 마법사] 기능이 없어요.

한글 ver.2020에는 [차트 마법사] 기능이 없습니다. 차트를 클릭하여 [차트 디자인] 탭의 메뉴를 이용해 차트의 종류와 구성을 변경할 수 있으며, 각 개체를 마우스 오른쪽 클릭하여 속성을 직접 수정할 수 있습니다.

Q 차트의 글꼴이 한 번에 변경되지 않아요.

차트 문제에서는 제목과 제목 이외의 전체 글꼴이 다르게 제시됩니다. 한 번에 바꾸는 기능이 없으므로 각 요소들의 글꼴을 일일이 변경해야 합니다.

수식만들기

Q 수식 작성에서 특수문자는 어떻게 입력해야 하나요?

수식 도구에 없는 기호는 [수식 편집기] 창에서 Ctrl+F10을 눌러 [문자표 입력] 대화상자가 나타나면 원하는 특수문자를 찾아서 지정해주면 됩니다.

그리기 도구 작성

Q 하이퍼링크 설정이 안돼요.

하이퍼링크를 지정하기 전에 책갈피(문서작성 능력평가)가 먼저 설정되어 있어야 하이퍼링크를 지정할 수 있습니다. 책갈피 설정 시 3페이지의 제목부터 먼저 입력하고, 제목 앞에 커서를 놓고 책갈피를 입력하세요.

문서작성 능력평가

Q 그림 삽입 시 문제대로 정렬되지 않습니다.

그림을 문서 오른쪽 끝까지 드래그해서 맞추고, 그림 옆쪽의 내용이 잘리는 부분을 기준으로 위치를 조정하면 됩니다. 바깥 여백을 지정해서 그림을 삽입했는데 문제지와 다르게 내용이 잘리면 그림을 선택한 후 방향키(↑, ↓, ←, →)로 위치를 조정하세요.

Q 한글을 입력하는데 자꾸 영문으로 변경됩니다.

[한영 자동 전환] 기능이 설정되어 있기 때문입니다. [도구] 메뉴-[글자판]-[글자판 자동 변경] 체크를 해제하면 됩니다.

Q 문단 번호 기능을 사용하려니까 문제에 맞는 문단 번호가 없습니다.

문단 번호 모양 목록에서 가장 비슷한 모양을 선택한 후 [사용자 정의] 단추를 클릭하세요. 수준별 번호 서식 모양을 변경하면 됩니다.

글꼴 : 궁서, 18pt, 진하게, 가운데 정렬
책갈피 이름 : 유산   덧말 넣기

세계자연유산

문단 첫 글자 장식 기능
글꼴 : 돋움, 면색 : 노랑

머리말 기능
굴림, 10pt, 오른쪽 정렬

한국의 갯벌
유네스코 세계유산 등재

각주

제 44차 유네스코④ 세계유산위원회는 한국의 갯벌을 세계유산목록에 등재(登載)할 것을 결정하였다. 한국의 갯벌은 서천 갯벌(충남 서천), 고창 갯벌(전북 고창), 신안 갯벌(전남 신안), 보성-순천 갯벌(전남 보성, 순천) 등 5개 지자체에 걸쳐 있는 4개 갯벌로 구성되어 있다. 세계유산위원회 자문기구인 국제자연보존연맹은 애초 한국의 갯벌에 대해 유산구역 등이 충분하지 않다는 이유로 반려를 권고하였으나, 세계유산센터 및 세계유산위원국을 대상으로 적극적인 외교교섭 활동을 전개한 결과, 등재가 성공리에 이루어졌다. 당시 실시된 등재 논의에서 세계유산위원국인 키르기스스탄이 제안한 등재 수정안에 대해 총 21개 위원국 중 13개국이 공동서명하고, 17개국이 지지 발언하여 의견일치로 등재 결정되었다.

이번 한국(韓國) 갯벌의 세계유산 등재는 현재 우리나라가 옵서버인 점, 온라인 회의로 현장 교섭이 불가한 점 등 여러 제약 조건 속에서도 외교부와 문화재청 등 관계부처 간 전략적으로 긴밀히 협업하여 일구어낸 성과로 평가된다. 특히 외교부는 문화재청, 관련 지자체, 전문가들과 등재 추진 전략을 협의하고, 주 유네스코 대표부를 중심으로 21개 위원국 주재 공관들의 전방위 지지 교섭을 총괄하면서 성공적인 등재에 이바지하였다.

그림위치(내 PC\문서\ITQ\Picture\그림4.jpg, 문서에 포함)
자르기 기능 이용, 크기(35mm×40mm), 바깥 여백 왼쪽 : 2mm

♣ 등재 기준 부합성의 지형지질 특징

가. 두꺼운 펄 갯벌 퇴적층
     ㉮ 육성 기원 퇴적물의 지속적이고 안정적인 공급
     ㉯ 암석 섬에 의한 보호와 수직부가 퇴적으로 25m 이상 형성
나. 지질 다양성과 계절변화
     ㉮ 집중 강우와 강한 계절풍으로 외부 침식, 내부 퇴적
     ㉯ 모래갯벌, 혼합갯벌, 암반, 사구, 특이 퇴적 등

글꼴 : 돋움, 18pt, 하양
음영색 : 빨강

♣ *한국 갯벌의 특징*

글꼴 : 돋움, 18pt, 기울임, 강조점

구분	지역별 특징	유형	비고
서천 갯벌	펄, 모래, 혼합갯벌, 사구	하구형	사취 발달
고창 갯벌	뚜렷한 계절변화로 인한 특이 쉐니어 형성	개방형	점토, 진흙
신안 갯벌	해빈 사구, 사취 등 모래 자갈 선형체	다도해형	40m 퇴적층
보성, 순천 갯벌	펄 갯벌 및 넓은 염습지 보유	반폐쇄형	염분 변화
쉐니어 : 모래 크기의 입자들로 구성되며 점토나 진흙 위에 형성된 해빈 언덕			

문단 번호 기능 사용
1수준 : 20pt, 오른쪽 정렬,
2수준 : 30pt, 오른쪽 정렬
줄 간격 : 180%

표 전체 글꼴 :
돋움, 10pt, 가운데 정렬
셀 배경(그러데이션) :
유형(가운데에서),
시작색(하양), 끝색(노랑)

세계유산위원회

글꼴 : 궁서, 24pt, 진하게
장평 105%, 오른쪽 정렬

④ 교육, 과학, 문화를 통하여 국가 간의 협력을 촉진하기 위한 역할을 하는 국제연합기구

각주 구분선 : 5cm

쪽 번호 매기기
7로 시작   ⑦

출제 유형으로
정리하는 꼼꼼이론

 차례

03 다음 (1), (2)의 수식을 수식 편집기로 각각 입력하시오.　　　　40점

출력형태　　(1) $\dfrac{F}{h_2} = t_2 k_1 \dfrac{t_1}{d} = 2 \times 10^{-7} \dfrac{t_1 t_2}{d}$　　　　　(2) $\displaystyle\int_a^b A(x-a)(x-b)dx = -\dfrac{A}{6}(b-a)^3$

04 다음의 ≪조건≫에 따라 ≪출력형태≫와 같이 문서를 작성하시오.　　　　110점

조건　　(1) 그리기 도구를 이용하여 작성하고, 모든 도형(글맵시, 지정된 그림 포함)을 ≪출력형태≫와
　　　　같이 작성하시오.
　　　　(2) 도형의 면색은 지시사항이 없으면 색 없음을 제외하고 서로 다르게 임의로 지정하시오.

출력형태

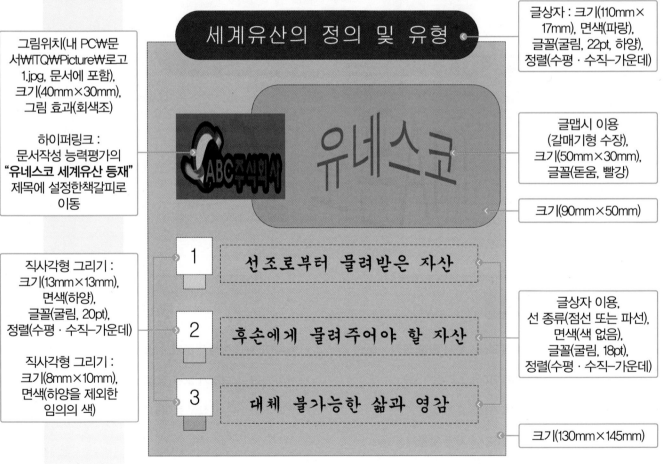

글상자 : 크기(110mm×17mm), 면색(파랑), 글꼴(굴림, 22pt, 하양), 정렬(수평 · 수직-가운데)

그림위치(내 PC₩문서₩ITQ₩Picture₩로고1.jpg, 문서에 포함), 크기(40mm×30mm), 그림 효과(회색조)

하이퍼링크 : 문서작성 능력평가의 "유네스코 세계유산 등재" 제목에 설정한책갈피로 이동

글맵시 이용 (갈매기형 수장), 크기(50mm×30mm), 글꼴(돋움, 빨강)

크기(90mm×50mm)

직사각형 그리기 : 크기(13mm×13mm), 면색(하양), 글꼴(굴림, 20pt), 정렬(수평 · 수직-가운데)

직사각형 그리기 : 크기(8mm×10mm), 면색(하양을 제외한 임의의 색)

1　선조로부터 물려받은 자산
2　후손에게 물려주어야 할 자산
3　대체 불가능한 삶과 영감

글상자 이용, 선 종류(점선 또는 파선), 면색(색 없음), 글꼴(굴림, 18pt), 정렬(수평 · 수직-가운데)

크기(130mm×145mm)

문서 환경 설정

정답파일 Part 1 출제 유형으로 정리하는 꼼꼼이론₩이론 답안.hwp

▶ 기적의합격강의

핵심기능	• 파일명은 본인의 "수험번호–성명"으로 입력하여 답안폴더(내 PC₩문서₩ITQ)에 하나의 파일로 저장해야 하며, 답안문서 파일명이 "수험번호–성명"과 일치하지 않거나, 답안파일을 전송하지 않아 미제출로 처리될 경우 실격 처리합니다.(예 12345678–홍길동.hwp) • 글꼴에 대한 기본설정은 함초롬바탕, 10포인트, 검정, 줄간격 160%, 양쪽정렬로 합니다. • 색상은 조건의 색을 적용하고 색의 구분이 안 될 경우에는 RGB 값을 적용합니다. (빨강 255,0,0 / 파랑 0,0,255 / 노랑 255,255,0) • 용지여백은 왼쪽 · 오른쪽 11mm, 위쪽 · 아래쪽 · 머리말 · 꼬리말 10mm, 제본 0mm로 합니다. • 페이지구분 : 1페이지–기능평가 I (문제번호 표시 : 1. 2.), 　　　　　　　 2페이지–기능평가 II (문제번호 표시 : 3. 4.), 　　　　　　　 3페이지–문서작성 능력평가
작업과정	글자 속성 지정 → 편집 용지 설정 → 페이지 구분 → 파일 저장

SECTION 01　글자 속성 지정

① [서식] 도구상자에서 '함초롬바탕', '10pt'를 설정하고, [보기] 탭 – [폭 맞춤]을 설정한다.

⏱ 기적의 3초컷

Alt + L 을 누르거나 [편집] 탭–[서식] 항목–[글자 모양] (🕋)을 선택하여 [글자 모양] 대화상자에서 '함초롬바탕', '10pt'를 확인한다.

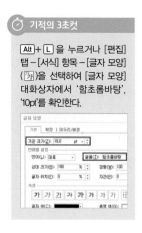

01 다음의 ≪조건≫에 따라 스타일 기능을 적용하여 ≪출력형태≫와 같이 작성하시오.   50점

조건	(1) 스타일 이름 – heritage (2) 문단 모양 – 왼쪽 여백 : 15pt, 문단 아래 간격 : 10pt (3) 글자 모양 – 글꼴 : 한글(굴림)/영문(돋움), 크기 : 10pt, 장평 : 95%, 자간 : 5%
출력형태	Korea is a powerhouse of documentary heritage, and has the world's oldest woodblock print, Mugu jeonggwang dae daranigyeong, and the first metal movable type, Jikji. 우리나라는 세계적으로 인정받는 기록유산의 강국으로 세계에서 가장 오래된 목판 인쇄물인 무구정광대다라니경과 최초의 금속활자본인 직지를 보유한 나라이다.

02 다음의 ≪조건≫에 따라 ≪출력형태≫와 같이 표와 차트를 작성하시오.   100점

표 조건	(1) 표 전체(표, 캡션) – 굴림, 10pt (2) 정렬 – 문자 : 가운데 정렬, 숫자 : 오른쪽 정렬 (3) 셀 배경(면색) : 노랑 (4) 한글의 계산 기능을 이용하여 빈칸에 평균(소수점 두 자리)을 구하고, 캡션 기능 사용할 것 (5) 선 모양은 ≪출력형태≫와 동일하게 처리할 것

출력형태

조선왕조실록 유네스코 신청 현황(단위 : 책 수)

구분	세종	성종	중종	선조	평균
정족산본	154	150	102	125	
태백산본	67	47	53	116	
오대산본	0	9	50	15	
권수	163	297	105	221	

차트 조건	(1) 차트 데이터는 표 내용에서 구분별 정족산본, 태백산본, 오대산본의 값만 이용할 것 (2) 종류 – 〈묶은 세로 막대형〉으로 작업할 것 (3) 제목 – 궁서, 진하게, 12pt, 속성 – 채우기(하양), 테두리, 그림자(아래쪽) 【궁서, 진하게, 12pt, 배경 – 선 모양(한 줄로), 그림자(2pt)】 (4) 제목 이외의 전체 글꼴 – 궁서, 보통, 10pt (5) 축제목과 범례는 ≪출력형태≫와 동일하게 처리할 것

출력형태

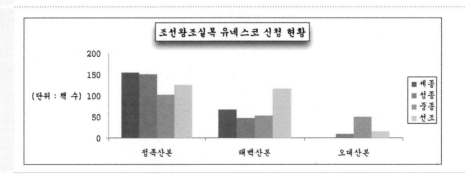

① **F7**을 누르거나 [파일] 탭 – [편집 용지]를 선택하여, 왼쪽 · 오른쪽 '11mm', 위쪽 · 아래쪽 · 머리말 · 꼬리말 '10mm', 제본 '0mm'로 설정한다.

> **기적의 3초컷**
>
> 용지 여백 설정은 문제를 풀기 전에 먼저 지정한다.

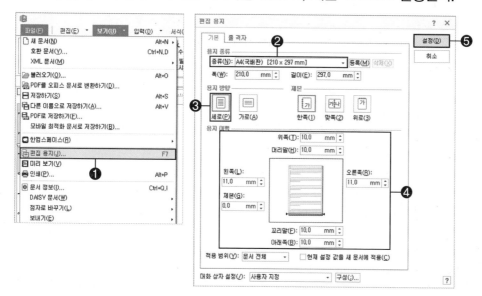

① 문제 번호 「1.」을 입력하고 **Enter**를 세 번 누른다. → 「2.」를 입력하고 **Enter**를 한 번 누른다.

② [쪽] 탭 – [구역 나누기](🖺)(**Alt** + **Shift** + **Enter**)를 클릭하여 페이지를 구분한다.

> **기적의 3초컷**
>
> 1~4번까지의 문제 번호를 안 적고 작성하는 경우 해당 문제에 배당된 점수를 받지 못한다. 그러므로 각 문제의 번호를 꼭 입력하도록 한다.

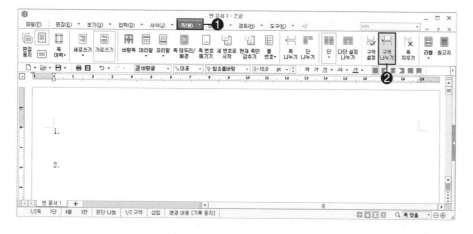

정답파일 Part 4 기출문제₩기출문제 5회 답안.hwp

과목	코드	문제유형	시험시간	수험번호	성명
아래한글	1111	A	60분	20231015	홍길동

수험자 유의사항

- 수험자는 문제지를 받는 즉시 문제지와 **수험표상의 시험과목(프로그램)이 동일한지 반드시 확인**하여야 합니다.
- 파일명은 본인의 "수험번호–성명"으로 입력하여 답안폴더(내 PC₩문서₩ITQ)에 하나의 파일로 저장해야 하며, 답안문서 파일명이 "수험번호–성명"과 일치하지 않거나, 답안파일을 전송하지 않아 미제출로 처리될 경우 실격 처리합니다(예:12345678–홍길동.hwp).
- 답안 작성을 마치면 파일을 저장하고, '답안 전송' 버튼을 선택하여 감독위원 PC로 답안을 전송하십시오. 수험생 정보와 저장한 파일명이 다를 경우 전송되지 않으므로 주의하시기 바랍니다.
- 답안 작성 중에도 **주기적으로 저장하고, '답안 전송'**하여야 문제 발생을 줄일 수 있습니다. 작업한 내용을 저장하지 않고 전송할 경우 이전에 저장된 내용이 전송되니 이점 유의하시기 바랍니다.
- 답안문서는 지정된 경로 외의 다른 보조기억장치에 저장하는 경우, 지정된 시험 시간 외에 작성된 파일을 활용할 경우, 기타 통신수단(이메일, 메신저, 네트워크 등)을 이용하여 타인에게 전달 또는 외부 반출하는 경우는 부정 처리합니다.
- 시험 중 부주의 또는 고의로 시스템을 파손한 경우는 수험자가 변상해야 하며, 〈수험자 유의사항〉에 기재된 방법대로 이행하지 않아 생기는 불이익은 수험생 당사자의 책임임을 알려 드립니다.
- 문제의 조건은 한컴오피스 2020 버전으로 설정되어 있으며 한컴오피스 NEO는 【 】에 표기되어 있습니다. 이와 관련하여 작성한 답안의 출력형태가 문제지와 다를 수 있습니다.
- 시험을 완료한 수험자는 답안파일이 전송되었는지 확인한 후 감독위원의 지시에 따라 문제지를 제출하고 퇴실합니다.

답안 작성요령

- **온라인 답안 작성 절차**
  수험자 등록 ⇒ 시험 시작 ⇒ 답안파일 저장 ⇒ 답안 전송 ⇒ 시험 종료
- **공통 부문**
- 글꼴에 대한 기본설정은 함초롬바탕, 10포인트, 검정, 줄간격 160%, 양쪽정렬로 합니다.
- 색상은 조건의 색을 적용하고 색의 구분이 안 될 경우에는 RGB 값을 적용하십시오.
  (빨강 255,0,0 / 파랑 0,0,255 / 노랑 255,255,0).
- 각 문항에 주어진 ≪조건≫에 따라 작성하고 언급하지 않은 조건은 ≪출력형태≫와 같이 작성합니다.
- 용지여백은 왼쪽·오른쪽 11mm, 위쪽·아래쪽·머리말·꼬리말 10mm, 제본 0mm로 합니다.
- 그림 삽입 문제의 경우 「내 PC₩문서₩ITQ₩Picture」 폴더에서 지정된 파일을 선택하여 삽입하십시오.
- 삽입한 그림은 반드시 문서에 포함하여 저장해야 합니다(미포함 시 감점 처리).
- 각 항목은 지정된 페이지에 출력형태와 같이 정확히 작성하시기 바라며, 그렇지 않을 경우에 해당 항목은 0점 처리됩니다.
  ※ 페이지구분 : 1페이지 – 기능평가 I (문제번호 표시 : 1. 2.),
  　　　　　　　 2페이지 – 기능평가 II (문제번호 표시 : 3. 4.),
  　　　　　　　 3페이지 – 문서작성 능력평가

- **기능평가**
- 문제와 ≪조건≫은 입력하지 않으며 문제번호와 답(≪출력형태≫)만 작성합니다.
- 4번 문제는 묶기를 했을 경우 0점 처리됩니다.
- **문서작성 능력평가**
- A4 용지(210mm×297mm) 1매 크기, 세로 서식 문서로 작성합니다.
- ▢ 표시는 문서작성에 대한 지시사항이므로 작성하지 않습니다.

③ 두 번째 페이지로 커서가 이동되면 문제 번호 「3.」, 「4.」를 첫 번째 페이지와 같이 입력한 후 [구역 나누기](🖰)를 한 번 더 클릭한다.

기적의 3초컷

각 문제를 해당 페이지에 작성하지 않을 경우 해당되는 모든 부분은 0점으로 처리되므로 각 문제의 입력 페이지를 반드시 확인한다.
• 1페이지 – 기능평가 I (1, 2번 문제번호 표시)
• 2페이지 – 기능평가 II (3, 4번 문제번호 표시)
• 3페이지 – 문서작성 능력 평가

SECTION 04 파일 저장

① Alt + S 를 누르거나 [파일] 탭 – [저장하기](🖫)를 선택하고, '내 PC₩문서₩ITQ₩' 폴더로 이동한다.

기적의 3초컷

답안작성 중에도 수시로 저장하여 시험 중 불의의 피해를 보지 않도록 한다.

② 파일 이름을 '수험번호–이름.hwp'로 저장한다.

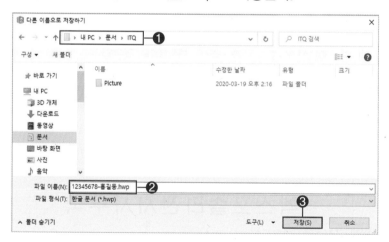

③ 제목 표시줄에 기재된 파일명과 위치가 정확한지 확인한다.

글꼴 : 돋움, 18pt, 진하게, 가운데 정렬
책갈피 이름 : 태양광　　덧말 넣기

문단 첫 글자 장식 기능
글꼴 : 굴림, 면색 : 노랑

태양광 전문 전시회

머리말 기능
궁서, 10pt, 오른쪽 정렬

친환경 에너지
2022 세계 태양에너지 엑스포

각주

신 기후체제 출범과 함께 온실가스감축, 기후변화 적응 기술이 그 핵심으로 떠오르면서 우리나라에서는 친환경에너지 비중 확대를 위해 태양광, 풍력 등의 신재생에너지 보급 확대를 위한 계획을 수립하여 추진(推進) 중이다. 아시아는 최근 중국과 일본을 비롯해 동남아시아의 태양광 발전 산업 지원을 위한 FIT 및 RPSⒶ 정책 강화로 세계의 관심이 집중되고 있다. 아시아 태양광 산업의 허브이자 아시아 태양광 시장진출의 게이트웨이로 충실한 역할을 수행해 온 세계 태양에너지 엑스포는 글로벌 추세의 변화와 국내 태양광 시장확대에 맞춰 공급자와 사용자가 소통할 수 있는 장이 되고 있다.

　태양광 산업의 발전과 온실가스 감축을 위한 솔루션을 제시하는 세계 태양에너지 엑스포는 전 세계 국제전시회 인증기관인 국제전시연합회와 산업통상자원부의 우수 전시회 국제 인증 획득(獲得)으로 해외 출품기업체와 해외 바이어 참관객 수에서 국제 전시회로서의 자격과 요건을 확보해가고 있다. 올해로 13회째 열리는 2022 세계 태양에너지 엑스포에서는 출품기업과 참관객에게 태양광 관련 최신 기술 정보와 시공 및 설계 관련 다양한 기술 노하우를 무료로 전수할 수 있는 국제 PV 월드 포럼이 동시에 개최된다.

그림위치(내 PC\문서\ITQ\Picture\그림4.jpg, 문서에 포함)
자르기 기능 이용, 크기(40mm×35mm), 바깥 여백 왼쪽 : 2mm

※ 2022 세계 태양에너지 엑스포 개요

- 1) 일시 및 장소
  - 가) 일시 : 2022년 6월 29일(수) ~ 7월 1일(금) 10:00 ~ 17:00
  - 나) 장소 : 킨텍스 제1전시장
- 2) 주관 및 후원
  - 가) 주관 : 녹색에너지연구원, 한국태양에너지학회 등
  - 나) 후원 : 한국에너지기술평가원, 한국신재생에너지협회 등

글꼴 : 궁서, 18pt, 하양
음영색 : 파랑

※ 전시장 구성 및 동시 개최 행사

글꼴 : 궁서, 18pt, 밑줄, 강조점

전시장 구성		동시 개최 행사	전시 품목
상담관	해외 바이어 수출 및 구매	2022 국제 PV 월드 포럼	태양광 셀과 모듈, 소재 및 부품
	태양광 사업 금융지원	태양광 시장 동향 및 수출 전략 세미나	
홍보관	지자체 태양광 기업	태양광 산업 지원 정책 및 발전 사업 설명회	전력 및 발전설비
	솔라 리빙관, 에너지 저장 시스템	해외 바이어 초청 수출 및 구매 상담회	

문단 번호 기능 사용
1수준 : 20pt, 오른쪽 정렬,
2수준 : 30pt, 오른쪽 정렬
줄 간격 : 180%

표 전체 글꼴 :
돋움, 10pt, 가운데 정렬
셀 배경(그러데이션) :
유형(세로)【수직】,
시작색(하양), 끝색(노랑)

엑스포솔라전시사무국

글꼴 : 굴림, 24pt, 진하게
장평 105%, 오른쪽 정렬

Ⓐ 대규모 발전 사업자에게 신재생에너지를 이용한 발전을 의무화한 제도

각주 구분선 : 5cm

쪽 번호 매기기
5로 시작　⑤

정답파일 Part 1 출제 유형으로 정리하는 꼼꼼이론₩이론 답안.hwp

▶ 기적의 합격 강의

문제보기

조건

(1) 스타일 이름 – mask
(2) 문단 모양 – 왼쪽 여백 : 10pt, 문단 아래 간격 : 10pt
(3) 글자 모양 – 글꼴 : 한글(굴림)/영문(돋움), 크기 : 10pt, 장평 : 105%, 자간 : − 5%

출력형태

1.

The Mask Dance Festival is a dynamic place that enables spectators to mix with performers and juxtaposes many sorts of people and things.

우리 민족의 해학과 풍자를 느낄 수 있는 탈춤, 공연을 하면서 즉석에서 농담과 웃음거리를 주어 공연의 재미와 즐거움을 더합니다.

핵심기능

기능	도구 상자, 바로 가기 키	메뉴
스타일	📑, F6	[서식]─[스타일]
스타일 해제	🔳 바탕글, Ctrl + 1	
한/영 전환	한/영, Shift + Space Bar	
문단 모양	📝, Alt + T	[서식]─[문단 모양]
글자 모양	🔠, Alt + L	[서식]─[글자 모양]

작업과정

글자 입력 → 스타일 지정 → 스타일 편집(문단 모양, 글자 모양)

03 다음 (1), (2)의 수식을 수식 편집기로 각각 입력하시오. 40점

출력형태

$$(1)\ f = \sqrt{\frac{2 \times 1.6 \times 10^{-7}}{9.1 \times 10^{-3}}} = 5.9 \times 10^{5} \qquad (2)\ \lambda = \frac{h}{mh} = \frac{h}{\sqrt{2me\,V}}$$

04 다음의 ≪조건≫에 따라 ≪출력형태≫와 같이 문서를 작성하시오. 110점

조건

(1) 그리기 도구를 이용하여 작성하고, 모든 도형(글맵시, 지정된 그림 포함)을 ≪출력형태≫와 같이 작성하시오.

(2) 도형의 면색은 지시사항이 없으면 색 없음을 제외하고 서로 다르게 임의로 지정하시오.

출력형태

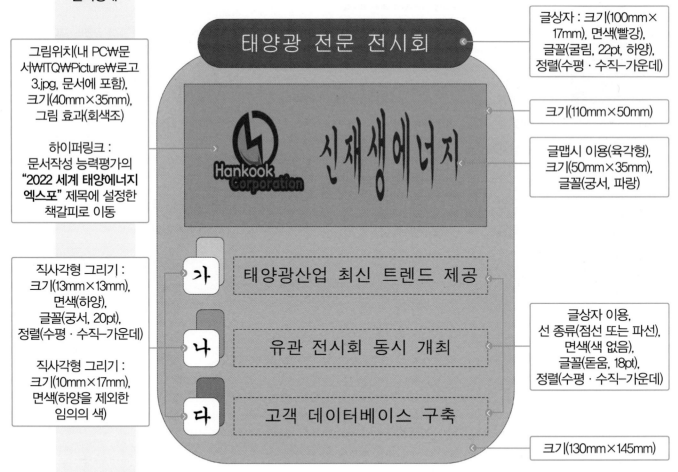

그림위치(내 PC₩문서₩ITQ₩Picture₩로고3.jpg, 문서에 포함), 크기(40mm×35mm), 그림 효과(회색조)

하이퍼링크 : 문서작성 능력평가의 "2022 세계 태양에너지 엑스포" 제목에 설정한 책갈피로 이동

글상자 : 크기(100mm×17mm), 면색(빨강), 글꼴(굴림, 22pt, 하양), 정렬(수평·수직-가운데)

크기(110mm×50mm)

글맵시 이용(육각형), 크기(50mm×35mm), 글꼴(궁서, 파랑)

직사각형 그리기 : 크기(13mm×13mm), 면색(하양), 글꼴(궁서, 20pt), 정렬(수평·수직-가운데)

직사각형 그리기 : 크기(10mm×17mm), 면색(하양을 제외한 임의의 색)

글상자 이용, 선 종류(점선 또는 파선), 면색(색 없음), 글꼴(돋움, 18pt), 정렬(수평·수직-가운데)

크기(130mm×145mm)

태양광 전문 전시회

신재생에너지

가 태양광산업 최신 트렌드 제공

나 유관 전시회 동시 개최

다 고객 데이터베이스 구축

① 문제 번호 「1.」 다음 줄에 [한/영](또는 왼쪽 [Shift]+[Space Bar])을 눌러 영문으로 변환 후 영문을 입력한다. → 다시 [한/영]을 눌러 한글로 변환 후 한글을 입력한다.

⏱ **기적의 3초컷**

반드시 오타 없이 입력하도록 주의한다.

> 1.
> The Mask Dance Festival is a dynamic place that enables spectators to mix with performers and juxtaposes many sorts of people and things.
> 우리 민족의 해학과 풍자를 느낄 수 있는 탈춤. 공연을 하면서 즉석에서 농담과 웃음거리를 주어 공연의 재미와 즐거움을 더합니다.

⏱ **기적의 3초컷**

한글 사전에 등록되지 않은 단어의 경우 빨간색 물결이 표시되는데 이와 상관 없이 입력한다.

① 입력한 내용을 블록 설정한 후 [F6]을 눌러 [스타일] 대화상자에서 [스타일 추가하기]([+])를 클릭한다.

⏱ **기적의 3초컷**

스타일 지정은 [서식]–[스타일]을 클릭해도 된다.

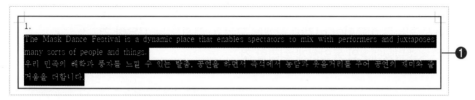

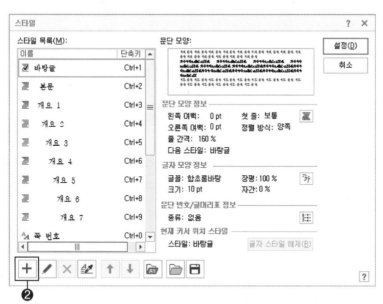

01 다음의 ≪조건≫에 따라 스타일 기능을 적용하여 ≪출력형태≫와 같이 작성하시오. 50점

조건	(1) 스타일 이름 – exhibition (2) 문단 모양 – 왼쪽 여백 : 15pt, 문단 아래 간격 : 10pt (3) 글자 모양 – 글꼴 : 한글(돋움)/영문(궁서), 크기 : 10pt, 장평 : 95%, 자간 : −5%
출력형태	As the only Korean photovoltaic exhibition representing Asia, the EXPO Solar 2022/PV Korea is to be held in KINTEX from June 29(Wed) to July 1(Fri), 2022. 아시아를 대표하는 대한민국 유일의 태양광 전문 전시회인 2022 세계 태양에너지 엑스포가 2022년 6월 29일부터 7월 1일까지 3일간의 일정으로 킨텍스에서 개최된다.

02 다음의 ≪조건≫에 따라 ≪출력형태≫와 같이 표와 차트를 작성하시오. 100점

표 조건	(1) 표 전체(표, 캡션) – 굴림, 10pt (2) 정렬 – 문자 : 가운데 정렬, 숫자 : 오른쪽 정렬 (3) 셀 배경(면색) : 노랑 (4) 한글의 계산 기능을 이용하여 빈칸에 합계를 구하고, 캡션 기능 사용할 것 (5) 선 모양은 ≪출력형태≫와 동일하게 처리할 것

직종별 참관객 현황(단위 : 백 명)

직종	1일차	2일차	3일차	4일차	합계
마케팅	14	15	16	17	
엔지니어링 관리	13	14	15	16	
연구 및 개발	9	10	12	13	
구매 관리	8	9	10	12	

차트 조건	(1) 차트 데이터는 표 내용에서 일차별 마케팅, 엔지니어링 관리, 연구 및 개발의 값만 이용할 것 (2) 종류 – 〈묶은 세로 막대형〉으로 작업할 것 (3) 제목 – 돋움, 진하게, 12pt, 속성 – 채우기(하양), 테두리, 그림자(대각선 오른쪽 아래) 【돋움, 진하게, 12pt, 배경 – 선 모양(한 줄로), 그림자(2pt)】 (4) 제목 이외의 전체 글꼴 – 돋움, 보통, 10pt (5) 축제목과 범례는 ≪출력형태≫와 동일하게 처리할 것

출력형태

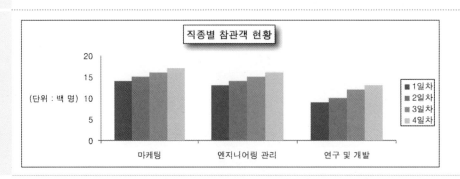

② [스타일 추가하기] 대화상자의 스타일 이름에 「mask」를 입력하고 [추가]
를 클릭하여 스타일을 추가한다.

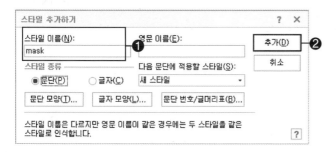

① [스타일] 대화상자의 스타일 목록에서 'mask'를 선택하고 [스타일 편집하
기](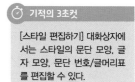)를 클릭한다.

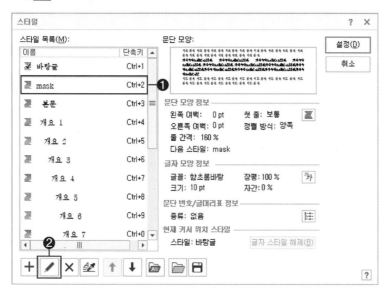

> ⏱ **기적의 3초컷**
>
> [스타일 편집하기] 대화상자에
> 서는 스타일의 문단 모양, 글
> 자 모양, 문단 번호/글머리표
> 를 편집할 수 있다.

정답파일 Part 4 기출문제\기출문제 4회 답안.hwp

과목	코드	문제유형	시험시간	수험번호	성명
아래한글	1111	A	60분	20231014	홍길동

수험자 유의사항

- 수험자는 문제지를 받는 즉시 문제지와 **수험표상의 시험과목(프로그램)이 동일한지 반드시 확인**하여야 합니다.
- 파일명은 본인의 "수험번호–성명"으로 입력하여 답안폴더(내 PC\문서\ITQ)에 하나의 파일로 저장해야 하며, 답안문서 파일명이 "수험번호–성명"과 일치하지 않거나, 답안파일을 전송하지 않아 미제출로 처리될 경우 실격 처리합니다(예:12345678–홍길동.hwp).
- 답안 작성을 마치면 파일을 저장하고, '답안 전송' 버튼을 선택하여 감독위원 PC로 답안을 전송하십시오. 수험생 정보와 저장한 파일명이 다를 경우 전송되지 않으므로 주의하시기 바랍니다.
- 답안 작성 중에도 **주기적으로 저장하고, '답안 전송'**하여야 문제 발생을 줄일 수 있습니다. 작업한 내용을 저장하지 않고 전송할 경우 이전에 저장된 내용이 전송되니 이점 유의하시기 바랍니다.
- 답안문서는 지정된 경로 외의 다른 보조기억장치에 저장하는 경우, 지정된 시험 시간 외에 작성된 파일을 활용할 경우, 기타 통신수단(이메일, 메신저, 네트워크 등)을 이용하여 타인에게 전달 또는 외부 반출하는 경우는 부정 처리합니다.
- 시험 중 부주의 또는 고의로 시스템을 파손한 경우는 수험자가 변상해야 하며, 〈수험자 유의사항〉에 기재된 방법대로 이행하지 않아 생기는 불이익은 수험생 당사자의 책임임을 알려 드립니다.
- 문제의 조건은 한컴오피스 2020 버전으로 설정되어 있으며 한컴오피스 NEO는 【 】에 표기되어 있습니다. 이와 관련하여 작성한 답안의 출력형태가 문제지와 다를 수 있습니다.
- 시험을 완료한 수험자는 답안파일이 전송되었는지 확인한 후 감독위원의 지시에 따라 문제지를 제출하고 퇴실합니다.

답안 작성요령

- **온라인 답안 작성 절차**
  수험자 등록 ⇒ 시험 시작 ⇒ 답안파일 저장 ⇒ 답안 전송 ⇒ 시험 종료
- **공통 부문**
  - 글꼴에 대한 기본설정은 함초롬바탕, 10포인트, 검정, 줄간격 160%, 양쪽정렬로 합니다.
  - 색상은 조건의 색을 적용하고 색의 구분이 안 될 경우에는 RGB 값을 적용하십시오
    (빨강 255,0,0 / 파랑 0,0,255 / 노랑 255,255,0).
  - 각 문항에 주어진 ≪조건≫에 따라 작성하고 언급하지 않은 조건은 ≪출력형태≫와 같이 작성합니다.
  - 용지여백은 왼쪽·오른쪽 11mm, 위쪽·아래쪽·머리말·꼬리말 10mm, 제본 0mm로 합니다.
  - 그림 삽입 문제의 경우 「내 PC\문서\ITQ\Picture」 폴더에서 지정된 파일을 선택하여 삽입하십시오.
  - 삽입한 그림은 반드시 문서에 포함하여 저장해야 합니다(미포함 시 감점 처리).
  - 각 항목은 지정된 페이지에 출력형태와 같이 정확히 작성하시기 바라며, 그렇지 않을 경우에 해당 항목은 0점 처리됩니다.
    ※ 페이지구분 : 1페이지 – 기능평가 I (문제번호 표시 : 1. 2.),
    　　　　　　　　 2페이지 – 기능평가 II (문제번호 표시 : 3. 4.),
    　　　　　　　　 3페이지 – 문서작성 능력평가
- **기능평가**
  - 문제와 ≪조건≫은 입력하지 않으며 문제번호와 답(≪출력형태≫)만 작성합니다.
  - 4번 문제는 묶기를 했을 경우 0점 처리됩니다.
- **문서작성 능력평가**
  - A4 용지(210mm×297mm) 1매 크기, 세로 서식 문서로 작성합니다.
  - ⬚ 표시는 문서작성에 대한 지시사항이므로 작성하지 않습니다.

② [스타일 편집하기] 대화상자에서 [문단 모양]을 클릭한 후 [문단 모양] 대
화상자에서 지시사항대로 왼쪽 여백 '10pt', 문단 아래 간격 '10pt'를 설정
한다.

기적의 3초컷

[스타일 편집하기] 대화상자에
서 T를 눌러도 [문단 모양]
대화상자가 나타난다.

기적의 3초컷

[문단 모양]에서는 정렬, 여백,
간격을 조절한다. 주로 왼쪽
여백, 문단 아래 간격 조절이
출제된다.

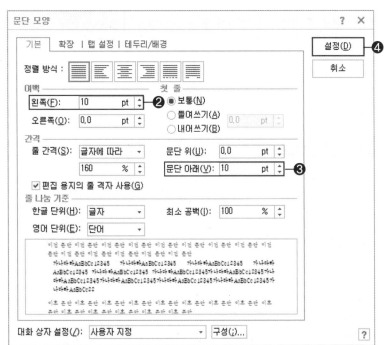

③ [스타일 편집하기] 대화상자에서 [글자 모양]을 클릭한다. → [글자 모양]
대화상자에서 지시사항대로 '10pt', 장평 '105%', 자간 '−5%'를 설정하고,
한글 글꼴을 지정하기 위해 언어 '한글', 글꼴 '굴림'을 선택한다.

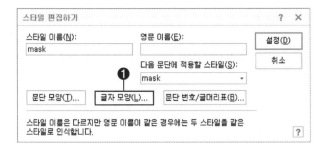

기적의 3초컷

[글자 모양]에서는 글자 크기,
글꼴, 장평, 자간 등 글자 속성
을 설정한다.

기적의 3초컷

한글 글꼴 지정 후, 영문 글꼴
을 지정해야 하므로 한글 글
꼴 지정 후 설정을 누르지 않
는다.

글꼴 : 돋움, 18pt, 진하게, 가운데 정렬
책갈피 이름 : 치아　　덧말 넣기

국민의 구강건강

문단 첫 글자 장식 기능
글꼴 : 굴림, 면색 : 노랑

머리말 기능
궁서, 10pt, 오른쪽 정렬

치아의 날
웰빙의 시작, 자연치아 아끼기

각주

세 살 버릇 여든까지 간다고 하는 속담은 어린이들의 나쁜 습관①을 교정하려 할 때 자주 언급된다. 어린이의 구강 습관은 오랫동안 치과 의사, 소아청소년과 의사, 심리학자, 많은 부모님의 관심거리가 되어왔다. 좋지 않은 습관이 장기간 지속되면 치아의 위치와 교합이 비정상적으로 될 수 있다. 어린이에게 해로운 습관을 일으키는 원인으로는 변형된 골 성장, 치아(齒牙)의 위치 부정, 잘못된 호흡 습관 등이 있다.

　치아 관리는 젖니 때부터 해야 한다. 세 살 이하의 아이는 스스로 칫솔질을 할 수 없으므로 자신이 스스로 칫솔질을 할 수 있을 때까지 부모가 이를 닦아준다. 특히 어린이의 올바른 구강 건강관리를 위해서는 아이에게 이를 닦는 습관(習慣)을 지니게 하는 것이 가장 중요하다. 따라서 부모님들이 아이들에게 관심을 가지고 모범을 보여 주어야 한다. 우리나라 치과 진료의 지식과 기술 수준은 세계적 수준이나 실제로 국민 구강건강 수준은 보건복지부의 발표에 따르면 아직도 후진국 수준이다. 이는 실제로 우리나라의 대다수 치과 진료 과정에서 예방 진료를 무시한 채 치료와 재활만을 주력했기 때문이라고 생각되기에 정기적으로 치과에 내원하여 검사를 받고 필요한 예방치료를 받는 것이 중요하다.

♥ 어린이의 올바른 구강 건강관리

글꼴 : 궁서, 18pt, 하양
음영색 : 파랑

A. 어린이를 위한 맞춤 칫솔질
　　ⓐ 칫솔을 치아의 옆면에 대고 수평으로 좌우를 문지른다.
　　ⓑ 씹는 면과 안쪽 면도 닦고 끝으로 혀도 닦아야 한다.
　B. 치아가 건강해지는 식습관
　　ⓐ 만 1세가 되면 모유나 우유병 사용은 자제한다.
　　ⓑ 앞니가 나면 빠는 근육이 아닌, 씹는 근육을 사용하게 한다.

그림위치(내 PC₩문서₩ITQ₩
Picture₩그림5.jpg, 문서에 포함)
자르기 기능 이용,
크기(35mm×40mm),
바깥 여백 왼쪽 : 2mm

♥ 치아 구강보건 4가지 방법

글꼴 : 궁서, 18pt, 밑줄, 강조점

구분	충치 원인균 제거	치아를 강하게	충치 원인균 활동 제거	정기적 치과 검진
대처 방법	칫솔질은 충치률 예방	식후 설탕 섭취 금지	치아 홈 메우기	6개월 간격으로 치과 방문
	식후 양치는 필수	불소치약 사용		
	치실, 치간 칫솔 사용	3개월간 불소 겔 바르기	채소나 과일 먹기	조기 발견, 조기 치료
	치아랑 잇몸 경계 닦기	수돗물 불소는 안전		

문단 번호 기능 사용
1수준 : 20pt, 오른쪽 정렬,
2수준 : 30pt, 오른쪽 정렬
줄 간격 : 180%

표 전체 글꼴 : 돋움, 10pt, 가운데 정렬
셀 배경(그러데이션) : 유형(세로)【수직】,
시작색(하양), 끝색(노랑)

대한예방치과학회

글꼴 : 굴림, 24pt, 진하게
장평 105%, 오른쪽 정렬

① 어떤 행위를 오랫동안 되풀이하는 과정에서 저절로 익혀진 행동 방식

각주 구분선 : 5cm

쪽 번호 매기기
5로 시작

E

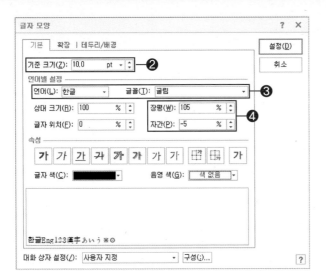

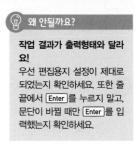

왜 안될까요?

**작업 결과가 출력형태와 달라
요!**
우선 편집용지 설정이 제대로
되었는지 확인하세요. 또한 줄
끝에서 Enter 를 누르지 말고,
문단이 바뀔 때만 Enter 를 입
력했는지 확인하세요.

④ 영문 글꼴을 지정하기 위해 언어 '영문', 글꼴 '돋움'을 설정한다.

⑤ [스타일 편집하기] 대화상자에서 [설정]을 클릭하고, [스타일] 대화상자에서
[설정]을 클릭하여 대화상자를 닫는다.

⑥ 블록으로 지정된 내용에 스타일이 적용된 것을 확인할 수 있다.

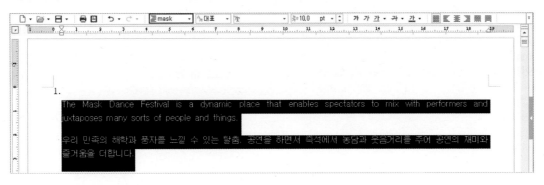

03 다음 (1), (2)의 수식을 수식 편집기로 각각 입력하시오.   40점

출력형태	
	$(1)\ H_n = \dfrac{a(r^n - 1)}{r - 1} = \dfrac{a(1 + r^n)}{1 - r}(r \neq 1)$ $\qquad (2)\ L = \dfrac{m + M}{m}V = \dfrac{m + M}{m}\sqrt{2gh}$

04 다음의 ≪조건≫에 따라 ≪출력형태≫와 같이 문서를 작성하시오.   110점

조건
(1) 그리기 도구를 이용하여 작성하고, 모든 도형(글맵시, 지정된 그림 포함)을 ≪출력형태≫와 같이 작성하시오.
(2) 도형의 면색은 지시사항이 없으면 색 없음을 제외하고 서로 다르게 임의로 지정하시오.

출력형태

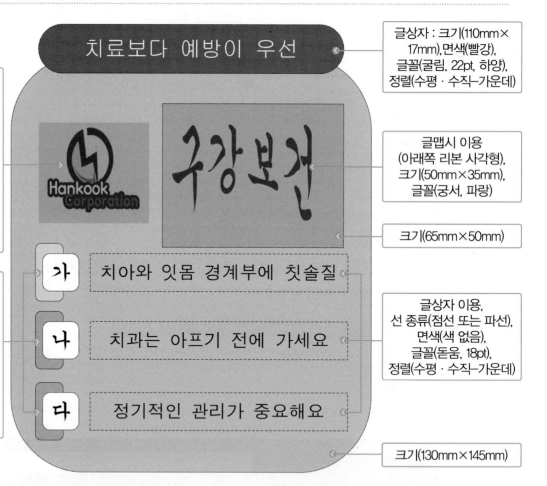

글상자 : 크기(110mm×17mm),면색(빨강), 글꼴(굴림, 22pt, 하양), 정렬(수평·수직–가운데)

그림위치(내 PC₩문서₩ITQ₩Picture₩로고3.jpg, 문서에 포함), 크기(40mm×35mm), 그림 효과(회색조)

하이퍼링크 : 문서작성 능력평가의 **"웰빙의 시작, 자연치아 아끼기"** 제목에 설정한 책갈피로 이동

직사각형 그리기 : 크기(13mm×13mm), 면색(하양), 글꼴(궁서, 20pt), 정렬(수평·수직–가운데)

직사각형 그리기 : 크기(10mm×20mm), 면색(하양을 제외한 임의의 색)

글맵시 이용 (아래쪽 리본 사각형), 크기(50mm×35mm), 글꼴(궁서, 파랑)

크기(65mm×50mm)

글상자 이용, 선 종류(점선 또는 파선), 면색(색 없음), 글꼴(돋움, 18pt), 정렬(수평·수직–가운데)

크기(130mm×145mm)

유형을 확인하는 기출문제

문제유형 ❶	정답파일 ▶ chapter 2–01.hwp

조건	(1) 스타일 이름 – water (2) 문단 모양 – 첫 줄 들여쓰기 : 10pt, 문단 아래 간격 : 5pt (3) 글자 모양 – 글꼴 : 한글(돋움)/영문(굴림), 크기 : 10pt, 장평 : 105%, 자간 : − 5%
출력형태	Water is a common chemical substance that is essential to all known forms of life. About 70% of the fat free mass of the human body is made of water. 물은 알려진 모든 생명체에 필수적인 화학물질입니다. 인체의 질량의 약 70%가 물로 구성되어 있습니다.

문제유형 ❷	정답파일 ▶ chapter 2–02.hwp

조건	(1) 스타일 이름 – robot (2) 문단 모양 – 왼쪽 여백 : 10pt, 문단 아래 간격 : 10pt (3) 글자 모양 – 글꼴 : 한글(궁서)/영문(돋움), 크기 : 10pt, 장평 : 110%, 자간 : −5%
출력형태	Japan Robot Association(JARA)'s have biennially organized international Robot Exhibition (IREX) since 1974 for the purpose of contribution further progress of world's robot industry. 일본 로봇 협회는 1974년부터 세계 로봇 산업의 발전을 위해 국제 로봇 전시회를 2년마다 개최했습니다.

문제유형 ❸	정답파일 ▶ chapter 2–03.hwp

조건	(1) 스타일 이름 – ncsi (2) 문단 모양 – 왼쪽 여백 : 15pt, 문단 아래 간격 : 5pt (3) 글자 모양 – 글꼴 : 한글(바탕)/영문(굴림), 크기 : 10pt, 장평 : 105%, 자간 : −5%
출력형태	The NCSI is an index model based on the modeling of the degree of satisfaction of the final consumers, who have used the product or services provided by domestic and foreign companies. 시뮬레이션 소프트웨어는 고객 만족도의 변화를 고객 유지 비율로 표현하며, 수익성에 영향을 미치는지 분석할 수 있습니다.

01 다음의 ≪조건≫에 따라 스타일 기능을 적용하여 ≪출력형태≫와 같이 작성하시오.   50점

조건	(1) 스타일 이름 – dental (2) 문단 모양 – 왼쪽 여백 : 15pt, 문단 아래 간격 : 10pt (3) 글자 모양 – 한글(돋움)/영문(궁서), 크기 : 10pt, 장평 : 95%, 자간 : –5%
출력형태	The purpose of this study is to explore the socio-cultural function of dental system and suggest the improvement of limitations of the current system format. 네트워크 치과란 명칭과 브랜드를 공유하는 치과로서 브랜드를 통한 광고 효과와 체계적인 경영 시스템을 통한 비용 절감으로 기존 치과와 비교하여 강점을 지닌다.

02 다음의 ≪조건≫에 따라 ≪출력형태≫와 같이 표와 차트를 작성하시오.   100점

표 조건	(1) 표 전체(표, 캡션) – 굴림, 10pt (2) 정렬 – 문자 : 가운데 정렬, 숫자 : 오른쪽 정렬 (3) 셀 배경(면색) : 노랑 (4) 한글의 계산 기능을 이용하여 빈칸에 합계를 구하고, 캡션 기능 사용할 것 (5) 선 모양은 ≪출력형태≫와 동일하게 처리할 것

출력형태

보건소 구강사업 지난 실적 현황(단위 : 천 건)

구분	2013년	2015년	2017년	2019년	합계
구강 보건교육	58	81	72	84	
스케일링	7	4	5	5	
불소 도포	41	37	29	34	
불소양치 사업	66	86	186	129	

차트 조건	(1) 차트 데이터는 표 내용에서 연도별 구강 보건교육, 스케일링, 불소 도포의 값만 이용할 것 (2) 종류 – 〈묶은 세로 막대형〉으로 작업할 것 (3) 제목 – 돋움, 진하게, 12pt, 속성 – 채우기(하양), 테두리, 그림자(대각선 오른쪽 아래) 【돋움, 진하게, 12pt, 배경 – 선 모양(한 줄로), 그림자(2pt)】 (4) 제목 이외의 전체 글꼴 – 돋움, 보통, 10pt (5) 축제목과 범례는 ≪출력형태≫와 동일하게 처리할 것

출력형태

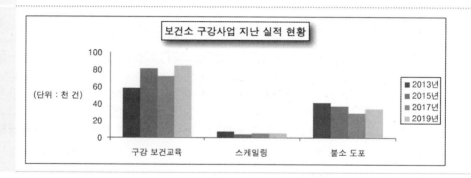

03 표 만들기

정답파일 Part 1 출제 유형으로 정리하는 꼼꼼이론₩이론 답안.hwp

▶ 기적의 합격 강의

문제보기

조건

(1) 표 전체(표, 캡션) – 굴림, 10pt
(2) 정렬 – 문자 : 가운데 정렬, 숫자 : 오른쪽 정렬
(3) 셀 배경(면색) : 노랑
(4) 한글의 계산 기능을 이용하여 빈칸에 합계를 구하고, 캡션 기능 사용할 것
(5) 선 모양은 ≪출력형태≫와 동일하게 처리할 것

출력형태

연도별 안동시 주요 관광지 방문객(단위 : 명)

구분	내국인		외국인	
관광지명	2018년	2019년	2018년	2019년
안동국제탈춤	900,499	868,000	27,013	27,000
도산서원	258,210	236,896	5,250	5,377
봉정사	121,379	145,946	1,887	1,517
합계	1,280,088	1,250,842	34,150	33,894

핵심기능

기능	도구 상자, 바로 가기 키	메뉴
표	⊞, Ctrl + N, T	[입력]–[표]
블록 설정	F5	
셀 합치기	⊞, 블록 설정 후 M	[표]–[셀 합치기]
셀 나누기	⊞, 블록 설정 후 S	[표]–[셀 나누기]
선 모양	블록 설정 후 L	[표]–[셀 테두리/배경]
캡션 달기	⊞, Ctrl + N, C	[입력]–[캡션 넣기]
블록 합계	⊞, Ctrl + Shift + S	[표]–[블록 계산식]–[블록 합계]
블록 평균	⊞, Ctrl + Shift + A	[표]–[블록 계산식]–[블록 평균]
블록 곱	⊞, Ctrl + Shift + P	[표]–[블록 계산식]–[블록 곱]

작업과정

표 만들기 → 셀 합치기 → 표 데이터 입력 → 표 글자 속성 지정 → 정렬 지정 → 셀 테두리 지정 → 셀 배경색 지정 → 블록 계산식 → 캡션 달기 → 표 크기 조절

03 기출문제 3회

▶ 기적의 합격 강의

정답파일 Part 4 기출문제\기출문제 3회 답안.hwp

과목	코드	문제유형	시험시간	수험번호	성명
아래한글	1111	A	60분	20231013	홍길동

수험자 유의사항

- 수험자는 문제지를 받는 즉시 문제지와 **수험표상의 시험과목(프로그램)이 동일한지 반드시 확인**하여야 합니다.
- 파일명은 본인의 "수험번호–성명"으로 입력하여 답안폴더(내 PC\문서\ITQ)에 하나의 파일로 저장해야 하며, 답안문서 파일명이 "수험번호–성명"과 일치하지 않거나, 답안파일을 전송하지 않아 미제출로 처리될 경우 실격 처리합니다(예:12345678–홍길동.hwp).
- 답안 작성을 마치면 파일을 저장하고, '답안 전송' 버튼을 선택하여 감독위원 PC로 답안을 전송하십시오. 수험생 정보와 저장한 파일명이 다를 경우 전송되지 않으므로 주의하시기 바랍니다.
- 답안 작성 중에도 **주기적으로 저장하고, '답안 전송'**하여야 문제 발생을 줄일 수 있습니다. 작업한 내용을 저장하지 않고 전송할 경우 이전에 저장된 내용이 전송되니 이점 유의하시기 바랍니다.
- 답안문서는 지정된 경로 외의 다른 보조기억장치에 저장하는 경우, 지정된 시험 시간 외에 작성된 파일을 활용할 경우, 기타 통신수단(이메일, 메신저, 네트워크 등)을 이용하여 타인에게 전달 또는 외부 반출하는 경우는 부정 처리합니다.
- 시험 중 부주의 또는 고의로 시스템을 파손한 경우는 수험자가 변상해야 하며, 〈수험자 유의사항〉에 기재된 방법대로 이행하지 않아 생기는 불이익은 수험생 당사자의 책임임을 알려 드립니다.
- 문제의 조건은 한컴오피스 2020 버전으로 설정되어 있으며 한컴오피스 NEO는 【 】에 표기되어 있습니다. 이와 관련하여 작성한 답안의 출력형태가 문제지와 다를 수 있습니다.
- 시험을 완료한 수험자는 답안파일이 전송되었는지 확인한 후 감독위원의 지시에 따라 문제지를 제출하고 퇴실합니다.

답안 작성요령

- **온라인 답안 작성 절차**
  수험자 등록 ⇒ 시험 시작 ⇒ 답안파일 저장 ⇒ 답안 전송 ⇒ 시험 종료
- **공통 부문**
- 글꼴에 대한 기본설정은 함초롬바탕, 10포인트, 검정, 줄간격 160%, 양쪽정렬로 합니다.
- 색상은 조건의 색을 적용하고 색의 구분이 안 될 경우에는 RGB 값을 적용하십시오
  (빨강 255,0,0 / 파랑 0,0,255 / 노랑 255,255,0).
- 각 문항에 주어진 ≪조건≫에 따라 작성하고 언급하지 않은 조건은 ≪출력형태≫와 같이 작성합니다.
- 용지여백은 왼쪽·오른쪽 11mm, 위쪽·아래쪽·머리말·꼬리말 10mm, 제본 0mm로 합니다.
- 그림 삽입 문제의 경우 「내 PC\문서\ITQ\Picture」 폴더에서 지정된 파일을 선택하여 삽입하십시오.
- 삽입한 그림은 반드시 문서에 포함하여 저장해야 합니다(미포함 시 감점 처리).
- 각 항목은 지정된 페이지에 출력형태와 같이 정확히 작성하시기 바라며, 그렇지 않을 경우에 해당 항목은 0점 처리됩니다.
  ※ 페이지구분 : 1페이지 – 기능평가 I (문제번호 표시 : 1. 2.),
  　　　　　　　　 2페이지 – 기능평가 II (문제번호 표시 : 3. 4.),
  　　　　　　　　 3페이지 – 문서작성 능력평가
- **기능평가**
- 문제와 ≪조건≫은 입력하지 않으며 문제번호와 답(≪출력형태≫)만 작성합니다.
- 4번 문제는 묶기를 했을 경우 0점 처리됩니다.
- **문서작성 능력평가**
- A4 용지(210mm×297mm) 1매 크기, 세로 서식 문서로 작성합니다.
- □□ 표시는 문서작성에 대한 지시사항이므로 작성하지 않습니다.

① 문제 번호 「2.」 다음 줄에 커서를 위치시킨다.

② 표를 만들기 위해 Ctrl+N, T를 누르거나 [입력] 탭 – [표](⊞)를 선택한다.

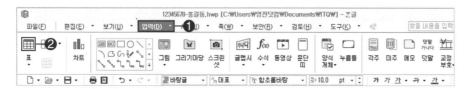

③ [표 만들기] 대화상자에서 줄 수 '6', 칸 수 '5'를 설정한 후 '글자처럼 취급'에 체크한다.

> **기적의 3초컷**
>
> '글자처럼 취급'을 설정하면 표의 위치가 문서 변동에 따라 자동적으로 조절된다.

① 셀을 합칠 영역을 블록 설정하고 M을 눌러 셀 합치기를 한다. 또는 마우스 오른쪽 단추를 클릭하여 [셀 합치기]를 선택하거나 [표] 탭(⊞ (Q) ▾) – [셀 합치기](⊞)를 선택한다.

> **기적의 3초컷**
>
> **블록 설정**
> - F5 한 번 : 현재 커서 위치의 셀을 블록 설정
> - F5 두 번 : 현재 커서 위치를 포함해서 방향키로 블록 설정, 마우스로 영역만큼 끌기와 동일
> - F5 세 번 : 전체 셀을 블록 설정, 마우스로 전체 영역을 끌기 한 것과 동일

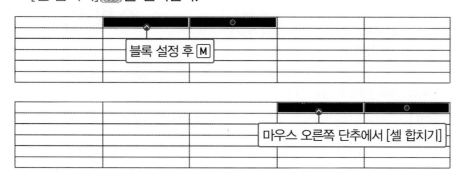

글꼴 : 돋움, 18pt, 진하게, 가운데 정렬
책갈피 이름 : 소방　　덧말 넣기

문단 첫 글자 장식 기능
글꼴 : 궁서, 면색 : 노랑

화재 예방

머리말 기능
굴림, 10pt, 오른쪽 정렬

안전하고 행복한 대한민국
봉사와 희생정신의 소방공무원

각주

화 재 발생 시 출동하여 사고 진압 및 소화(消火) 업무를 담당하고 있는 소방공무원Ⓐ
은 화재 외에도 다양한 관련 분야에 걸쳐 임무를 수행하고 있다. 소방공무원의 업무
는 소방과, 방호과, 119 소방서, 구조대, 구조구급과로 나뉘며 소방과는 다시 소방 업무와
장비 업무로 분류(分類)된다.

　소방 업무에는 소방서 기본 운영 계획에 관한 사항을 비롯하여 직원들의 신분, 상벌, 복
무규율 및 교육 훈련, 보건, 복지, 후생에 관한 사항이 포함된다. 장비 업무로는 직원들의
보수 등 예산과 회계에 관한 사항과 소방 차량 및 장비 유지 관리에 관한 사항을 담당한다.
방호과에서는 화재 진압 대책과 각종 소방 현장 활동의 효율적 수행을 위한 안전 대책 등
을 수립하며 소방 시설의 작동 상태 및 관리 상황에 대한 점검을 통해 사전 예방 활동을 펼친다. 119 소방서는 현장
활동 업무를 수행하는 부서로 화재 발생 시 신속한 진압 활동에 착수하며 응급 환자에 대한 구급 활동을 맡는다. 구
조대는 각종 재난 사고 현장에서 인명을 구조하는 부서로 화재, 교통사고, 산악사고, 수난사고 등에 대응하기 위해 실
력 향상 훈련 및 안전사고 예방 교육과 캠페인을 주관한다.

그림위치(내 PC₩문
서₩ITQ₩Picture₩그림
4.jpg, 문서에 포함)
자르기 기능 이용,
크기(40mm×40mm),
바깥 여백 왼쪽 : 2mm

♥ 소화기의 종류

글꼴 : 궁서, 18pt, 하양
음영색 : 빨강

　1. 물 소화기
　　가. 쉽게 구할 수 있으며 가격이 저렴하며 안전함
　　나. 겨울철에는 동결 방지 조치를 강구해야 함
　2. 포말 소화기
　　가. 공기와의 접촉을 차단하는 질식 효과
　　나. 수분의 증발에 의한 냉각 효과

♥ 소방시설업 종류 및 등록기준

글꼴 : 궁서, 18pt, 밑줄, 강조점

시설업		정의	기술인력
설계업	전문	소방시설 공사계획, 설계도면, 설명서 등 서류 작성	소방기술사 1명, 보조 인력 1명
	일반		소방기술사 또는 소방설비기사 1명, 보조 인력 1명
공사업	일반	소방시설 신설, 증설, 개설, 안전 및 정비	소방기술사 또는 소방설비기사(해당 분야) 1명, 보조 인력 1명
감리업	전문	설계도서와 관계 법령에 따라 적법하게 시공되는지 확인	소방기술사 1명, 특급/고급/중급/초급 감리원 각 1명
	일반		특급 감리원 1명, 중급 이상 감리원 1명, 초급 감리원 1명

문단 번호 기능 사용
1수준 : 20pt, 오른쪽 정렬,
2수준 : 30pt, 오른쪽 정렬
줄 간격 : 180%

표 전체 글꼴 : 굴림, 10pt, 가운데 정렬
셀 배경(그러데이션) : 유형(가로)【수평】,
시작색(하양), 끝색(노랑)

소방청

글꼴 : 돋움, 24pt, 진하게
장평 105%, 오른쪽 정렬

Ⓐ 국민의 보호를 직무로 하여 화재의 예방, 경계, 진압에 종사하는 공무원

각주 구분선 : 5cm

쪽 번호 매기기, 4로 시작　　④

셀 블록 설정 후 단축 메뉴

① 글자 모양 : 표의 글꼴 등 글자 모양을 변경
② 셀 테두리/배경 : 셀의 테두리, 대각선이나 배경색을 지정
③ 셀 합치기 : 블록 설정한 셀 모두 합치기
④ 셀 나누기 : 지정한 셀의 줄, 칸을 나누기
⑤ 블록 계산식 : 블록 설정한 셀의 블록 합계, 블록 곱, 블록 평균을 구하기

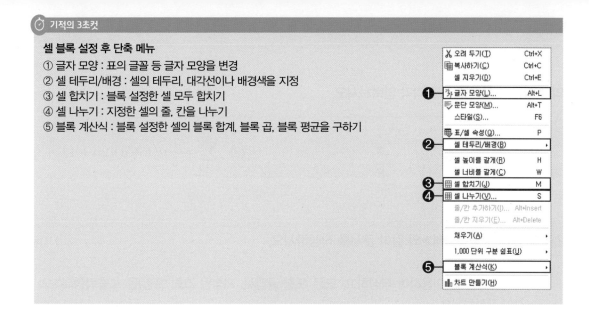

SECTION 03 · 표 데이터 입력 후 글자 속성 지정

① 표에 들어갈 데이터를 입력한다.

구분	내국인		외국인	
관광지명	2018년	2019년	2018년	2019년
안동국제탈춤	900499	868000	27013	27000
도산서원	258210	236896	5250	5377
봉정사	121379	145946	1887	1517
합계				

② 표 전체를 블록 설정(F5 세 번)한 후, [서식] 도구상자에서 '굴림', '10pt'를 설정한다.

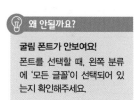

왜 안될까요?

굴림 폰트가 안보여요!
폰트를 선택할 때, 왼쪽 분류에 '모든 글꼴'이 선택되어 있는지 확인해주세요.

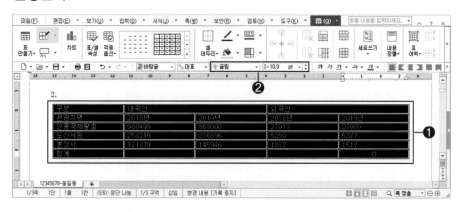

03 다음 (1), (2)의 수식을 수식 편집기로 각각 입력하시오.   40점

출력형태

(1) $$E = mr^2 = \frac{nc^2}{\sqrt{1 - \dfrac{r^2}{d^2}}}$$

(2) $$\sum_{k=1}^{n} = \frac{1}{6} n(n+a)(2n+1)$$

04 다음의 ≪조건≫에 따라 ≪출력형태≫와 같이 문서를 작성하시오.   110점

조건

(1) 그리기 도구를 이용하여 작성하고, 모든 도형(글맵시, 지정된 그림 포함)을 ≪출력형태≫와 같이 작성하시오.

(2) 도형의 면색은 지시사항이 없으면 색 없음을 제외하고 서로 다르게 임의로 지정하시오.

출력형태

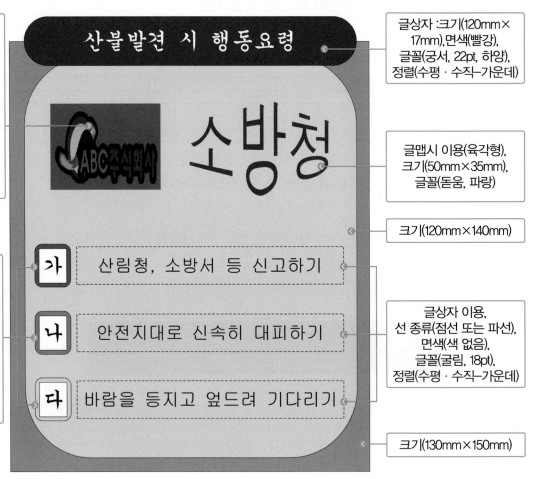

그림위치(내 PC₩문서₩ITQ₩Picture₩로고1.jpg, 문서에 포함), 크기(40mm×30mm), 그림 효과(회색조)

하이퍼링크 : 문서작성 능력평가의 "봉사와 희생정신의 소방공무원" 제목에 설정한 책갈피로 이동

직사각형 그리기 : 크기(10mm×12mm), 면색(하양), 글꼴(궁서, 20pt), 정렬(수평 · 수직–가운데)

직사각형 그리기 : 크기(13mm×15mm), 면색(하양을 제외한 임의의 색)

글상자 :크기(120mm×17mm),면색(빨강), 글꼴(궁서, 22pt, 하양), 정렬(수평 · 수직–가운데)

글맵시 이용(육각형), 크기(50mm×35mm), 글꼴(돋움, 파랑)

크기(120mm×140mm)

글상자 이용, 선 종류(점선 또는 파선), 면색(색 없음), 글꼴(굴림, 18pt), 정렬(수평 · 수직–가운데)

크기(130mm×150mm)

산불발견 시 행동요령

소방청

가   산림청, 소방서 등 신고하기

나   안전지대로 신속히 대피하기

다   바람을 등지고 엎드려 기다리기

① 문자 부분을 블록 설정하고, [서식] 도구상자에서 [가운데 정렬](≣)을 지정한다.

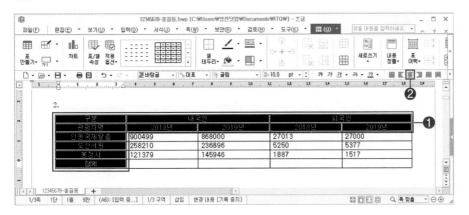

② 숫자 부분을 블록 설정한 후 [서식] 도구상자에서 [오른쪽 정렬](≣)을 지정하고, [표] 탭 – [1,000 단위 구분 쉼표](✓) – [자릿점 넣기]를 선택한다.

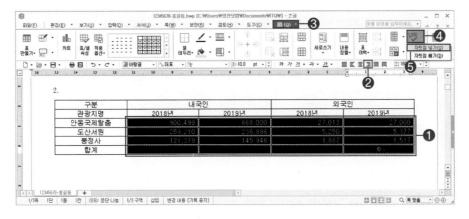

01 다음의 ≪조건≫에 따라 스타일 기능을 적용하여 ≪출력형태≫와 같이 작성하시오.   50점

조건	(1) 스타일 이름 – fire (2) 문단 모양 – 왼쪽 여백 : 15pt, 문단 아래 간격 : 10pt (3) 글자 모양 – 글꼴 : 한글(굴림)/영문(돋움), 크기 : 10pt, 장평 : 95%, 자간 : 5%
출력형태	The Korean National Fire Agency is a state agency dedicated to fire prevention and emergency response to accidents or land disasters. 119 청소년단은 어려서부터 안전에 대한 의식과 습관을 기르고, 이웃을 먼저 생각하며 봉사하는 참사랑을 실천하는 선도조직으로 건강한 어린이 육성을 목표로 하고 있다.

02 다음의 ≪조건≫에 따라 ≪출력형태≫와 같이 표와 차트를 작성하시오.   100점

표 조건	(1) 표 전체(표, 캡션) – 돋움, 10pt (2) 정렬 – 문자 : 가운데 정렬, 숫자 : 오른쪽 정렬 (3) 셀 배경(면색) : 노랑 (4) 한글의 계산 기능을 이용하여 빈칸에 합계를 구하고, 캡션 기능 사용할 것 (5) 선 모양은 ≪출력형태≫와 동일하게 처리할 것

출력형태

소방산업 기업인증 현황(단위 : %)

구분	벤처기업	ISO 인증	이노비즈 기업	메인비즈 기업	합계
소방설계업	6.2	9.6	4.2	1.3	
소방공사업	2.7	13.4	2.9	4.3	
소방제조업	13.4	21.7	13.1	5.2	
소방관리업	3.1	9.2	3.9	0.4	✕

차트 조건	(1) 차트 데이터는 표 내용에서 구분별 소방설계업, 소방공사업, 소방제조업의 값만 이용할 것 (2) 종류 – 〈묶은 세로 막대형〉으로 작업할 것 (3) 제목 – 굴림, 진하게, 12pt, 속성 – 채우기(하양), 테두리, 그림자(대각선 오른쪽 아래) 【굴림, 진하게, 12pt, 배경 – 선 모양(한 줄로), 그림자(2pt)】 (4) 제목 이외의 전체 글꼴 – 굴림, 보통, 10pt (5) 축제목과 범례는 ≪출력형태≫와 동일하게 처리할 것

출력형태

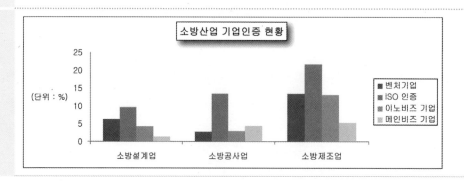

① 표 전체를 블록 설정(F5 세 번)한다. → L을 누르거나 마우스 오른쪽 단추를 클릭하여 [셀 테두리/배경] – [각 셀마다 적용](■)을 선택한다.

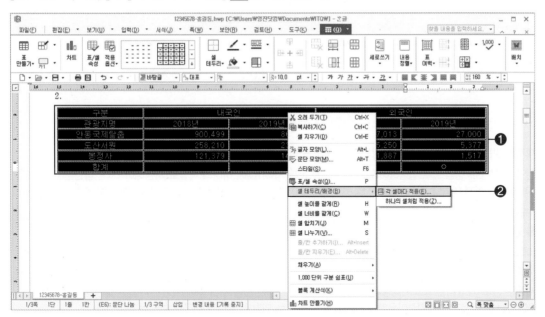

② [셀 테두리/배경] 대화상자의 [테두리] 탭에서 '이중 실선'을 '위', '아래' 선택한다.

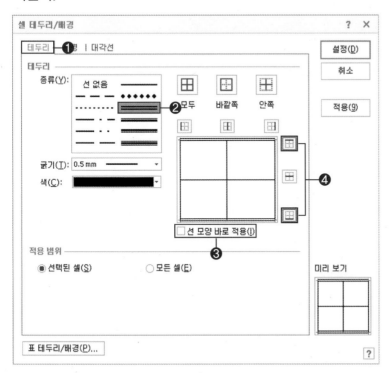

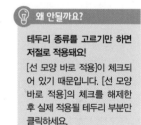
왜 안될까요?

테두리 종류를 고르기만 하면 저절로 적용돼요!

[선 모양 바로 적용]이 체크되어 있기 때문입니다. [선 모양 바로 적용]의 체크를 해제한 후 실제 적용될 테두리 부분만 클릭하세요.

▶ 기적의 합격 강의

정답파일 Part 4 기출문제\기출문제 2회 답안.hwp

과목	코드	문제유형	시험시간	수험번호	성명
아래한글	1111	A	60분	20231012	홍길동

수험자 유의사항

- 수험자는 문제지를 받는 즉시 문제지와 **수험표상의 시험과목(프로그램)이 동일한지 반드시 확인**하여야 합니다.
- 파일명은 본인의 "수험번호–성명"으로 입력하여 답안폴더(내 PC\문서\ITQ)에 하나의 파일로 저장해야 하며, 답안문서 파일명이 "수험번호–성명"과 일치하지 않거나, 답안파일을 전송하지 않아 미제출로 처리될 경우 실격 처리합니다(예:12345678–홍길동.hwp).
- 답안 작성을 마치면 파일을 저장하고, '답안 전송' 버튼을 선택하여 감독위원 PC로 답안을 전송하십시오. 수험생 정보와 저장한 파일명이 다를 경우 전송되지 않으므로 주의하시기 바랍니다.
- 답안 작성 중에도 **주기적으로 저장하고, '답안 전송'**하여야 문제 발생을 줄일 수 있습니다. 작업한 내용을 저장하지 않고 전송할 경우 이전에 저장된 내용이 전송되니 이점 유의하시기 바랍니다.
- 답안문서는 지정된 경로 외의 다른 보조기억장치에 저장하는 경우, 지정된 시험 시간 외에 작성된 파일을 활용할 경우, 기타 통신수단(이메일, 메신저, 네트워크 등)을 이용하여 타인에게 전달 또는 외부 반출하는 경우는 부정 처리합니다.
- 시험 중 부주의 또는 고의로 시스템을 파손한 경우는 수험자가 변상해야 하며, 〈수험자 유의사항〉에 기재된 방법대로 이행하지 않아 생기는 불이익은 수험생 당사자의 책임임을 알려 드립니다.
- 문제의 조건은 한컴오피스 2020 버전으로 설정되어 있으며 한컴오피스 NEO는 【 】에 표기되어 있습니다. 이와 관련하여 작성한 답안의 출력형태가 문제지와 다를 수 있습니다.
- 시험을 완료한 수험자는 답안파일이 전송되었는지 확인한 후 감독위원의 지시에 따라 문제지를 제출하고 퇴실합니다.

답안 작성요령

- **온라인 답안 작성 절차**
  수험자 등록 ⇒ 시험 시작 ⇒ 답안파일 저장 ⇒ 답안 전송 ⇒ 시험 종료
- **공통 부문**
- 글꼴에 대한 기본설정은 함초롬바탕, 10포인트, 검정, 줄간격 160%, 양쪽정렬로 합니다.
- 색상은 조건의 색을 적용하고 색의 구분이 안 될 경우에는 RGB 값을 적용하십시오
  (빨강 255,0,0 / 파랑 0,0,255 / 노랑 255,255,0).
- 각 문항에 주어진 ≪조건≫에 따라 작성하고 언급하지 않은 조건은 ≪출력형태≫와 같이 작성합니다.
- 용지여백은 왼쪽·오른쪽 11mm, 위쪽·아래쪽·머리말·꼬리말 10mm, 제본 0mm로 합니다.
- 그림 삽입 문제의 경우 「내 PC\문서\ITQ\Picture」 폴더에서 지정된 파일을 선택하여 삽입하십시오.
- 삽입한 그림은 반드시 문서에 포함하여 저장해야 합니다(미포함 시 감점 처리).
- 각 항목은 지정된 페이지에 출력형태와 같이 정확히 작성하시기 바라며, 그렇지 않을 경우에 해당 항목은 0점 처리됩니다.
  ※ 페이지구분 : 1페이지 – 기능평가 I (문제번호 표시 : 1. 2.),
  　　　　　　　　2페이지 – 기능평가 II (문제번호 표시 : 3. 4.),
  　　　　　　　　3페이지 – 문서작성 능력평가
- **기능평가**
- 문제와 ≪조건≫은 입력하지 않으며 문제번호와 답(≪출력형태≫)만 작성합니다.
- 4번 문제는 묶기를 했을 경우 0점 처리됩니다.
- **문서작성 능력평가**
- A4 용지(210mm×297mm) 1매 크기, 세로 서식 문서로 작성합니다.
- ▢ 표시는 문서작성에 대한 지시사항이므로 작성하지 않습니다.

③ 계속해서 [테두리] 탭에서 '선 없음'을 '왼쪽', '오른쪽'에 설정한다.

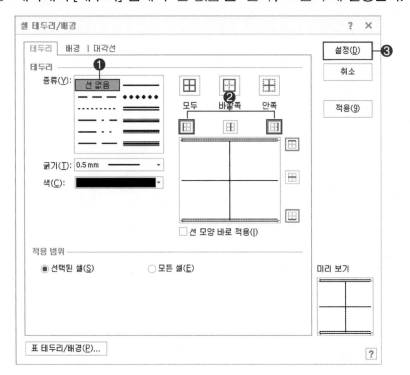

기적의 3초컷

선 모양을 바꿀 범위가 같아도 선 모양이 다르면 모양에 따라 각각 지정해야 한다.

왜 안될까요?

왼쪽과 오른쪽에 '선 없음'을 적용했는데 빨간색 점선이 보여요!

선 없음 기능으로 설정된 투명선은 편집할 때 빨간색 점선으로 보입니다. 이는 표 내부에 커서가 있을 때만 나타나는 것이므로 채점 시 감점요인이 아닙니다.

기적의 3초컷

대각선 지정

대각선은 마우스 오른쪽 단추를 클릭하여 [셀 테두리/배경]－[각 셀마다 적용]을 선택하고 [대각선] 탭에서 대각선의 모양을 지정하면 된다.

④ 같은 방법으로 둘째 줄을 블록 설정하여 '이중 실선'을 '아래'에 설정한다.

구분	내국인		외국인	
관광지명	2018년	2019년	2018년	2019년
안동국제탈춤	900,499	868,000	27,013	27,000
도산서원	258,210	236,896	5,250	5,377
봉정사	121,379	145,946	1,887	1,517
합계				

SECTION 06 셀 배경색 지정

① 배경색을 지정할 부분을 블록 설정한 후 C를 누른다.

구분	내국인		외국인	
관광지명	2018년	2019년	2018년	2019년
안동국제탈춤	900,499	868,000	27,013	27,000
도산서원	258,210	236,896	5,250	5,377
봉정사	121,379	145,946	1,887	1,517
합계				

기적의 3초컷

셀의 영역이 떨어져 있으면 Ctrl을 누른 채 마우스로 드래그하여 블록 설정한다.

문단 첫 글자 장식 기능
글꼴 : 궁서, 면색 : 노랑

글꼴 : 돋움, 18pt, 진하게, 가운데 정렬
책갈피 이름 : 보안기술　　덧말 넣기

국제 전시회

머리말 기능
굴림, 10pt, 오른쪽 정렬

아시아 유일의 통합 보안 전시회
제21회 세계 보안 엑스포

각주

세　계 보안 엑스포는 최신 영상 보안 솔루션, 출입 통제 솔루션, 바이오 인식 솔루션, IT 보안 솔루션까지 한 자리에서 만나볼 수 있으며, 새로운 융합보안의 방향을 제시하고 있다. 물리보안과 정보보안의 영역이 융합(融合)되면서 새로운 보안기술이 등장해 시장에 발표되고 있는 요즘 최근 떠오르고 있는 인공지능, 빅데이터, 사물인터넷Ⓐ과 ICT 등 최신 IT 환경 변화에 따른 보안 트렌드를 직접 경험하고 살펴볼 수 있다.

　세계 보안 엑스포에서는 글로벌 네트워크를 통해 해외 기업 및 바이어를 유치하고 동시에 해외 바이어 상담회를 개최함으로써 참가기업의 해외 진출을 적극적으로 지원하며, 실질적인 구매와 상담의 장이 마련된다. 또한 보안, 안전에 대한 사회 각 분야 및 테마별 다양한 주제의 콘퍼런스를 통해 첨단 보안 솔루션의 새로운 기술과 트렌드, 구축사례에 대한 다양한 논의가 이루어지며, 실질적인 가이드라인을 제시한다. 국내 보안 솔루션에 많은 관심을 보이는 개발도상국들의 해당 공무원들이 직접 전시장에 나와 자국에 대한 투자와 수출에 관한 상담회를 개최해 국내 보안기업의 해외시장 진출에도 기여(寄與)하고 있다.

♣ 세계 보안 엑스포 전시회 개요

글꼴 : 궁서, 18pt, 하양
음영색 : 빨강

그림위치(내 PC₩문서₩ITQ₩
Picture₩그림4.jpg, 문서에 포함)
자르기 기능 이용,
크기(40mm×40mm),
바깥 여백 왼쪽 : 2mm

　가. 일시 및 장소
　　① 일시 : 2022년 4월 20일(수) - 22일(금)
　　② 장소 : 일산 킨텍스 제1전시장
　가. 주최 및 후원
　　① 주최 : 행정안전부
　　② 후원 : 과학기술정보통신부, 산업통상자원부, 국토교통부 외 다수

♣ 정보보호 솔루션 페어 콘퍼런스

글꼴 : 궁서, 18pt, 밑줄, 강조점

구분	시간	내용	장소	비고
1일차	11:30~11:55	클라우드 데이터 보안	208호	10:40-11:00 (참가자 등록 확인, 강연자료 앱/패스워드 발급) 14:40-17:00 (전시 부스 관람)
1일차	13:25~13:50	표적형 악성코드 대응 기술, CDR	209호	10:40-11:00 (참가자 등록 확인, 강연자료 앱/패스워드 발급) 14:40-17:00 (전시 부스 관람)
2일차	11:00~11:25	빅데이터 환경을 위한 효율적인 보안론	209호	10:40-11:00 (참가자 등록 확인, 강연자료 앱/패스워드 발급) 14:40-17:00 (전시 부스 관람)
2일차	14:15~14:40	제로 트러스트 아키텍처의 완성	210호	10:40-11:00 (참가자 등록 확인, 강연자료 앱/패스워드 발급) 14:40-17:00 (전시 부스 관람)
3일차	11:20~11:50	딥러닝 기반의 스마트 선별 관제 시스템	211호	10:40-11:00 (참가자 등록 확인, 강연자료 앱/패스워드 발급) 14:40-17:00 (전시 부스 관람)

문단 번호 기능 사용
1수준 : 20pt, 오른쪽 정렬,
2수준 : 30pt, 오른쪽 정렬
줄 간격 : 180%

표 전체 글꼴 : 굴림, 10pt,
가운데 정렬
셀 배경(그러데이션) :
유형(가로)【수평】,
시작색(하양), 끝색(노랑)

행정안전부

글꼴 : 돋움, 24pt, 진하게
장평 105%, 오른쪽 정렬

Ⓐ 인터넷을 기반으로 모든 사물을 연결하여 정보를 상호 소통하는 지능형 기술 및 서비스

각주 구분선 : 5cm

쪽 번호 매기기
5로 시작　　⑤

② [셀 테두리/배경] 대화상자의 [배경] 탭에서 '색'을 선택한 후 면 색에서 [색상 테마](▶)를 클릭하여 '오피스' 테마를 클릭하고 면 색을 '노랑'으로 설정한다.

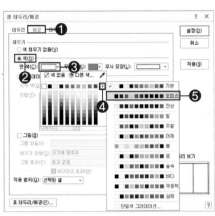
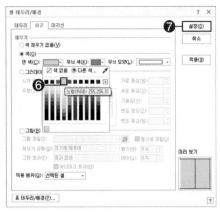

RGB값 입력

• [셀 테두리/배경] 대화 상자의 [배경] 탭에서 [면 색] – [다른 색]을 선택하여 [색] 대화상자가 나타나면 빨강(R), 녹색(G), 파랑(B)의 값을 차례로 입력한다.

• [표] 탭에서 [셀 배경 색]의 드롭 다운 단추를 클릭하여 셀 배경 색을 설정할 수도 있다.

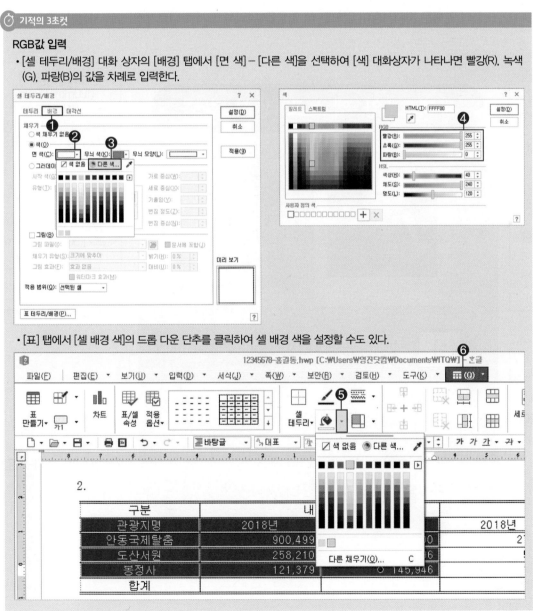

03 다음 (1), (2)의 수식을 수식 편집기로 각각 입력하시오.   40점

출력형태	(1) $\quad G = 2 \int_{\frac{a}{2}}^{a} \dfrac{b\sqrt{a^2 - x^2}}{a}\,dx$ (2) $\quad Q = \dfrac{F}{h^2} = \dfrac{1}{3}\dfrac{N}{h^3}m\overline{g^2}$

04 다음의 ≪조건≫에 따라 ≪출력형태≫와 같이 문서를 작성하시오.   110점

조건

(1) 그리기 도구를 이용하여 작성하고, 모든 도형(글맵시, 지정된 그림 포함)을 ≪출력형태≫와 같이 작성하시오.

(2) 도형의 면색은 지시사항이 없으면 색 없음을 제외하고 서로 다르게 임의로 지정하시오.

출력형태

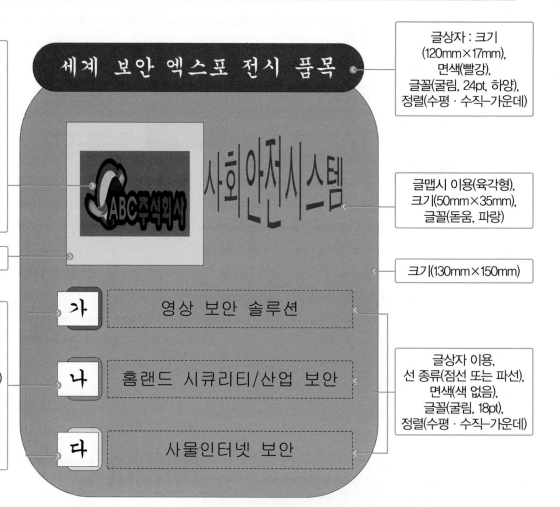

그림위치(내 PC₩문서₩ITQ₩Picture₩로고1.jpg, 문서에 포함), 크기(40mm×30mm), 그림 효과(회색조)

하이퍼링크 : 문서작성 능력평가의 **"제21회 세계 보안 엑스포"** 제목에 설정한 책갈피로 이동

크기(50mm×50mm)

직사각형 그리기 : 크기(15mm×12mm), 면색(하양), 글꼴(궁서, 20pt), 정렬(수평 · 수직-가운데)

직사각형 그리기 : 크기(13mm×15mm), 면색(하양을 제외한 임의의 색)

글상자 : 크기(120mm×17mm), 면색(빨강), 글꼴(굴림, 24pt, 하양), 정렬(수평 · 수직-가운데)

세계 보안 엑스포 전시 품목

글맵시 이용(육각형), 크기(50mm×35mm), 글꼴(돋움, 파랑)

크기(130mm×150mm)

가   영상 보안 솔루션

나   홈랜드 시큐리티/산업 보안

다   사물인터넷 보안

글상자 이용, 선 종류(점선 또는 파선), 면색(색 없음), 글꼴(굴림, 18pt), 정렬(수평 · 수직-가운데)

① 계산식이 이루어져야 하는 부분을 블록 설정한다. → [표] 탭의 [표 편집] 항목에서 [계산식](▦ ·) – [블록 합계](🏷)를 선택한다.

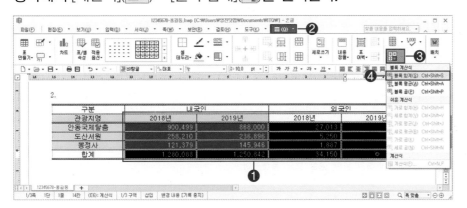

---

① 표를 선택하거나 표 안에 커서를 위치시키고 Ctrl + N , C 또는 [표] 탭 – [캡션](🖼 ·)의 드롭 다운 단추를 클릭한 후 [위]를 선택한다.

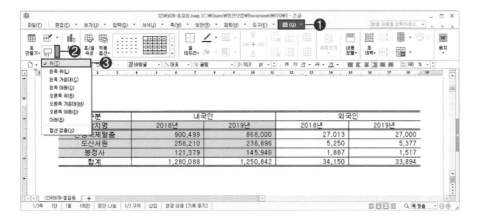

01 다음의 《조건》에 따라 스타일 기능을 적용하여 《출력형태》와 같이 작성하시오. 　50점

조건	(1) 스타일 이름 – security (2) 문단 모양 – 왼쪽 여백 : 15pt, 문단 아래 간격 : 10pt (3) 글자 모양 – 글꼴 : 한글(굴림)/영문(돋움), 크기 : 10pt, 장평 : 95%, 자간 : 5%
출력형태	SECON is a comprehensive security platform for business development through extensive network with distributors and retailers. 보안 엑스포는 아시아 최고 기업 간 보안 이벤트이자 아시아 유통업체, 설치업체, 소매업체와의 광범위한 네트워크를 통해 비즈니스를 개발하기 위한 종합 보안 플랫폼이다.

02 다음의 《조건》에 따라 《출력형태》와 같이 표와 차트를 작성하시오. 　100점

표 조건	(1) 표 전체(표, 캡션) – 돋움, 10pt (2) 정렬 – 문자 : 가운데 정렬, 숫자 : 오른쪽 정렬 (3) 셀 배경(면색) : 노랑 (4) 한글의 계산 기능을 이용하여 빈칸에 합계를 구하고, 캡션 기능 사용할 것 (5) 선 모양은 《출력형태》와 동일하게 처리할 것

출력형태

세계 보안 엑스포 참관객 업종별 현황(단위 : 백 명)

구분	17회	18회	19회	20회	합계
보안장비	35.2	39.5	42.3	46.7	
사이버보안	32.7	36.4	43.9	42.8	
통신/데이터센터	29.3	32.6	31.5	33.1	
기타	6.1	7.2	6.8	7.6	✕

차트 조건	(1) 차트 데이터는 표 내용에서 횟수별 보안장비, 사이버보안, 통신/데이터센터의 값만 이용할 것 (2) 종류 – 〈묶은 세로 막대형〉으로 작업할 것 (3) 제목 – 굴림, 진하게, 12pt, 속성 – 채우기(하양), 테두리, 그림자(대각선 오른쪽 아래) 　　　　【굴림, 진하게, 12pt, 배경 – 선 모양(한 줄로), 그림자(2pt)】 (4) 제목 이외의 전체 글꼴 – 굴림, 보통, 10pt (5) 축제목과 범례는 《출력형태》와 동일하게 처리할 것

출력형태

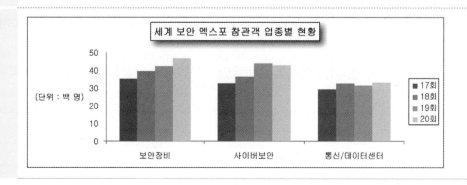

② 캡션 번호 '표1'이 자동으로 만들어지면 Back Space 를 눌러 지우고 「연도별 안동시 주요 관광지 방문객(단위 : 명)」을 입력한다.

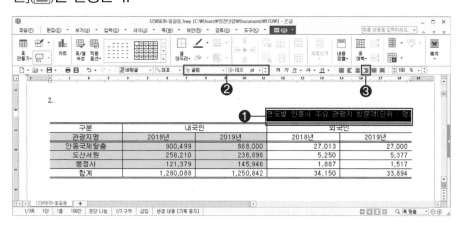

표 1

구분	내국인		외국인	
관광지명	2018년	2019년	2018년	2019년
안동국제탈춤	900,499	868,000	27,013	27,000
도산서원	258,210	236,896	5,250	5,377
봉정사	121,379	145,946	1,887	1,517
합계	1,280,088	1,250,842	34,150	33,894

⬇

연도별 안동시 주요 관광지 방문객(단위 : 명)

구분	내국인		외국인	
관광지명	2018년	2019년	2018년	2019년
안동국제탈춤	900,499	868,000	27,013	27,000
도산서원	258,210	236,896	5,250	5,377
봉정사	121,379	145,946	1,887	1,517
합계	1,280,088	1,250,842	34,150	33,894

③ 캡션 내용을 블록 설정하고 [서식] 도구상자에서 '굴림', '10pt', [오른쪽 정렬](▤)을 설정한다.

왜 안될까요?

캡션을 완전히 지우고 싶어요!
캡션 영역에서 Delete 나 Back Space 를 눌러 내용을 모두 지워도 캡션 영역은 남아있어요. 삭제하려면 캡션 영역에서 마우스 오른쪽 단추를 클릭한 후 [캡션 없음]을 선택하세요.

SECTION 09 표 크기 조절

① 줄, 칸 너비 조절이 필요한 부분은 블록 설정한 후, Ctrl 을 누른 채 방향키(←, →, ↑, ↓)를 눌러 셀 간격을 조절한다.

연도별 안동시 주요 관광지 방문객(단위 : 명)

구분	내국인		외국인	
관광지명	2018년	2019년	2018년	2019년
안동국제탈춤	900,499	868,000	27,013	27,000
도산서원	258,210	236,896	5,250	5,377
봉정사	121,379	145,946	1,887	1,517
합계	1,280,088	1,250,842	34,150	33,894

기적의 3초컷

줄, 칸 넓이 조절
· Ctrl + ← : 칸 좁히기
· Ctrl + → : 칸 넓히기
· Ctrl + ↑ : 줄 좁히기
· Ctrl + ↓ : 줄 넓히기

01 기출문제 1회

▶ 기적의 합격 강의

정답파일 Part 4 기출문제\기출문제 1회 답안.hwp

과목	코드	문제유형	시험시간	수험번호	성명
아래한글	1111	A	60분	20231011	홍길동

수험자 유의사항

- 수험자는 문제지를 받는 즉시 문제지와 **수험표상의 시험과목(프로그램)이 동일한지 반드시 확인**하여야 합니다.
- 파일명은 본인의 "수험번호-성명"으로 입력하여 답안폴더(내 PC\문서\ITQ)에 하나의 파일로 저장해야 하며, 답안문서 파일명이 "수험번호-성명"과 일치하지 않거나, 답안파일을 전송하지 않아 미제출로 처리될 경우 실격 처리합니다(예:12345678-홍길동.hwp).
- 답안 작성을 마치면 파일을 저장하고, '답안 전송' 버튼을 선택하여 감독위원 PC로 답안을 전송하십시오. 수험생 정보와 저장한 파일명이 다를 경우 전송되지 않으므로 주의하시기 바랍니다.
- 답안 작성 중에도 **주기적으로 저장하고, '답안 전송'**하여야 문제 발생을 줄일 수 있습니다. 작업한 내용을 저장하지 않고 전송할 경우 이전에 저장된 내용이 전송되니 이점 유의하시기 바랍니다.
- 답안문서는 지정된 경로 외의 다른 보조기억장치에 저장하는 경우, 지정된 시험 시간 외에 작성된 파일을 활용할 경우, 기타 통신수단(이메일, 메신저, 네트워크 등)을 이용하여 타인에게 전달 또는 외부 반출하는 경우는 부정 처리합니다.
- 시험 중 부주의 또는 고의로 시스템을 파손한 경우는 수험자가 변상해야 하며, 〈수험자 유의사항〉에 기재된 방법대로 이행하지 않아 생기는 불이익은 수험생 당사자의 책임임을 알려 드립니다.
- 문제의 조건은 한컴오피스 2020 버전으로 설정되어 있으며 한컴오피스 NEO는 【 】에 표기되어 있습니다. 이와 관련하여 작성한 답안의 출력형태가 문제지와 다를 수 있습니다.
- 시험을 완료한 수험자는 답안파일이 전송되었는지 확인한 후 감독위원의 지시에 따라 문제지를 제출하고 퇴실합니다.

답안 작성요령

- **온라인 답안 작성 절차**
  수험자 등록 ⇒ 시험 시작 ⇒ 답안파일 저장 ⇒ 답안 전송 ⇒ 시험 종료
- **공통 부문**
- 글꼴에 대한 기본설정은 함초롬바탕, 10포인트, 검정, 줄간격 160%, 양쪽정렬로 합니다.
- 색상은 조건의 색을 적용하고 색의 구분이 안 될 경우에는 RGB 값을 적용하십시오
  (빨강 255,0,0 / 파랑 0,0,255 / 노랑 255,255,0).
- 각 문항에 주어진 ≪조건≫에 따라 작성하고 언급하지 않은 조건은 ≪출력형태≫와 같이 작성합니다.
- 용지여백은 왼쪽·오른쪽 11mm, 위쪽·아래쪽·머리말·꼬리말 10mm, 제본 0mm로 합니다.
- 그림 삽입 문제의 경우 「내 PC\문서\ITQ\Picture」 폴더에서 지정된 파일을 선택하여 삽입하십시오.
- 삽입한 그림은 반드시 문서에 포함하여 저장해야 합니다(미포함 시 감점 처리).
- 각 항목은 지정된 페이지에 출력형태와 같이 정확히 작성하시기 바라며, 그렇지 않을 경우에 해당 항목은 0점 처리됩니다.
  ※ 페이지구분 : 1페이지 - 기능평가 I (문제번호 표시 : 1. 2.),
  　　　　　　　　2페이지 - 기능평가 II (문제번호 표시 : 3. 4.),
  　　　　　　　　3페이지 - 문서작성 능력평가
- **기능평가**
- 문제와 ≪조건≫은 입력하지 않으며 문제번호와 답(≪출력형태≫)만 작성합니다.
- 4번 문제는 묶기를 했을 경우 0점 처리됩니다.
- **문서작성 능력평가**
- A4 용지(210mm×297mm) 1매 크기, 세로 서식 문서로 작성합니다.
- ▭ 표시는 문서작성에 대한 지시사항이므로 작성하지 않습니다.

차트 만들기

정답파일 Part 1 출제 유형으로 정리하는 꼼꼼이론₩이론 답안.hwp

▶ 기적의 합격 강의

문제보기

조건

(1) 차트 데이터는 표 내용에서 관광지별 내국인의 2018년, 2019년 값만 이용할 것
(2) 종류 – 〈꺾은선형〉으로 작업할 것
(3) 제목 – 궁서, 진하게, 12pt, 배경 – 선 모양(두 줄로)
(4) 제목 이외의 전체 글꼴 – 돋움, 보통, 10pt
(5) 축 제목과 범례는 ≪출력형태≫와 동일하게 처리할 것

출력형태

연도별 내국인 방문객

(단위 : 명)

— 2018년
— 2019년

관광지

핵심기능

기능	도구 상자, 바로 가기 키	메뉴
차트		[표]─[차트]

작업과정

차트 만들기 → 차트 종류 선택 → 제목 설정 → 축 설정 → 범례 설정 → 배경 설정

기출문제

 차례

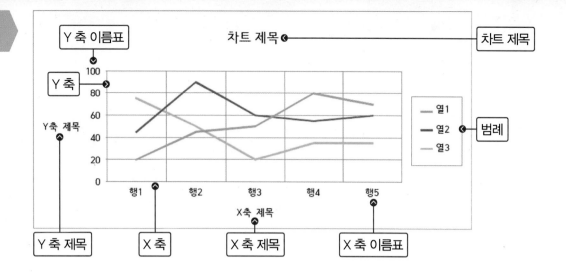

차트 만들기

① 작성한 표에서 차트에 반영될 만큼의 영역을 블록 설정한 후 [표] 탭 – [차트](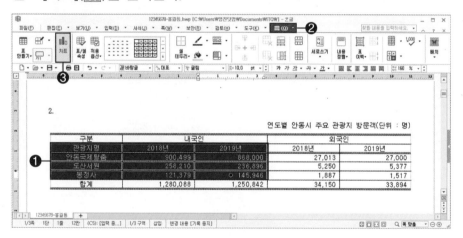)를 선택한다.

② 차트를 선택하고 [차트] 탭( )에서 [글자처럼 취급]에 체크한 후 표 아래로 이동한다.

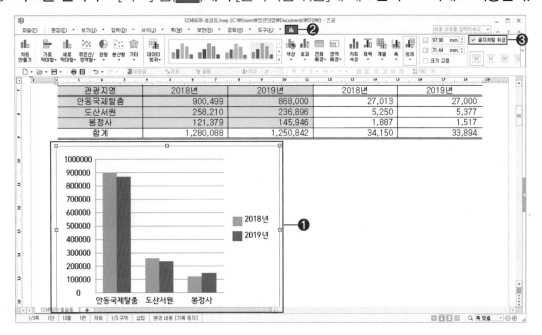

③ 차트의 크기를 표의 가로 크기와 비슷하게 조절해준다.

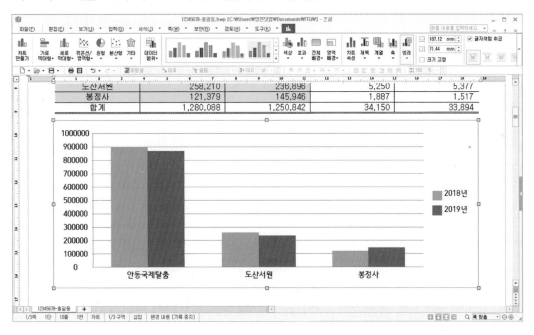

글꼴 : 굴림, 18pt, 진하게, 가운데 정렬
책갈피 이름 : 미디어 　덧말 넣기

청소년미디어

머리말 기능
돋움, 10pt, 오른쪽 정렬

문단 첫 글자 장식 기능
글꼴 : 궁서, 면색 : 노랑

소소한 일상 속, 나의 영웅

대한민국청소년미디어대전

각주

미 디어 분야에 꿈을 가진 청소년들에게 꿈에 한 발자국 다가갈 기회(機會)를 제공하고자 대한민국 청소년이 만든 영상(공익광고, 다큐멘터리, 영화, 애니메이션, 실험영역) 및 사진을 공모하여 시상, 상영, 전시와 함께 관객과의 대화, 네트워크파티 등 다양한 미디어 행사를 진행하기 위한 축제의 장을 마련하였습니다.

대한민국청소년미디어대전은 국내 최대의 청소년 영화제 및 미디어 축제로 청소년들에게 꿈을 이룰 기회를 제공(提供)하고 청소년 문화 발전에 이바지하고 있습니다. 이번 대한민국청소년미디어대전은 '소소한 일상 속, 나의 영웅'이라는 슬로건을 통해 나와 사회 그리고 주변에서 이루어지는 변화를 청소년들의 관점으로 해석하고, 미디어 매개로 표현하여 자신과 사회를 돌아보는 기회를 마련하고자 합니다. 또한 대학교 및 기업들과 파트너십을 형성하여 청소년들에게 진로 탐색의 기회를 제공하고, 다양한 체험을 진행하여 청소년들이 한 걸음 더 성장할 수 있는 동반자 역할을 합니다. 이번 축제는 영상 미디어를 통해 청소년들의 소통과 교류의 장을 제공하고 영상 교육과 참여 문화의 발전을 하며, 이를 통해 세상에 대한 이해를 넓혀가는 데에 그 목적이 있습니다. 꿈을 향한 도전 정신을 가진 청소년들의 열정적인 참여를 기대합니다.

♥ 행사개요

글꼴 : 궁서, 18pt, 흰색
음영색 : 파랑

그림위치(내 PC₩문서₩ITQ₩Picture
₩그림4.jpg, 문서에 포함)
자르기 기능 이용,
크기(40mm×30mm),
바깥 여백 왼쪽 : 2mm

A. 공모전 주제 및 자격
　1. 주제 : 소소한 일상 속, 나의 영웅
　2. 자격 : 14 - 19세 이하의 대한민국 청소년
B. 미디어대전 기간 및 장소
　1. 기간 : 2020. 11. 14.(토) - 11. 16.(월)
　2. 장소 : 서울시립청소년미디어센터, 서울시청

♥ 청소년 미디어대전 시상

글꼴 : 궁서, 18pt, 기울임, 강조점

구분	훈격	기관
대상	시장상, 장관상	서울시, 여성가족부
최우수상	기관장상, 대학총장상	영화진흥위원회, 한국청소년활동진흥원, 한국콘텐츠진흥원
특별상	연기자상, 관객상	영화사 및 방송사
	지도자상	교원연수원, 푸른나무 청예단
	청소년심사위원상	서울시립청소년미디어센터

문단 번호 기능 사용
1수준 : 20pt, 오른쪽 정렬,
2수준 : 30pt, 오른쪽 정렬
줄 간격 : 180%

표 전체 글꼴 : 굴림, 10pt,
가운데 정렬
셀 배경(그러데이션) :
유형(왼쪽 대각선),
시작색(흰색), 끝색(노랑)

서울시립청소년미디어센터

글꼴 : 돋움, 24pt, 진하게
장평 95%, 오른쪽 정렬

㉮ 14 - 19세 대한민국 청소년이라면 누구나 개인 및 팀 단위로 참가 가능

각주 구분선 : 5cm

쪽 번호 매기기
2로 시작
→ B

불연속 데이터의 차트 만들기

① 차트에 반영될 만큼의 영역을 `Ctrl` 을 누른 채 블록 설정한 후 [표] 탭 – [차트]를 선택한다.

구분	내국인		외국인	
관광지명	2018년	2019년	2018년	2019년
안동국제탈춤	900,499	868,000	27,013	27,000
도산서원	258,210	236,896	5,250	5,377
봉정사	121,379	145,946	1,887	1,517
합계	1,280,088	1,250,842	34,150	33,894

② 차트가 만들어지면 더블 클릭하여 차트 편집 상태로 만든다. 그리고 마우스 오른쪽 단추를 클릭하여 [차트 데이터 편집]을 선택한다.

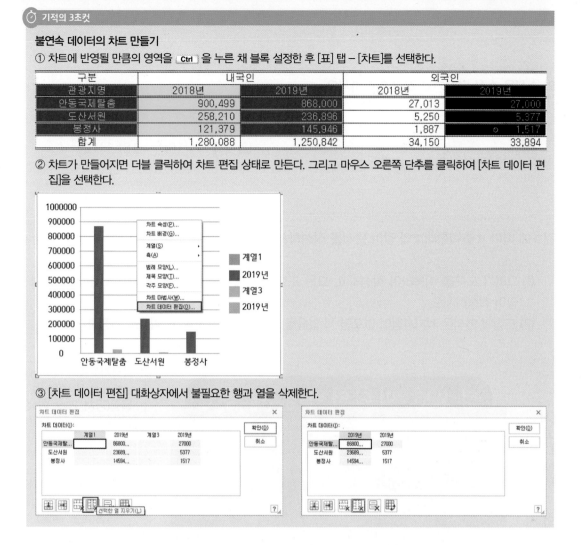

③ [차트 데이터 편집] 대화상자에서 불필요한 행과 열을 삭제한다.

차트 종류 선택

① 생성된 차트를 더블 클릭하여 차트 편집 상태가 되면 마우스 오른쪽 단추를 클릭하여 [차트 마법사]를 선택한다.

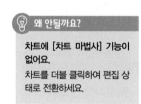

왜 안될까요?

차트에 [차트 마법사] 기능이 없어요.
차트를 더블 클릭하여 편집 상태로 전환하세요.

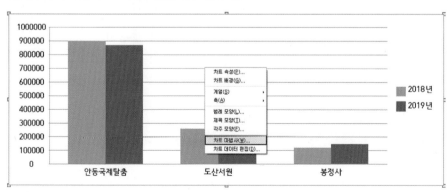

03 다음 (1), (2)의 수식을 수식 편집기로 각각 입력하시오.   40점

출력형태

(1) $\dfrac{x}{\sqrt{a}-\sqrt{b}}=\dfrac{x\left(\sqrt{a}+\sqrt{b}\right)}{a-b}$

(2) $\displaystyle\int_{0}^{3}\sqrt{\left(6t^{2}-18t+12\right)^{2}}\,d$

04 다음의 《조건》에 따라 《출력형태》와 같이 문서를 작성하시오.   110점

조건

(1) 그리기 도구를 이용하여 작성하고, 모든 도형(글맵시, 지정된 그림 포함)을 《출력형태》와 같이 작성하시오.

(2) 도형의 면색은 지시사항이 없으면 색 없음을 제외하고 서로 다르게 임의로 지정하시오.

출력형태

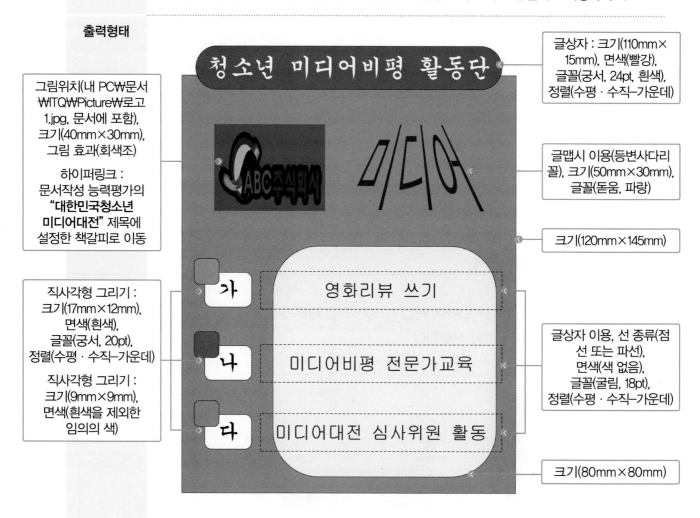

글상자 : 크기(110mm× 15mm), 면색(빨강), 글꼴(궁서, 24pt, 흰색), 정렬(수평·수직–가운데)

그림위치(내 PC₩문서 ₩ITQ₩Picture₩로고 1.jpg, 문서에 포함), 크기(40mm×30mm), 그림 효과(회색조)

하이퍼링크 : 문서작성 능력평가의 **"대한민국청소년 미디어대전"** 제목에 설정한 책갈피로 이동

글맵시 이용(등변사다리 꼴), 크기(50mm×30mm), 글꼴(돋움, 파랑)

크기(120mm×145mm)

직사각형 그리기 : 크기(17mm×12mm), 면색(흰색), 글꼴(궁서, 20pt), 정렬(수평·수직–가운데)

직사각형 그리기 : 크기(9mm×9mm), 면색(흰색을 제외한 임의의 색)

글상자 이용, 선 종류(점 선 또는 파선), 면색(색 없음), 글꼴(굴림, 18pt), 정렬(수평·수직–가운데)

크기(80mm×80mm)

② [차트 마법사 – 3단계 중 1단계] : [표준 종류] 탭에서 '꺾은선형'을 선택하고 '첫번째' 차트 모양을 선택한 후 [다음]을 클릭한다.

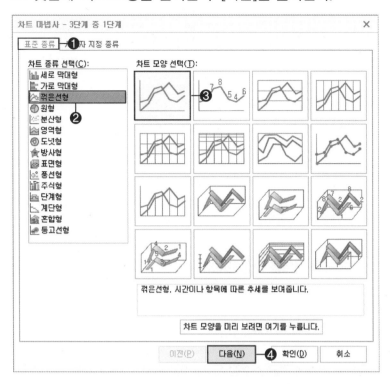

③ [차트 마법사 – 3단계 중 2단계] : [방향 설정] 탭에서 방향을 '열'로 선택하고 [다음]을 클릭한다.

01 다음의 ≪조건≫에 따라 스타일 기능을 적용하여 ≪출력형태≫와 같이 작성하시오. 50점

조건	(1) 스타일 이름 – youth (2) 문단 모양 – 왼쪽 여백 : 15pt, 문단 아래 간격 : 10pt (3) 글자 모양 – 글꼴 : 한글(돋움)/영문(굴림), 크기 : 10pt, 장평 : 95%, 자간 : 5%
출력형태	The Youth Media Center provides a variety of cultural understanding and international exchange programs for the youth of the multicultural era in order to support their growth as global citizens. 대한민국청소년미디어대전은 20년의 역사를 자랑하는 국내 최대 규모의 청소년 미디어 축제로 청소년들이 제작한 창작물뿐만 아니라 현직 전문가와 함께하며 사람과 사람이 연결되는 축제의 장이다.

02 다음의 ≪조건≫에 따라 ≪출력형태≫와 같이 표와 차트를 작성하시오. 100점

표 조건	(1) 표 전체(표, 캡션) – 돋움, 10pt (2) 정렬 – 문자 : 가운데 정렬, 숫자 : 오른쪽 정렬 (3) 셀 배경(면색) : 노랑 (4) 한글의 계산 기능을 이용하여 빈칸에 평균(소수점 두 자리)을 구하고, 캡션 기능 사용할 것 (5) 선 모양은 ≪출력형태≫와 동일하게 처리할 것

출력형태

청소년미디어대전 공모 작품 수(단위 : 개)

구분	중학생(여)	중학생(남)	고등학생(여)	고등학생(남)	평균
2019년	631	1,132	1,129	1,219	
2018년	624	718	912	1,057	
2017년	642	1,079	516	678	
2016년	627	637	588	1,653	

차트 조건	(1) 차트 데이터는 표 내용에서 구분별 2019년, 2018년, 2017년의 값만 이용할 것 (2) 종류 – 〈묶은 세로 막대형〉으로 작업할 것 (3) 제목 – 굴림, 진하게, 12pt, 배경 – 선 모양(한 줄로), 그림자(2pt) (4) 제목 이외의 전체 글꼴 – 굴림, 보통, 10pt (5) 축제목과 범례는 ≪출력형태≫와 동일하게 처리할 것

출력형태

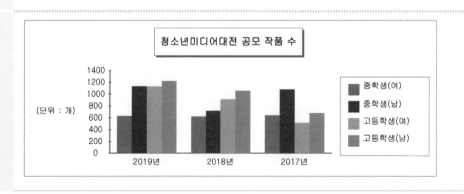

④ [차트 마법사 – 마지막 단계] : [제목] 탭에서 차트 제목「연도별 내국인
방문객」, X 축 제목「관광지」, Y축 제목「(단위 : 명)」을 입력한다.

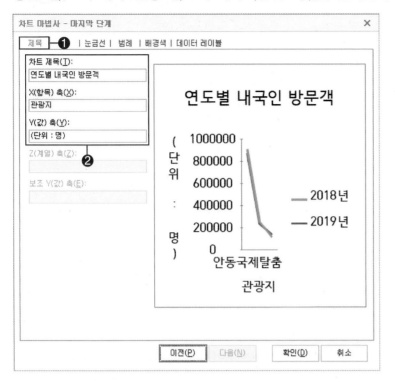

⑤ [차트 마법사 – 마지막 단계] : [범례] 탭에서 범례의 배치를 '오른쪽'으로
선택 후 [확인]을 클릭한다.

▶ 기적의 합격 강의

정답파일 Part 3 모의고사₩모의고사 10회 답안.hwp

과목	코드	문제유형	시험시간	수험번호	성명
아래한글	1111	A	60분	20231010	홍길동

수험자 유의사항

• 수험자는 문제지를 받는 즉시 문제지와 **수험표상의 시험과목(프로그램)이 동일한지 반드시 확인**하여야 합니다.

• 파일명은 본인의 "수험번호-성명"으로 입력하여 답안폴더(내 PC₩문서₩ITQ)에 하나의 파일로 저장해야 하며, 답안문서 파일명이 "수험번호-성명"과 일치하지 않거나, 답안파일을 전송하지 않아 미제출로 처리될 경우 실격 처리합니다(예:12345678-홍길동.hwp).

• 답안 작성을 마치면 파일을 저장하고, '답안 전송' 버튼을 선택하여 감독위원 PC로 답안을 전송하십시오. 수험생 정보와 저장한 파일명이 다를 경우 전송되지 않으므로 주의하시기 바랍니다.

• 답안 작성 중에도 **주기적으로 저장하고, '답안 전송'**하여야 문제 발생을 줄일 수 있습니다. 작업한 내용을 저장하지 않고 전송할 경우 이전에 저장된 내용이 전송되니 이점 유의하시기 바랍니다.

• 답안문서는 지정된 경로 외의 다른 보조기억장치에 저장하는 경우, 지정된 시험 시간 외에 작성된 파일을 활용할 경우, 기타 통신수단(이메일, 메신저, 네트워크 등)을 이용하여 타인에게 전달 또는 외부 반출하는 경우는 부정 처리합니다.

• 시험 중 부주의 또는 고의로 시스템을 파손한 경우는 수험자가 변상해야 하며, 〈수험자 유의사항〉에 기재된 방법대로 이행하지 않아 생기는 불이익은 수험생 당사자의 책임임을 알려 드립니다.

• 문제의 조건은 한컴오피스 NEO(2016) 버전으로 설정되어 있으니 유의하시기 바랍니다.

• 시험을 완료한 수험자는 답안파일이 전송되었는지 확인한 후 감독위원의 지시에 따라 문제지를 제출하고 퇴실합니다.

답안 작성요령

• **온라인 답안 작성 절차**
  수험자 등록 ⇒ 시험 시작 ⇒ 답안파일 저장 ⇒ 답안 전송 ⇒ 시험 종료

• **공통 부문**
– 글꼴에 대한 기본설정은 함초롬바탕, 10포인트, 검정, 줄간격 160%, 양쪽정렬로 합니다.
– 색상은 조건의 색을 적용하고 색의 구분이 안 될 경우에는 RGB 값을 적용하십시오
  (빨강 255,0,0 / 파랑 0,0,255 / 노랑 255,255,0).
– 각 문항에 주어진 ≪조건≫에 따라 작성하고 언급하지 않은 조건은 ≪출력형태≫와 같이 작성합니다.
– 용지여백은 왼쪽·오른쪽 11mm, 위쪽·아래쪽·머리말·꼬리말 10mm, 제본 0mm로 합니다.
– 그림 삽입 문제의 경우 「내 PC₩문서₩ITQ₩Picture」 폴더에서 지정된 파일을 선택하여 삽입하십시오.
– 삽입한 그림은 반드시 문서에 포함하여 저장해야 합니다(미포함 시 감점 처리).
– 각 항목은 지정된 페이지에 출력형태와 같이 정확히 작성하시기 바라며, 그렇지 않을 경우에 해당 항목은 0점 처리됩니다.
  ※ 페이지구분 : 1페이지 – 기능평가 I (문제번호 표시 : 1. 2.).
                 2페이지 – 기능평가 II (문제번호 표시 : 3. 4.).
                 3페이지 – 문서작성 능력평가

• **기능평가**
– 문제와 ≪조건≫은 입력하지 않으며 문제번호와 답(≪출력형태≫)만 작성합니다.
– 4번 문제는 묶기를 했을 경우 0점 처리됩니다.

• **문서작성 능력평가**
– A4 용지(210mm×297mm) 1매 크기, 세로 서식 문서로 작성합니다.
– ☐ 표시는 문서작성에 대한 지시사항이므로 작성하지 않습니다.

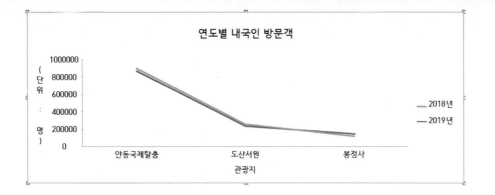

기적의 3초컷

차트 모양이 제대로 안 보이거나 차트 제목이 잘려 보이는 경우에는 차트의 크기를 늘리거나 화면을 확대하면 해결된다.

SECTION 03 차트 제목 설정

① 차트 편집 상태에서 '차트 제목' 부분을 더블 클릭하거나 마우스 오른쪽 단추를 클릭하여 [제목 모양]을 선택한다.

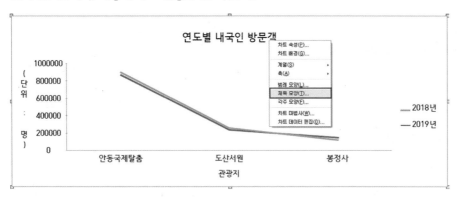

② [제목 모양] 대화상자의 [배경] 탭에서 선 모양 종류를 '두 줄로'로 선택한다.

기적의 3초컷

차트 제목 그림자 설정
차트 제목 배경에 선 모양과 함께 그림자를 설정하는 문제가 출제되는 경우 [배경] 탭 – [기타]의 '그림자'에 체크 표시한다.

글꼴 : 굴림, 18pt, 진하게, 가운데 정렬
책갈피 이름 : 학습   덧말 넣기

문단 첫 글자 장식 기능
글꼴 : 궁서, 면색 : 노랑

평생학습체제

머리말 기능
돋움, 10pt, 오른쪽 정렬

평생학습
혁신적 평생학습체제 수립

각주

평생학습체제 수립과 평생직업교육권 보장ⓐ을 위한 직업교육법 개정 방안을 논의하기 위한 '평생학습체제 법령(法令) 포럼'이 11월 킨텍스에서 열린다. 교육부와 한국직업능력개발원이 함께 마련할 포럼은 총 4차례 개최되며 교육계 인사들이 대거 참석할 예정이다. 첫 주제는 소외계층 평생교육 지원을 위한 법령개정 방안으로 경기도의원이 발표를 하게 된다. 발표 주요 내용은 무한 경쟁사회에서 평생교육이 소외계층에게 삶의 변화를 만드는 기회가 될 필요성이 있다는 것으로 알려졌다. 또한 경기도 소외계층 평생교육 지원을 위한 조례 제정안이 담긴 것으로 알려졌다. 두 번째 발표자로 나설 한국직업능력개발의 연구위원은 평생학습체제에서의 중등직업교육 제도 개선 방안에 대해 제안(提案)할 예정이다. 이어 주요 대학 교수, 국가평생교육진흥원 관계자, 국립특수교육원 연구관 등 다양한 전문가들이 토론자로 나와 평생학습의 발전방향, 평생학습 기반도시 구축을 위한 정책 등에 대한 토론을 진행할 예정이다.

    경기도 평생교육정책 관계자는 경기도는 평생교육 추진체제를 지속적으로 확대하고 있다며 이번 포럼 개최를 계기로 평생교육의 여러 방향 중 특히 직업능력 개발 분야를 보다 강화할 수 있을 것이라고 밝혔다.

그림위치(내 PC\문서\ITQ
\Picture\그림4.jpg,
문서에 포함)
자르기 기능 이용,
크기(40mm×30mm),
바깥 여백 왼쪽 : 2mm

♣ 평생학습체제 법령 포럼 개요

글꼴 : 궁서, 18pt, 흰색
음영색 : 파랑

  A. 주제 및 기간
    1. 주제 : 평생직업교육권 보장을 위한 직업교육법 개정 방안
    2. 기간 : 2020. 11. 17.(화) - 11. 20.(금)
  B. 주최 및 장소
    1. 주최 : 교육부, 국가평생교육진흥센터
    2. 장소 : 킨텍스

♣ *평생학습체제 법령 포럼 주제*

글꼴 : 궁서, 18pt, 기울임, 강조점

일자	요일	주제	비고
11월 17일	화	평생학습권 보장을 위한 평생교육법 개정 방안	
11월 18일	수	평생학습체제와 교육생태계 연계를 위한 학교교육법 개정 방안	기타 자세한 사항은 홈페이지를 참고하기 바랍니다.
11월 19일	목	소외계층 대상 평생교육제도 개선 방안	
11월 19일	목	평생학습체제 중등직업교육의 제도 개선 방안	
11월 20일	금	평생학습권 보장을 위한 보건복지교육 관련 법제 개선 방안	

문단 번호 기능 사용
1수준 : 20pt, 오른쪽 정렬,
2수준 : 30pt, 오른쪽 정렬
줄 간격 : 180%

표 전체 글꼴 : 굴림, 10pt,
가운데 정렬
셀 배경(그러데이션) :
유형(왼쪽 대각선),
시작색(흰색), 끝색(노랑)

국가평생교육진흥센터

글꼴 : 돋움, 24pt, 진하게
장평 105%, 오른쪽 정렬

ⓐ 어떤 일이 어려움 없이 이루어지도록 조건을 마련하여 보증하거나 보호함

각주 구분선 : 5cm

쪽 번호 매기기
6으로 시작   ⑥

③ [제목 모양] 대화상자의 [글자] 탭에서 '궁서', '12pt', '진하게'를 설정한다.

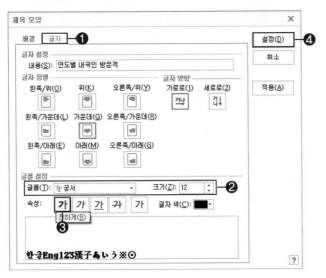

🕐 기적의 3초컷

차트의 크기 조절

차트의 눈금이나 제목이 제대로 보이지 않는 경우 차트 편집 상태에서 마우스를 이용하여 가로, 세로, 대각선 방향으로 크기를 조절한다.

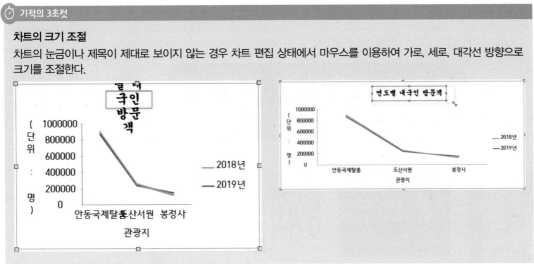

SECTION 04 | **축 설정**

① 차트 편집 상태에서 마우스 오른쪽 단추를 클릭하여 [축] – [축]을 선택한다.

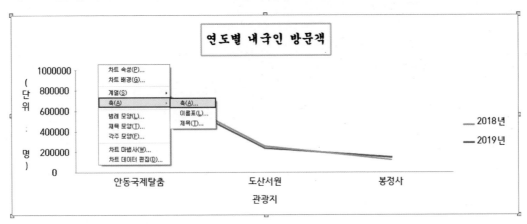

03 다음 (1), (2)의 수식을 수식 편집기로 각각 입력하시오. 40점

출력형태

(1) $G = 2 \int_{\frac{a}{2}}^{a} \frac{b \sqrt{a^2 - x^2}}{a} dx$

(2) $H_n = \frac{a(r^n - 1)}{r - 1} = \frac{a(1 + r^n)}{1 - r} (r \neq 1)$

04 다음의 ≪조건≫에 따라 ≪출력형태≫와 같이 문서를 작성하시오. 110점

조건

(1) 그리기 도구를 이용하여 작성하고, 모든 도형(글맵시, 지정된 그림 포함)을 ≪출력형태≫와 같이 작성하시오.

(2) 도형의 면색은 지시사항이 없으면 색 없음을 제외하고 서로 다르게 임의로 지정하시오.

출력형태

글상자 : 크기(110mm× 15mm), 면색(빨강), 글꼴(궁서, 24pt, 흰색), 정렬(수평 · 수직–가운데)

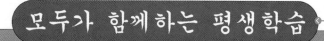

그림위치(내 PC\문서 \ITQ\Picture\로고 1.jpg, 문서에 포함), 크기(40mm×30mm), 그림 효과(회색조)

하이퍼링크 : 문서작성 능력평가의 **"혁신적 평생학습체제 수립"** 제목에 설정한 책갈피로 이동

글맵시 이용(역갈매기형 수장), 크기(50mm×30mm), 글꼴(돋움, 파랑)

크기(110mm×50mm)

직사각형 그리기 : 크기(12mm×12mm), 면색(흰색), 글꼴(궁서, 20pt), 정렬(수평 · 수직–가운데)

직사각형 그리기 : 크기(10mm×15mm), 면색(흰색을 제외한 임의의 색)

평생교육격차 해소

지속 가능한 평생학습기반

혁신적 평생학습공동체 구현

글상자 이용, 선 종류(점선 또는 파선), 면색(색 없음), 글꼴(굴림, 18pt), 정렬(수평 · 수직–가운데)

크기(120mm×145mm)

② [축 선택] 대화상자에서 [세로 값 축]을 선택한다.

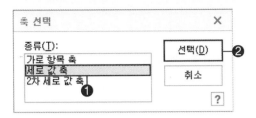

③ [축 모양] 대화상자의 [비례] 탭에서 '자동으로 꾸밈'의 체크를 해제하고, 최솟값 '0', 최댓값 '1000000', 큰 눈금선 '5'를 설정한다.

기적의 3초컷

최댓값에 1,000단위 구분 쉼표를 적지 않는다. (예 8,000(X), 8000(O))

기적의 3초컷

차트의 최솟값, 최댓값, 큰 눈금선이 ≪출력형태≫와 같아도, '자동으로 꾸밈'의 체크를 해제한 후 직접 값들을 입력한다. '자동으로 꾸밈'의 체크를 해제하지 않으면 차트의 크기에 따라 눈금이 자동 변경된다.

④ Y축 글꼴을 수정하기 위해 차트 편집 상태에서 마우스 오른쪽 단추를 클릭하여 [축] – [이름표]를 선택한다. → [축 이름표 선택] 대화상자에서 [세로 값 축]을 선택한다.

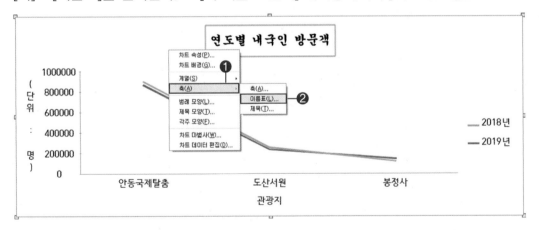

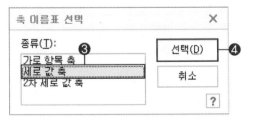

01 다음의 ≪조건≫에 따라 스타일 기능을 적용하여 ≪출력형태≫와 같이 작성하시오.   50점

조건	(1) 스타일 이름 – learning (2) 문단 모양 – 왼쪽 여백 : 15pt, 문단 아래 간격 : 10pt (3) 글자 모양 – 글꼴 : 한글(돋움)/영문(굴림), 크기 : 10pt, 장평 : 95%, 자간 : 5%
출력형태	Lifelong learning is the "ongoing, voluntary, and self-motivated" pursuit of knowledge for either personal or professional reasons. Therefore, it not only enhances social inclusion, but also employability. 평생학습은 개인적 또는 전문적인 목적으로 스스로 동기를 부여하며 계속하여 지식을 추구하는 것입니다. 따라서 사회 통합을 향상시킬 뿐만 아니라 고용 가능성도 향상시킵니다.

02 다음의 ≪조건≫에 따라 ≪출력형태≫와 같이 표와 차트를 작성하시오.   100점

표 조건	(1) 표 전체(표, 캡션) – 돋움, 10pt (2) 정렬 – 문자 : 가운데 정렬, 숫자 : 오른쪽 정렬 (3) 셀 배경(면색) : 노랑 (4) 한글의 계산 기능을 이용하여 빈칸에 합계를 구하고, 캡션 기능 사용할 것 (5) 선 모양은 ≪출력형태≫와 동일하게 처리할 것

출력형태

형태별 평생학습 참여율(단위 : %)

형태	형식교육	비형식교육	직업 비형식교육	무형식교육	합계
2015년	3.5	39.1	27.7	40.8	
2016년	2.8	34.2	17.3	35.7	
2017년	1.9	33.4	14.1	34.4	
2018년	2.3	40.4	18.9	41.5	⊠

차트 조건	(1) 차트 데이터는 표 내용에서 형태별 2015년, 2016년, 2017년의 값만 이용할 것 (2) 종류 – 〈묶은 가로 막대형〉으로 작업할 것 (3) 제목 – 굴림, 진하게, 12pt, 배경 – 선 모양(한 줄로), 그림자(2pt) (4) 제목 이외의 전체 글꼴 – 굴림, 보통, 10pt (5) 축제목과 범례는 ≪출력형태≫와 동일하게 처리할 것

출력형태

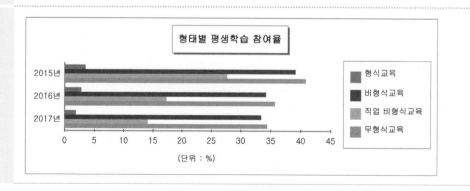

⑤ [축 이름표 모양] 대화상자의 [글자] 탭에서 '돋움', '10pt', '보통 모양'을 설정한다.

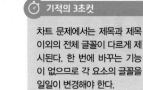
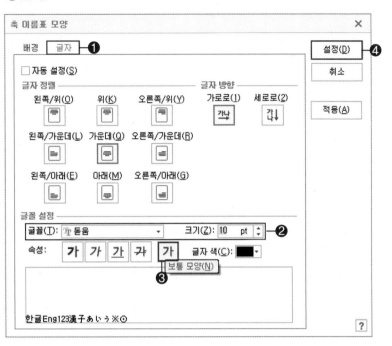

⑥ 같은 방법으로 X축 글꼴을 수정하기 위해 차트 편집 상태에서 마우스 오른쪽 단추를 클릭하여 [축] – [이름표]를 선택한다. → [가로 항목 축]을 선택한 후 [축 이름표 모양] 대화 상자의 [글꼴] 탭에서 '돋움', '10pt', '보통 모양'을 설정한다.

⑦ Y축 제목을 수정하기 위해 차트 편집 상태에서 마우스 오른쪽 단추를 클릭하여 [축] – [제목]을 선택한다. → [축 선택] 대화상자에서 [세로 값 축]을 선택한다.

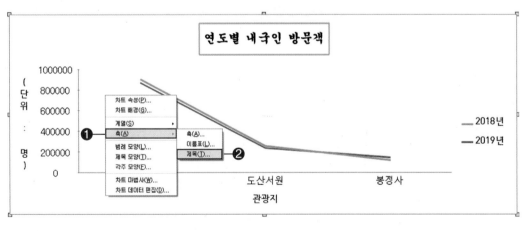

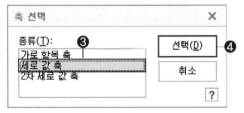

정답파일 Part 3 모의고사₩모의고사 9회 답안.hwp

과목	코드	문제유형	시험시간	수험번호	성명
아래한글	1111	A	60분	20231009	홍길동

수험자 유의사항

- 수험자는 문제지를 받는 즉시 문제지와 **수험표상의 시험과목(프로그램)이 동일한지 반드시 확인**하여야 합니다.
- 파일명은 본인의 "수험번호–성명"으로 입력하여 답안폴더(내 PC₩문서₩ITQ)에 하나의 파일로 저장해야 하며, 답안문서 파일명이 "수험번호–성명"과 일치하지 않거나, 답안파일을 전송하지 않아 미제출로 처리될 경우 실격 처리합니다(예:12345678–홍길동.hwp).
- 답안 작성을 마치면 파일을 저장하고, '답안 전송' 버튼을 선택하여 감독위원 PC로 답안을 전송하십시오. 수험생 정보와 저장한 파일명이 다를 경우 전송되지 않으므로 주의하시기 바랍니다.
- 답안 작성 중에도 **주기적으로 저장하고, '답안 전송'**하여야 문제 발생을 줄일 수 있습니다. 작업한 내용을 저장하지 않고 전송할 경우 이전에 저장된 내용이 전송되니 이점 유의하시기 바랍니다.
- 답안문서는 지정된 경로 외의 다른 보조기억장치에 저장하는 경우, 지정된 시험 시간 외에 작성된 파일을 활용할 경우, 기타 통신수단(이메일, 메신저, 네트워크 등)을 이용하여 타인에게 전달 또는 외부 반출하는 경우는 부정 처리합니다.
- 시험 중 부주의 또는 고의로 시스템을 파손한 경우는 수험자가 변상해야 하며, 〈수험자 유의사항〉에 기재된 방법대로 이행하지 않아 생기는 불이익은 수험생 당사자의 책임임을 알려 드립니다.
- 문제의 조건은 한컴오피스 NEO(2016) 버전으로 설정되어 있으니 유의하시기 바랍니다.
- 시험을 완료한 수험자는 답안파일이 전송되었는지 확인한 후 감독위원의 지시에 따라 문제지를 제출하고 퇴실합니다.

답안 작성요령

- **온라인 답안 작성 절차**
  수험자 등록 ⇒ 시험 시작 ⇒ 답안파일 저장 ⇒ 답안 전송 ⇒ 시험 종료
- **공통 부문**
- 글꼴에 대한 기본설정은 함초롬바탕, 10포인트, 검정, 줄간격 160%, 양쪽정렬로 합니다.
- 색상은 조건의 색을 적용하고 색의 구분이 안 될 경우에는 RGB 값을 적용하십시오 (빨강 255,0,0 / 파랑 0,0,255 / 노랑 255,255,0).
- 각 문항에 주어진 ≪조건≫에 따라 작성하고 언급하지 않은 조건은 ≪출력형태≫와 같이 작성합니다.
- 용지여백은 왼쪽·오른쪽 11mm, 위쪽·아래쪽·머리말·꼬리말 10mm, 제본 0mm로 합니다.
- 그림 삽입 문제의 경우 「내 PC₩문서₩ITQ₩Picture」 폴더에서 지정된 파일을 선택하여 삽입하십시오.
- 삽입한 그림은 반드시 문서에 포함하여 저장해야 합니다(미포함 시 감점 처리).
- 각 항목은 지정된 페이지에 출력형태와 같이 정확히 작성하시기 바라며, 그렇지 않을 경우에 해당 항목은 0점 처리됩니다.
  ※ 페이지구분 : 1페이지 – 기능평가 I (문제번호 표시 : 1. 2.),
      2페이지 – 기능평가 II (문제번호 표시 : 3. 4.),
      3페이지 – 문서작성 능력평가
- **기능평가**
- 문제와 ≪조건≫은 입력하지 않으며 문제번호와 답(≪출력형태≫)만 작성합니다.
- 4번 문제는 묶기를 했을 경우 0점 처리됩니다.
- **문서작성 능력평가**
- A4 용지(210mm×297mm) 1매 크기, 세로 서식 문서로 작성합니다.
- ☐ 표시는 문서작성에 대한 지시사항이므로 작성하지 않습니다.

⑧ [축 제목 모양] 대화상자의 [글자] 탭에서 글자 방향을 '가로로'로 선택하고, '돋움', '10pt', '보통 모양'을 설정한다.

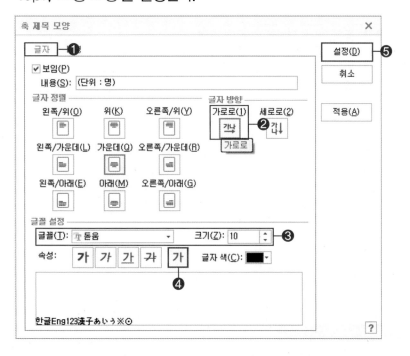

⑨ 같은 방법으로 X축 제목을 수정하기 위해 차트 편집 상태에서 마우스 오른쪽 단추를 클릭하여 [축] – [제목]을 선택한다. → [가로 항목 축]을 선택한 후 [축 제목 모양] 대화상자의 [글꼴] 탭에서 '돋움', '10pt', '보통 모양'을 설정한다.

SECTION 05 범례 설정

① '범례'를 더블 클릭하거나 마우스 오른쪽 단추를 클릭하여 [범례 모양]을 선택한다.

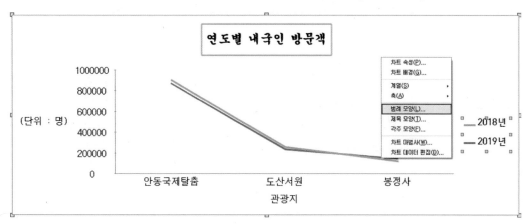

글꼴 : 돋움, 18pt, 진하게, 가운데 정렬
책갈피 이름 : 라면　　덧말 넣기

문단 첫 글자 장식 기능
글꼴 : 궁서, 면색 : 노랑

국내 라면 시장

머리말 기능
굴림, 10pt, 오른쪽 정렬

간편한 야식 라면
2020 가공식품 마켓 리포트

각주

우 리나라는 1980년대에 고도의 경제성장과 산업화에 따른 근대화로 기호식 및 간편식, 새로운 식품산업의 발달에 의해 식생활이 변모(變貌)해 왔으며 특히 라면은 친숙한 식품으로 우리의 생활 속에 널리 보급되어 있다. 최근 라면 시장의 특성은 '라면의 변신'과 '생라면'으로 요약할 수 있다.

오뚜기는 파스타① 면에 토마토소스를 더한 파스타 라면을 출시했는데, 이 라면은 4mm의 넓은 면을 사용하였다. 건조한 토마토, 마카로니 등 파스타 재료를 첨가하였고 여기에 할라피뇨와 청양고추 등을 더해 매콤한 맛을 살린 것이 특징이다. 농심은 유럽풍 퓨전라면인 드레싱 누들을 출시하였다. 튀기지 않은 건면을 사용하여 칼로리를 낮추었으며 소비자가 기호에 맞게 충분한 토핑을 더해 먹을 수 있도록 기존 제품보다 30% 많은 양의 소스를 제공(提供)했는데, 발사믹 소스를 사용한 '오리엔탈 소스맛'과 고소함을 살린 '참깨 소스맛' 두 가지가 그것이다. 풀무원은 유탕면이 아닌 '튀기지 않고 바람에 말린 생면을 사용한 생라면을 출시했는데, 이 라면의 면발 두께는 2.5mm로 기존 라면보다 넓고 굵으며 감자 전분을 더하여 쫄깃한 식감을 살린 것이 특징이다.

그림위치(내 PC\문서\ITQ\Picture\그림4.jpg, 문서에 포함)
자르기 기능 이용, 크기(40mm×35mm), 바깥 여백 왼쪽 : 2mm

★ 국내 라면 시장의 매출 규모 현황

글꼴 : 굴림, 18pt, 흰색
음영색 : 파랑

　1) 2020년 매출 규모
　　가) 2019년 대비 21.4% 증가
　　나) 다양한 종류의 라면 출시로 시장 활기 회복
　2) 2020년 소매 매출액
　　가) 할인점과 슈퍼마켓 체인에서 가장 많이 판매됨
　　나) 묶음 단위의 대량 판매가 용이한 할인점의 소비 비중이 높음

★ 독특한 나만의 라면 레시피

글꼴 : 굴림, 18pt, 기울임, 강조점

레시피 제목	방법	게시자
파채라면	편마늘, 파채, 고춧가루, 라면스프 볶다가 면 넣어 끓이기	살림고수
라면투움바	버터, 양파, 편 마늘, 새우 볶다가 치즈와 면 넣어 볶기	살림고수
계란마요면	끓인 면에 비빔소스, 라면스프, 치즈가루, 마요네즈 두르고 노른자 섞기	자취생
라면그라탕	양파, 마늘, 베이컨 볶다가 우유를 넣어 끓어오르면 치즈 넣기	자취생
해장라면	다진 마늘, 콩나물, 김치, 김칫국물, 고추를 넣고 고춧가루 추가	슈퍼 레시피

문단 번호 기능 사용
1수준 : 20pt, 오른쪽 정렬,
2수준 : 30pt, 오른쪽 정렬
줄 간격 : 180%

표 전체 글꼴 : 돋움, 10pt,
가운데 정렬
셀 배경(그러데이션) :
유형(가운데에서),
시작색(흰색), 끝색(노랑)

식품산업통계정보

글꼴 : 돋움, 24pt, 진하게
장평 95%, 오른쪽 정렬

① 이탈리아식 국수로 밀가루를 달걀에 반죽하여 만들며 마카로니, 스파게티가 대표적

각주 구분선 : 5cm

쪽 번호 매기기
4로 시작　④

② [범례 모양] 대화상자의 [배경] 탭에서 선 모양 종류를 '없음'으로 선택한다.

③ [글자] 탭에서 '돋움', '10pt', '보통 모양'을 설정한다.

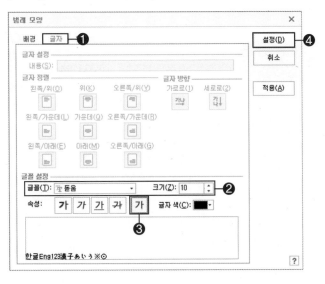

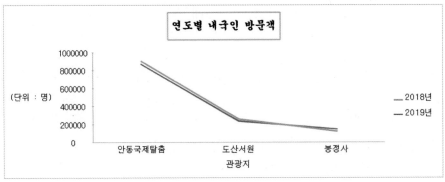

03 다음 (1), (2)의 수식을 수식 편집기로 각각 입력하시오.   40점

출력형태

(1) $F = \dfrac{4\pi^2}{T^2} - 1 = 4\pi^2 K \dfrac{m}{r^2}$ (2) $P_A = P \times \dfrac{V_A}{V} = P \times \dfrac{V_A}{V_A + V_B}$

04 다음의 ≪조건≫에 따라 ≪출력형태≫와 같이 문서를 작성하시오.   110점

조건

(1) 그리기 도구를 이용하여 작성하고, 모든 도형(글맵시, 지정된 그림 포함)을 ≪출력형태≫와 같이 작성하시오.
(2) 도형의 면색은 지시사항이 없으면 색 없음을 제외하고 서로 다르게 임의로 지정하시오.

출력형태

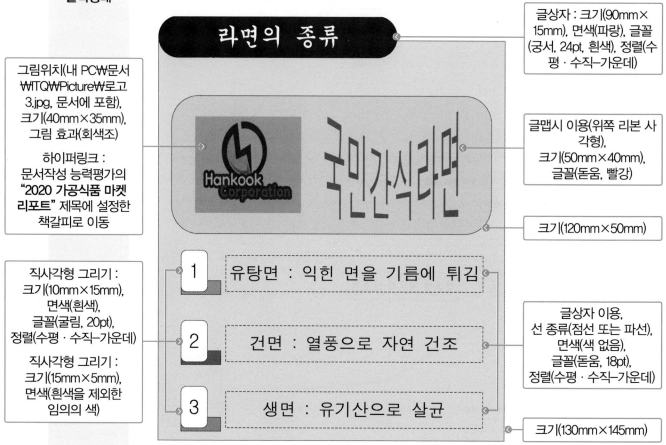

그림위치(내 PC₩문서 ₩ITQ₩Picture₩로고 3.jpg, 문서에 포함), 크기(40mm×35mm), 그림 효과(회색조)

하이퍼링크 : 문서작성 능력평가의 **"2020 가공식품 마켓 리포트"** 제목에 설정한 책갈피로 이동

직사각형 그리기 : 크기(10mm×15mm), 면색(흰색), 글꼴(굴림, 20pt), 정렬(수평·수직-가운데)

직사각형 그리기 : 크기(15mm×5mm), 면색(흰색을 제외한 임의의 색)

글상자 : 크기(90mm× 15mm), 면색(파랑), 글꼴 (궁서, 24pt, 흰색), 정렬(수 평·수직-가운데)

글맵시 이용(위쪽 리본 사 각형), 크기(50mm×40mm), 글꼴(돋움, 빨강)

크기(120mm×50mm)

글상자 이용, 선 종류(점선 또는 파선), 면색(색 없음), 글꼴(돋움, 18pt), 정렬(수평·수직-가운데)

크기(130mm×145mm)

문제유형 ❶   정답파일 ▶ chapter 4-01.hwp

표 조건	(1) 표 전체(표, 캡션) – 돋움, 10pt
	(2) 정렬 – 문자 : 가운데 정렬, 숫자 : 오른쪽 정렬
	(3) 셀 배경색 : 노랑
	(4) 한글의 계산 기능을 이용하여 빈 칸에 합계를 구하고, 캡션 기능 사용할 것
	(5) 선 모양은 ≪출력형태≫와 동일하게 처리할 것

출력형태

용수 수요 증가전망(단위 : 억 톤)

구분	1988년	1991년	1996년	2001년	2005년	2011년
생활용수	42	49	59	71	77	82
공업용수	24	25	28	31	34	36
농업용수	147	151	158	161	164	178
유지용수	36	57	57	64	67	74
합계						

차트 조건	(1) 차트 데이터는 표 내용에서 생활용수, 농업용수, 유지용수의 1991년, 2001년, 2011년 값만 이용할 것
	(2) 종류 – 〈묶은 세로 막대형〉으로 작업할 것
	(3) 제목 – 굴림, 진하게, 12pt, 배경 – 선 모양(한 줄로), 그림자 위치(2pt)
	(4) 제목 이외의 전체 글꼴 – 궁서, 보통, 10pt
	(5) 기타 나머지 사항은 ≪출력형태≫와 동일하게 처리할 것

출력형태

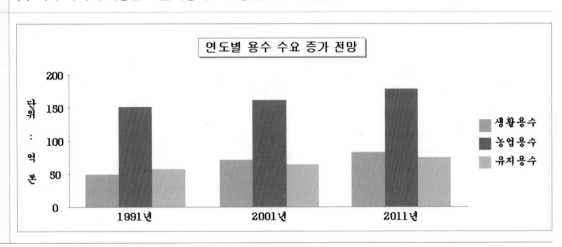

01 다음의 ≪조건≫에 따라 스타일 기능을 적용하여 ≪출력형태≫와 같이 작성하시오.   50점

조건	(1) 스타일 이름 – noodle (2) 문단 모양 – 왼쪽 여백 : 15pt, 문단 아래 간격 : 10pt (3) 글자 모양 – 글꼴 : 한글(굴림)/영문(돋움), 크기 : 10pt, 장평 : 95%, 자간 : 5%
출력형태	Korean Ramen has become a staple food in Korea. It is the go-to 'meal' for almost every age. Ramen is popular comfort food, mainly because they are cheap, easy to find, and most importantly delicious. 우리나라 라면의 역사는 1963년 9월 식량 부족으로 빈곤했던 시기에 삼양식품이 치킨라면을 선보이면서 시작되었고, 2년 후에 농심에서 롯데라면이 출시되면서 국내 라면 시장이 활성화되었다.

02 다음의 ≪조건≫에 따라 ≪출력형태≫와 같이 표와 차트를 작성하시오.   100점

표 조건	(1) 표 전체(표, 캡션) – 돋움, 10pt (2) 정렬 – 문자 : 가운데 정렬, 숫자 : 오른쪽 정렬 (3) 셀 배경(면색) : 노랑 (4) 한글의 계산 기능을 이용하여 빈칸에 평균(소수점 두 자리)을 구하고, 캡션 기능 사용할 것 (5) 선 모양은 ≪출력형태≫와 동일하게 처리할 것

출력형태

소매 채널별 평균 가격 비교(단위 : 십원)

소매 채널	온라인	편의점	일반 식품점	대형마트	평균
봉지라면	275	325	314	315	
짜장라면	332	427	397	367	
비빔라면	285	419	339	354	
용기라면	82	105	94	86	

차트 조건	(1) 차트 데이터는 표 내용에서 소매 채널별 봉지라면, 짜장라면, 비빔라면의 값만 이용할 것 (2) 종류 – 〈꺾은선형〉으로 작업할 것 (3) 제목 – 궁서, 진하게, 12pt, 배경 – 선 모양(한 줄로), 그림자(2pt) (4) 제목 이외의 전체 글꼴 – 궁서, 보통, 10pt (5) 축제목과 범례는 ≪출력형태≫와 동일하게 처리할 것

출력형태

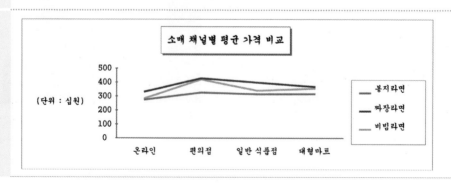

표 조건	(1) 표 전체(표, 캡션) - 굴림, 10pt
	(2) 정렬 - 문자 : 가운데 정렬, 숫자 : 오른쪽 정렬
	(3) 셀 배경색 : 노랑
	(4) 한글의 계산 기능을 이용하여 빈 칸에 합계를 구하고, 캡션 기능 사용할 것
	(5) 선 모양은 ≪출력형태≫와 동일하게 처리할 것

출력형태

개최 연도별 전시장 참관(단위 : 명)

전시 영역	2007년	2008년	2009년	2010년	2011년
산업용	27,476	31,575	32,191	31,524	34,514
모의실험용	32,741	34,874	37,447	41,782	43,527
홈오토	22,659	24,487	27,185	26,171	29,948
초미립자	19,431	21,311	24,943	23,004	24,256
디바이스	12,397	14,589	13,826	17,383	18,359
합 계					

차트 조건	(1) 차트 데이터는 표 내용에서 산업용, 홈오토, 초미립자, 디바이스의 2007년, 2009년, 2011년 값만 이용할 것
	(2) 종류 - 〈묶은 세로 막대형〉으로 작업할 것
	(3) 제목 - 돋움, 진하게, 12pt, 배경 - 선 모양(한 줄로), 그림자 위치(2pt)
	(4) 제목 이외의 전체 글꼴 - 돋움, 보통, 10pt
	(5) 기타 나머지 사항은 ≪출력형태≫와 동일하게 처리할 것

출력형태

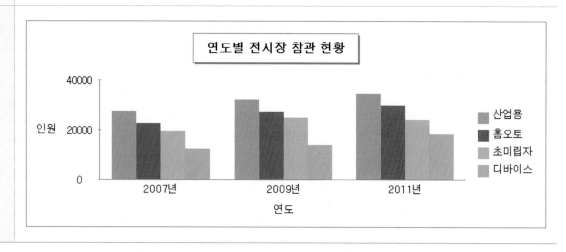

정답파일 Part 3 모의고사₩모의고사 8회 답안.hwp

과목	코드	문제유형	시험시간	수험번호	성명
아래한글	1111	A	60분	20231008	홍길동

수험자 유의사항

- 수험자는 문제지를 받는 즉시 문제지와 **수험표상의 시험과목(프로그램)이 동일한지 반드시 확인**하여야 합니다.
- 파일명은 본인의 "수험번호─성명"으로 입력하여 답안폴더(내 PC₩문서₩ITQ)에 하나의 파일로 저장해야 하며, 답안문서 파일명이 "수험번호─성명"과 일치하지 않거나, 답안파일을 전송하지 않아 미제출로 처리될 경우 실격 처리합니다(예:12345678─홍길동.hwp).
- 답안 작성을 마치면 파일을 저장하고, '답안 전송' 버튼을 선택하여 감독위원 PC로 답안을 전송하십시오. 수험생 정보와 저장한 파일명이 다를 경우 전송되지 않으므로 주의하시기 바랍니다.
- 답안 작성 중에도 **주기적으로 저장하고, '답안 전송'**하여야 문제 발생을 줄일 수 있습니다. 작업한 내용을 저장하지 않고 전송할 경우 이전에 저장된 내용이 전송되니 이점 유의하시기 바랍니다.
- 답안문서는 지정된 경로 외의 다른 보조기억장치에 저장하는 경우, 지정된 시험 시간 외에 작성된 파일을 활용할 경우, 기타 통신수단(이메일, 메신저, 네트워크 등)을 이용하여 타인에게 전달 또는 외부 반출하는 경우는 부정 처리합니다.
- 시험 중 부주의 또는 고의로 시스템을 파손한 경우는 수험자가 변상해야 하며, 〈수험자 유의사항〉에 기재된 방법대로 이행하지 않아 생기는 불이익은 수험생 당사자의 책임임을 알려 드립니다.
- 문제의 조건은 한컴오피스 NEO(2016) 버전으로 설정되어 있으니 유의하시기 바랍니다.
- 시험을 완료한 수험자는 답안파일이 전송되었는지 확인한 후 감독위원의 지시에 따라 문제지를 제출하고 퇴실합니다.

답안 작성요령

- **온라인 답안 작성 절차**
  수험자 등록 ⇒ 시험 시작 ⇒ 답안파일 저장 ⇒ 답안 전송 ⇒ 시험 종료
- **공통 부문**
- 글꼴에 대한 기본설정은 함초롬바탕, 10포인트, 검정, 줄간격 160%, 양쪽정렬로 합니다.
- 색상은 조건의 색을 적용하고 색의 구분이 안 될 경우에는 RGB 값을 적용하십시오
  (빨강 255,0,0 / 파랑 0,0,255 / 노랑 255,255,0).
- 각 문항에 주어진 ≪조건≫에 따라 작성하고 언급하지 않은 조건은 ≪출력형태≫와 같이 작성합니다.
- 용지여백은 왼쪽·오른쪽 11mm, 위쪽·아래쪽·머리말·꼬리말 10mm, 제본 0mm로 합니다.
- 그림 삽입 문제의 경우 「내 PC₩문서₩ITQ₩Picture」 폴더에서 지정된 파일을 선택하여 삽입하십시오.
- 삽입한 그림은 반드시 문서에 포함하여 저장해야 합니다(미포함 시 감점 처리).
- 각 항목은 지정된 페이지에 출력형태와 같이 정확히 작성하시기 바라며, 그렇지 않을 경우에 해당 항목은 0점 처리됩니다.
  ※ 페이지구분 : 1페이지 ─ 기능평가 I (문제번호 표시 : 1. 2.),
           2페이지 ─ 기능평가 II (문제번호 표시 : 3. 4.),
           3페이지 ─ 문서작성 능력평가
- **기능평가**
- 문제와 ≪조건≫은 입력하지 않으며 문제번호와 답(≪출력형태≫)만 작성합니다.
- 4번 문제는 묶기를 했을 경우 0점 처리됩니다.
- **문서작성 능력평가**
- A4 용지(210mm×297mm) 1매 크기, 세로 서식 문서로 작성합니다.
- ☐ 표시는 문서작성에 대한 지시사항이므로 작성하지 않습니다.

표 조건	(1) 표 전체(표, 캡션) – 돋움, 10pt
	(2) 정렬 – 문자 : 가운데 정렬, 숫자 : 오른쪽 정렬
	(3) 셀 배경색 : 노랑
	(4) 한글의 계산 기능을 이용하여 빈 칸에 평균을 구하고, 캡션 기능 사용할 것
	(5) 선 모양은 ≪출력형태≫와 동일하게 처리할 것

출력형태

법인대상 공기업 NCSI 추이

연도별 국가 고객 만족도 지수					증감률(%)
기관명	2008년	2009년	2010년	2011년	기준년도대비
농수산물유통공사	77	86	83	86	48.3
한국관광공사	72	78	83	86	48.3
대한광업진흥공사	77	81	82	82	22.4
한국석유공사	78	83	79	82	36.7
대한석탄공사	81	78	83	85	41.7
평균					

차트 조건	(1) 차트 데이터는 표 내용에서 연도별 한국관광공사, 한국석유공사 값만 이용할 것
	(2) 종류 – 〈묶은 가로 막대형〉으로 작업할 것
	(3) 제목 – 궁서, 진하게, 12pt, 배경 – 선 모양(한 줄로), 그림자 위치(2pt)
	(4) 제목 이외의 전체 글꼴 – 궁서, 보통, 10pt
	(5) 기타 나머지 사항은 ≪출력형태≫와 동일하게 처리할 것

출력형태

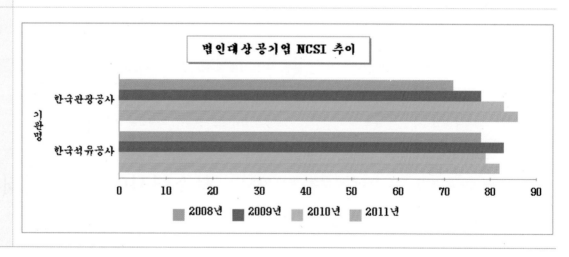

글꼴 : 돋움, 18pt, 진하게, 가운데 정렬
책갈피 이름 : 상담   덧말 넣기

문단 첫 글자 장식 기능
글꼴 : 궁서, 면색 : 노랑

사이버 폴력의 특성

머리말 기능
굴림, 10pt, 오른쪽 정렬

지도방안
사이버 폭력의 이해와 대책방안

각주

사이버 폭력(暴力)의 정의는 개인이나 집단이 인터넷①, 전화기 등 정보나 정보통신 기술을 이용하여 글, 이미지, 음성 등으로 금품갈취, 협박, 따돌림, 강제적 심부름, 성희롱, 성폭력 등 정신적, 물질적 피해를 입히는 모든 범죄행위로 사이버 따돌림, 사이버 모욕, 사이버 명예훼손, 사이버 성희롱, 사이버 스토킹, 사이버 갈취 등의 행위를 말한다. 사이버 폭력이 증가하는 이유는 인터넷이 발달하면서 중고등학생 뿐만 아니라 초등학생까지도 스마트폰을 지니고 있을 정도로 누구나 마음만 먹으면 쉽게 사이버 공간에 접할 수 있기 때문이다.

사이버 학교폭력도 마찬가지로, 피해를 당하면 '보복하고 싶다'라는 감정이 앞서게 되고, 이것이 피해자가 가해자로, 가해자가 피해자로 반복되는 악순환(惡循環)으로 계속된다. 적절한 때에, 적절한 방법으로 자녀가 잘 치유되어 피해자, 가해자라는 이름에서 벗어나도록 하는 것, 악순환에 빠지지 않도록 하는 것이 가장 중요하다. 우리 아이들이 사이버 학교폭력에 관계된 어떤 피해자도, 가해자도 되지 않도록 주의를 기울이고, 아이들의 가장 든든한 울타리가 되어 주어야 한다.

그림위치(내 PC₩문서₩ITQ
₩Picture₩그림5.jpg,
문서에 포함)
자르기 기능 이용,
크기(40mm×35mm),
바깥 여백 왼쪽 : 2mm

♥ 사이버 세상의 순기능과 역기능

글꼴 : 굴림, 18pt, 흰색
음영색 : 파랑

I. 사이버 세상의 순기능
   i. 정보검색이 신속하고 다양한 콘텐츠의 창출과 활용이 가능
   ii. 시공간을 초월하여 다양한 사람들과의 네트워크가 가능
II. 사이버 세상의 역기능
   i. 좋지 않은 소문은 사이버 상에서 순식간에 퍼짐
   ii. 다른 사람을 험담하는 글을 올리면, 많은 사람들이 공유하게 됨

♥ *사이버 폭력의 원인*

글꼴 : 굴림, 18pt, 기울임, 강조점

구분		세부 내용
개인적 요인	심리적	질투, 시기, 높은 공격성, 충동성, 스트레스, 낮은 자아 존중감
	매체관인	인터넷 중독, 윤리의식, 사이버 폭력 용인태도, 기기 접근성, 익명성
관계적 요인	교사	교사의 지지 및 친밀감, 부모의 사이버매체 관리 및 감독 정도
	부모	부모의 양육태도, 친밀감, 의사소통 및 가정폭력 경험
	또래	또래의 지지 및 비행친구 수

문단 번호 기능 사용
1수준 : 20pt, 오른쪽 정렬,
2수준 : 30pt, 오른쪽 정렬
줄 간격 : 180%

표 전체 글꼴 : 돋움, 10pt,
가운데 정렬
셀 배경(그러데이션) :
유형(가운데에서),
시작색(흰색), 끝색(노랑)

청소년사이버상담센터

글꼴 : 돋움, 24pt, 진하게
장평 95%, 오른쪽 정렬

① 아르파네트에서 시작된 세계 최대 규모의 컴퓨터 통신망

각주 구분선 : 5cm

쪽 번호 매기기
5로 시작

마

표 조건	(1) 표 전체(표, 캡션) – 돋움, 10pt
	(2) 정렬 – 문자 : 가운데 정렬, 숫자 : 오른쪽 정렬
	(3) 셀 배경색 : 노랑
	(4) 한글의 계산 기능을 이용하여 빈 칸에 합계를 구하고, 캡션 기능 사용할 것
	(5) 선 모양은 ≪출력형태≫와 동일하게 처리할 것

출력형태

연도별 전시회 관심분야 참관 현황(단위 : 명)

관심분야	2008년	2009년	2010년	2011년
가공식품	3,978	3,916	4,781	5,958
농수축산물	2,973	3,709	2,616	4,958
제과제빵	2,961	4,352	2,253	3,056
커피류	2,612	1,621	4,303	2,347
합계	12,524	13,598		

차트 조건	(1) 차트 데이터는 표 내용에서 2008년, 2009년의 가공식품, 농수축산물, 제과제빵, 커피류 값만 이용할 것
	(2) 종류 – 〈꺾은선형〉으로 작업할 것
	(3) 제목 – 굴림, 진하게, 12pt, 배경 – 선 모양(두 줄로), 그림자 위치(2pt)
	(4) 제목 이외의 전체 글꼴 – 굴림, 보통, 10pt
	(5) 기타 나머지 사항은 ≪출력형태≫와 동일하게 처리할 것

출력형태

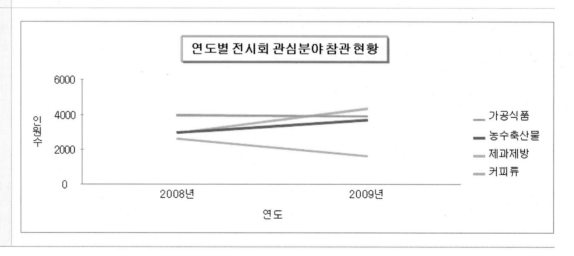

03 다음 (1), (2)의 수식을 수식 편집기로 각각 입력하시오.　　40점

출력형태

$$(1) \quad m = \frac{\triangle P}{K_a} = \frac{\triangle t_b}{K_b} = \frac{\triangle t_f}{K_f} \qquad (2) \quad \int_0^1 (\sin x + \frac{x}{2})dx = \int_0^1 \frac{1 + \sin x}{2}dx$$

04 다음의 ≪조건≫에 따라 ≪출력형태≫와 같이 문서를 작성하시오.　　110점

조건

(1) 그리기 도구를 이용하여 작성하고, 모든 도형(글맵시, 지정된 그림 포함)을 ≪출력형태≫와
　　같이 작성하시오.

(2) 도형의 면색은 지시사항이 없으면 색 없음을 제외하고 서로 다르게 임의로 지정하시오.

출력형태

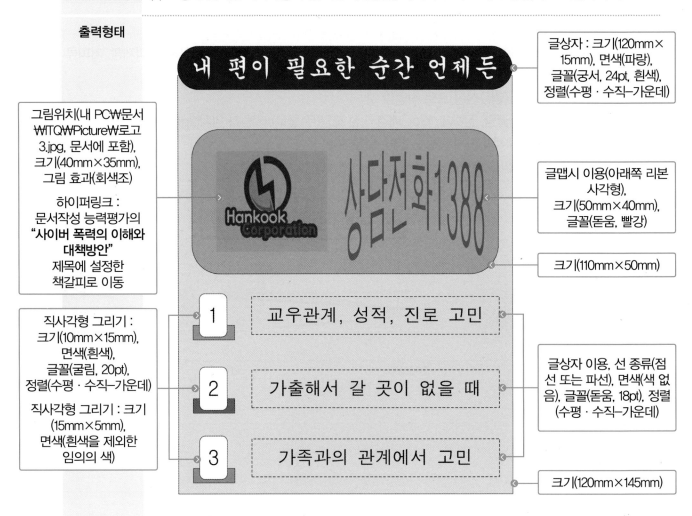

글상자 : 크기(120mm×
15mm), 면색(파랑),
글꼴(궁서, 24pt, 흰색),
정렬(수평 · 수직-가운데)

그림위치(내 PC₩문서
₩ITQ₩Picture₩로고
3.jpg, 문서에 포함),
크기(40mm×35mm),
그림 효과(회색조)

하이퍼링크 :
문서작성 능력평가의
"사이버 폭력의 이해와
대책방안"
제목에 설정한
책갈피로 이동

글맵시 이용(아래쪽 리본
사각형),
크기(50mm×40mm),
글꼴(돋움, 빨강)

크기(110mm×50mm)

직사각형 그리기 :
크기(10mm×15mm),
면색(흰색),
글꼴(굴림, 20pt),
정렬(수평 · 수직-가운데)

직사각형 그리기 : 크기
(15mm×5mm),
면색(흰색을 제외한
임의의 색)

글상자 이용, 선 종류(점
선 또는 파선), 면색(색 없
음), 글꼴(돋움, 18pt), 정렬
(수평 · 수직-가운데)

크기(120mm×145mm)

수식 만들기

정답파일 Part 1 출제 유형으로 정리하는 꼼꼼이론₩이론 답안.hwp

▶ 기적의 합격 강의

문제보기	**출력형태**	
	(1) $A(1+r)^n = \dfrac{a((1+r)^n - 1)}{r}$ (2) $(a\ b\ c)\begin{pmatrix} x \\ y \\ z \end{pmatrix} = (ax + by + cz)$	

핵심기능	기능	도구 상자, 바로 가기 키	메뉴
	수식 만들기	f_∞, Ctrl + N, M	[입력]-[개체]-[수식]

작업과정	왼쪽부터 순서대로 수식 입력하기

[수식 편집기] 창

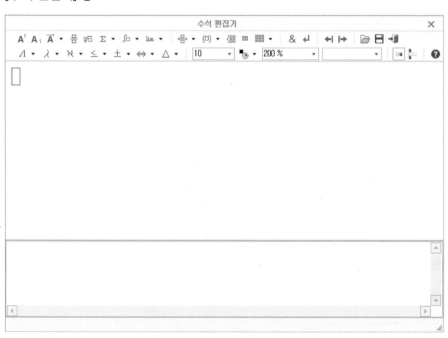

01 다음의 ≪조건≫에 따라 스타일 기능을 적용하여 ≪출력형태≫와 같이 작성하시오. 50점

조건	(1) 스타일 이름 – counseling (2) 문단 모양 – 왼쪽 여백 : 15pt, 문단 아래 간격 : 10pt (3) 글자 모양 – 글꼴 : 한글(굴림)/영문(돋움), 크기 : 10pt, 장평 : 95%, 자간 : 5%
출력형태	If you need help with crisis or psychological problems such as youth violence, you can get services such as crisis intervention and emergency rescue through the local youth counseling welfare center. 청소년 폭력 등과 같은 위기문제나 심리문제로 도움이 필요한 경우 언제든지 지역 내 청소년상담복지센터를 통해 위기개입, 긴급구조 등 서비스를 제공받을 수 있다.

02 다음의 ≪조건≫에 따라 ≪출력형태≫와 같이 표와 차트를 작성하시오. 100점

표 조건	(1) 표 전체(표, 캡션) – 돋움, 10pt (2) 정렬 – 문자 : 가운데 정렬, 숫자 : 오른쪽 정렬 (3) 셀 배경(면색) : 노랑 (4) 한글의 계산 기능을 이용하여 빈칸에 합계를 구하고, 캡션 기능 사용할 것 (5) 선 모양은 ≪출력형태≫와 동일하게 처리할 것

출력형태

사이버범죄 연도별 검거 현황(단위 : 건)

구분	도박	해킹	음란물	기타	합계
2018년	246	49	274	104	
2017년	462	90	212	89	
2016년	783	45	286	169	
2015년	280	44	290	100	

차트 조건	(1) 차트 데이터는 표 내용에서 구분별 2018년, 2017년, 2016년의 값만 이용할 것 (2) 종류 – 〈묶은 세로 막대형〉으로 작업할 것 (3) 제목 – 궁서, 진하게, 12pt, 배경 – 선 모양(한 줄로), 그림자(2pt) (4) 제목 이외의 전체 글꼴 – 궁서, 보통, 10pt (5) 축제목과 범례는 ≪출력형태≫와 동일하게 처리할 것

출력형태

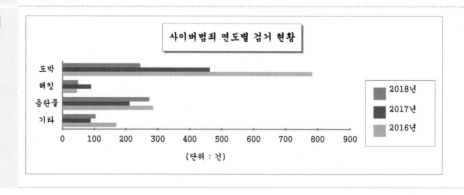

[수식 편집기] 창

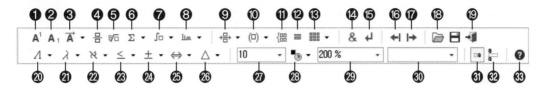

① 위첨자([Shift]+[6])
② 아래첨자([Shift]+[-])
③ 장식 기호([Ctrl]+[D])

④ 분수([Ctrl]+[O])
⑤ 근호([Ctrl]+[R])
⑥ 합([Ctrl]+[S])

⑦ 적분([Ctrl]+[I])

⑧ 극한([Ctrl]+[L])

⑨ 상호 관계([Ctrl]+[E])

⑩ 괄호([Ctrl]+[9])

⑪ 경우([Ctrl]+[O])
⑫ 세로 쌓기([Ctrl]+[P])
⑬ 행렬([Ctrl]+[M])

⑭ 줄 맞춤
⑮ 줄 바꿈
⑯ 이전 항목
⑰ 다음 항목
⑱ MathML 파일 불러오기
　　([Alt]+[M])
⑲ 넣기([Shift]+[Esc])
⑳ 그리스 대문자

㉑ 그리스 소문자

㉒ 그리스 기호

㉓ 합, 집합 기호

㉔ 연산, 논리 기호

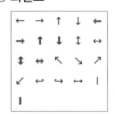

㉕ 화살표

㉖ 기타 기호

㉗ 글자크기
㉘ 글자 색
㉙ 화면 확대
㉚ 명령어 입력

㉛ 글자 단위 영역
㉜ 줄 단위 영역
㉝ 도움말

▶ 기적의 합격 강의

정답파일 Part 3 모의고사\모의고사 7회 답안.hwp

과목	코드	문제유형	시험시간	수험번호	성명
아래한글	1111	A	60분	20231007	홍길동

수험자 유의사항

• 수험자는 문제지를 받는 즉시 문제지와 **수험표상의 시험과목(프로그램)이 동일한지 반드시 확인**하여야 합니다.

• 파일명은 본인의 "수험번호–성명"으로 입력하여 답안폴더(내 PC\문서\ITQ)에 하나의 파일로 저장해야 하며, 답안문서 파일명이 "수험번호–성명"과 일치하지 않거나, 답안파일을 전송하지 않아 미제출로 처리될 경우 실격 처리합니다(예:12345678–홍길동.hwp).

• 답안 작성을 마치면 파일을 저장하고, '답안 전송' 버튼을 선택하여 감독위원 PC로 답안을 전송하십시오. 수험생 정보와 저장한 파일명이 다를 경우 전송되지 않으므로 주의하시기 바랍니다.

• 답안 작성 중에도 **주기적으로 저장하고, '답안 전송'**하여야 문제 발생을 줄일 수 있습니다. 작업한 내용을 저장하지 않고 전송할 경우 이전에 저장된 내용이 전송되니 이점 유의하시기 바랍니다.

• 답안문서는 지정된 경로 외의 다른 보조기억장치에 저장하는 경우, 지정된 시험 시간 외에 작성된 파일을 활용할 경우, 기타 통신수단(이메일, 메신저, 네트워크 등)을 이용하여 타인에게 전달 또는 외부 반출하는 경우는 부정 처리합니다.

• 시험 중 부주의 또는 고의로 시스템을 파손한 경우는 수험자가 변상해야 하며, 〈수험자 유의사항〉에 기재된 방법대로 이행하지 않아 생기는 불이익은 수험생 당사자의 책임임을 알려 드립니다.

• 문제의 조건은 한컴오피스 NEO(2016) 버전으로 설정되어 있으니 유의하시기 바랍니다.

• 시험을 완료한 수험자는 답안파일이 전송되었는지 확인한 후 감독위원의 지시에 따라 문제지를 제출하고 퇴실합니다.

답안 작성요령

• **온라인 답안 작성 절차**

　수험자 등록 ⇒ 시험 시작 ⇒ 답안파일 저장 ⇒ 답안 전송 ⇒ 시험 종료

• **공통 부문**

– 글꼴에 대한 기본설정은 함초롬바탕, 10포인트, 검정, 줄간격 160%, 양쪽정렬로 합니다.

– 색상은 조건의 색을 적용하고 색의 구분이 안 될 경우에는 RGB 값을 적용하십시오
　(빨강 255,0,0 / 파랑 0,0,255 / 노랑 255,255,0).

– 각 문항에 주어진 ≪조건≫에 따라 작성하고 언급하지 않은 조건은 ≪출력형태≫와 같이 작성합니다.

– 용지여백은 왼쪽·오른쪽 11mm, 위쪽·아래쪽·머리말·꼬리말 10mm, 제본 0mm로 합니다.

– 그림 삽입 문제의 경우 「내 PC\문서\ITQ\Picture」 폴더에서 지정된 파일을 선택하여 삽입하십시오.

– 삽입한 그림은 반드시 문서에 포함하여 저장해야 합니다(미포함 시 감점 처리).

– 각 항목은 지정된 페이지에 출력형태와 같이 정확히 작성하시기 바라며, 그렇지 않을 경우에 해당 항목은 0점 처리됩니다.
　　※ 페이지구분 : 1페이지 – 기능평가 I (문제번호 표시 : 1. 2.),
　　　　　　　　　2페이지 – 기능평가 II (문제번호 표시 : 3. 4.),
　　　　　　　　　3페이지 – 문서작성 능력평가

• **기능평가**

– 문제와 ≪조건≫은 입력하지 않으며 문제번호와 답(≪출력형태≫)만 작성합니다.

– 4번 문제는 묶기를 했을 경우 0점 처리됩니다.

• **문서작성 능력평가**

– A4 용지(210mm×297mm) 1매 크기, 세로 서식 문서로 작성합니다.

– ▢ 표시는 문서작성에 대한 지시사항이므로 작성하지 않습니다.

① 2페이지에 입력한 문제 번호 「3.」 다음 줄에 「(1)」을 입력하고 Ctrl + N, M을 누르거나 [입력] 탭 – [수식](fₒₒ)을 선택한다.

② [수식 편집기] 창이 나타나면 「A(1+r)」을 입력한다.

③ [위첨자](Aᴵ)를 클릭하고, 「n」을 입력 후 [다음 항목](⊢▶)을 클릭한다.

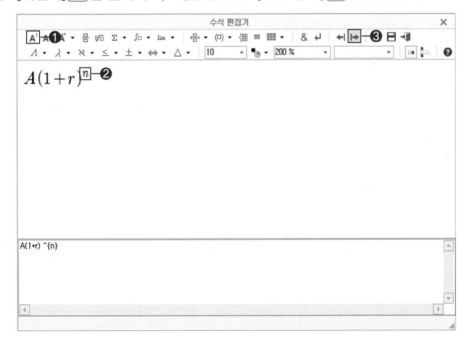

A(1+r) ^{n}

문단 첫 글자 장식 기능
글꼴 : 궁서, 면색 : 노랑

글꼴 : 굴림, 18pt, 진하게, 가운데 정렬
책갈피 이름 : 물류　　덧말 넣기

물류자동화 시스템

물류산업전시회
제11회 국제물류산업전

머리말 기능
굴림, 10pt, 오른쪽 정렬

각주

물류란 물적 유통(Physical Distribution)의 줄인 말로 생산자로부터 소비자로의 물건의 흐름을 가리킨다. 물류는 소유의 효용을 만족시켜주는 거래를 제외한 장소와 시간의 효용을 창출(創出)하는 부분으로 상품을 수송, 하역ⓐ, 보관, 포장하는 과정과 유통가공이나 수송 기초시설 등의 물자유통 과정 그리고 통신 기초시설과 정보망 등의 정보유통 개념을 모두 포함한다. 국내 물류산업은 IT, 전자상거래 등 첨단산업과 융합하여 유망 서비스업으로 진화를 거듭하고 있으며 최근에는 일반 택배와 같은 물류시장이 급성장하며 국민 생활에 대한 기여도가 날로 커지고 있다.

　　최신 물류기술을 선보이는 제11회 국제물류산업전은 300여개사 1,500부스 규모로 진행될 예정이며, 코로나 19 장기화에 따라 전시부스 외에도 국내외 바이어를 대상으로 한 온라인 상담시스템을 구축하여 포스트 코로나에 대응할 계획이다. 국제물류산업전은 효과적인 물류 시스템, 물류합리화의 효율성 향상에 필요한 최신 정보를 제공하며 기업 물류비 절감의 핵심(核心), 물류자동화 시스템과 운송 시스템, 하드웨어와 소프트웨어 간의 최적화된 솔루션에 대한 올바른 길을 제시하고 있다.

그림위치(내 PC₩문서
₩ITQ₩Picture₩그림4.jpg,
문서에 포함)
자르기 기능 이용,
크기(40mm×35mm),
바깥 여백 왼쪽 : 2mm

◆ 제11회 국제물류산업전 개요

글꼴 : 궁서, 18pt, 흰색
음영색 : 파랑

　① 일시 및 장소
　　(ㄱ) 일시 : 2021년 4월 13일 - 16일, 4일간
　　(ㄴ) 장소 : 고양시 킨텍스 제1전시장
　② 주최 및 후원
　　(ㄱ) 주최 : 한국통합물류협회, 경연전람, 케이와이엑스포
　　(ㄴ) 후원 : 건설기계협동조합, 한국식품콜드체인협회

◆ *국제물류산업전 관련 주요 세미나*

글꼴 : 궁서, 18pt, 기울임, 강조점

날짜	세미나명	주최/주관	장소
4월 13일	2021 춘계학술대회	한국물류과학기술학회	204호
	한국청년물류포럼 물류콘서트	한국청년물류포럼	208호
4월 14일	식품콜드체인 고도화를 위한 신기술 세미나	한국식품콜드체인협회	204호
	물류 구현 자동인식/머신비전 활용 전략 세미나	첨단, 자동인식비전	3층 그랜드볼룸
	포스트코로나 시대의 물류 그리고 창업	인천창조경제혁신센터	208호

문단 번호 기능 사용
1수준 : 20pt, 오른쪽 정렬,
2수준 : 30pt, 오른쪽 정렬
줄 간격 : 180%

국제물류산업전운영위원회

표 전체 글꼴 : 굴림, 10pt,
가운데 정렬
셀 배경(그러데이션) :
유형(수평),
시작색(흰색), 끝색(노랑)

글꼴 : 돋움, 24pt, 진하게
장평 105%, 오른쪽 정렬

ⓐ 화물수송 과정에서 짐을 싣고 내리는 일체의 현장 처리 작업

각주 구분선 : 5cm

쪽 번호 매기기
2로 시작

②

④ 「=」을 입력한 후 [분수](■)를 클릭하고 분자에 「a((1+r)」을 입력한다.

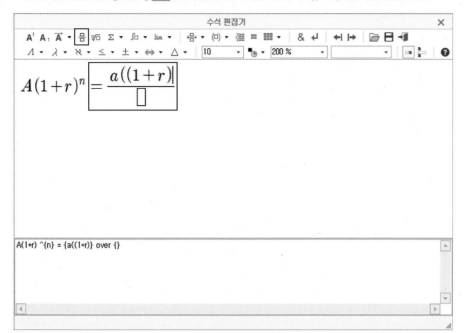

⑤ [위첨자](**A¹**)를 클릭한 후 「n」을 입력한다. → [다음 항목](**▶**)을 클릭한다.

⑥ 「−1)」을 입력하고, [다음 항목](**▶**)을 클릭한다. → 분모에 「r」을 입력하고 [넣기](**▣**)를 클릭하여, 수식을 완성한다.

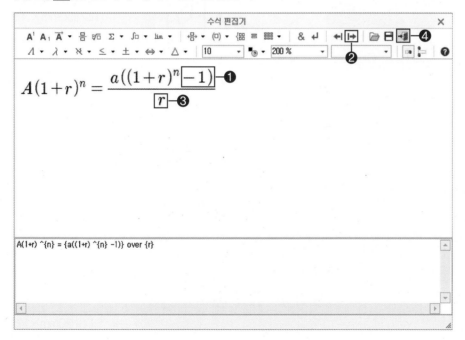

⏱ **기적의 3초컷**

잘못 입력한 수식 수정하기
입력한 수식이 잘못된 경우 수식을 더블 클릭한 후 [수식 편집] 창을 열어 잘못 입력된 수식 앞에 커서를 놓고 Delete 또는 Back Space 를 눌러 수정한다.

03 다음 (1), (2)의 수식을 수식 편집기로 각각 입력하시오.   40점

출력형태

(1) $L = \dfrac{m+M}{m}\, V = \dfrac{m+M}{m}\,\sqrt{2gh}$ (2) $Q = \dfrac{F}{h^2} = \dfrac{1}{3}\,\dfrac{N}{h^3}\, m\overline{g^2}$

04 다음의 ≪조건≫에 따라 ≪출력형태≫와 같이 문서를 작성하시오.   110점

조건

(1) 그리기 도구를 이용하여 작성하고, 모든 도형(글맵시, 지정된 그림 포함)을 ≪출력형태≫와 같이 작성하시오.

(2) 도형의 면색은 지시사항이 없으면 색 없음을 제외하고 서로 다르게 임의로 지정하시오.

출력형태

글상자 : 크기(110mm×15mm), 면색(빨강), 글꼴(궁서, 24pt, 흰색), 정렬(수평 · 수직–가운데)

그림위치(내 PC₩문서₩ITQ₩Picture₩로고 1.jpg, 문서에 포함), 크기(40mm×30mm), 그림 효과(회색조)

하이퍼링크 : 문서작성 능력평가의 "제11회 국제물류산업전" 제목에 설정한 책갈피로 이동

글맵시 이용(물결 1), 크기(50mm×30mm), 글꼴(돋움, 파랑)

크기(110mm×50mm)

직사각형 그리기 : 크기(12mm×12mm), 면색(흰색), 글꼴(궁서, 20pt), 정렬(수평 · 수직–가운데)

직사각형 그리기 : 크기(7mm×15mm), 면색(흰색을 제외한 임의의 색)

글상자 이용, 선 종류(점선 또는 파선), 면색(색 없음), 글꼴(굴림, 18pt), 정렬(수평 · 수직–가운데)

크기(120mm×145mm)

① 완성한 첫 번째 수식 옆에 Space Bar 를 눌러 적당한 공백을 삽입한 후 문제 번호 「(2)」
를 입력한다.

② Ctrl + N , M 을 누르거나 [입력] 탭 – [수식](f_{∞})을 선택한다.

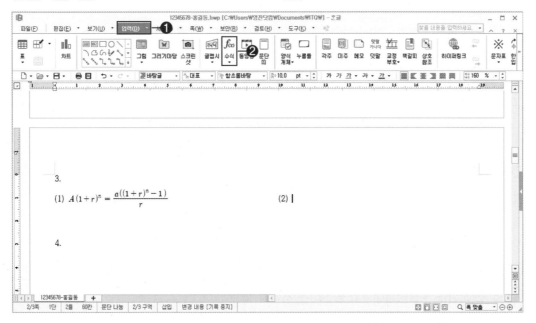

③ [수식 편집기] 창이 나타나면 [행렬](▦▾)의 목록 단추를 클릭하고 [괄호 모양 행렬](▦)
을 클릭한다.

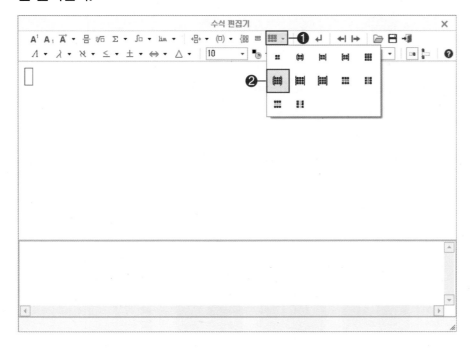

01 다음의 ≪조건≫에 따라 스타일 기능을 적용하여 ≪출력형태≫와 같이 작성하시오.   50점

조건	(1) 스타일 이름 – logistics (2) 문단 모양 – 왼쪽 여백 : 15pt, 문단 아래 간격 : 10pt (3) 글자 모양 – 글꼴 : 한글(돋움)/영문(굴림), 크기 : 10pt, 장평 : 95%, 자간 : 5%
출력형태	KOREA MAT 2021 is the only professional trade exhibition of logistics industry in KOREA exhibiting materials handling & logistics from software to hardware after packaging process. 제11회 국제물류산업전은 물류장비 및 물류자동화 시스템뿐만 아니라 물류산업의 중심인 운송서비스 분야까지 산업 전반을 아우르는 국내 유일의 물류산업 전문 전시회이다.

02 다음의 ≪조건≫에 따라 ≪출력형태≫와 같이 표와 차트를 작성하시오.   100점

표 조건	(1) 표 전체(표, 캡션) – 돋움, 10pt (2) 정렬 – 문자 : 가운데 정렬, 숫자 : 오른쪽 정렬 (3) 셀 배경(면색) : 노랑 (4) 한글의 계산 기능을 이용하여 빈칸에 합계를 구하고, 캡션 기능 사용할 것 (5) 선 모양은 ≪출력형태≫와 동일하게 처리할 것

출력형태

연도별 국제물류산업전 관람객 현황(단위 : 명)

구분	2016년	2017년	2018년	2019년	합계
1일차	12,200	12,800	11,300	13,200	
2일차	22,700	19,400	20,900	22,900	
3일차	16,800	13,900	14,800	17,800	
4일차	10,600	12,400	10,200	12,600	✕

차트 조건	(1) 차트 데이터는 표 내용에서 연도별 1일차, 2일차, 3일차의 값만 이용할 것 (2) 종류 – 〈묶은 세로 막대형〉으로 작업할 것 (3) 제목 – 굴림, 진하게, 12pt, 배경 – 선 모양(한 줄로), 그림자(2pt) (4) 제목 이외의 전체 글꼴 – 굴림, 보통, 10pt (5) 축제목과 범례는 ≪출력형태≫와 동일하게 처리할 것

출력형태

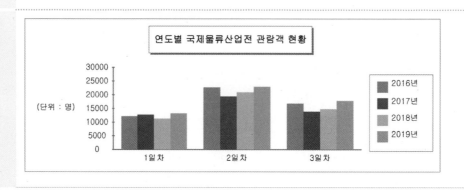

④ 행렬이 삽입되면 [행렬]() – [줄 삭제](▦)를 두번 클릭하여 2줄을 삭제하고 '1줄 3칸' 모양의 행렬을 완성한다.

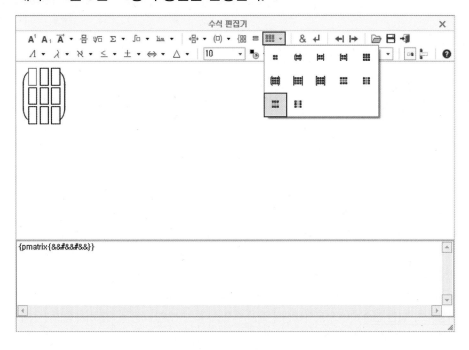

⑤ 「a」를 입력한 다음 [다음 항목](▶)을 클릭하여 「b」를 입력한다. → 같은 방법으로 「c」를 입력한 후, [다음 항목](▶)을 클릭한다.

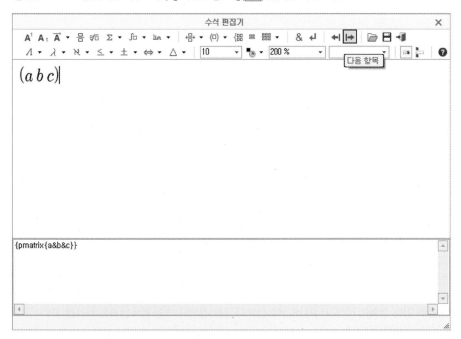

⑥ 다시 [행렬](▦ ▾)의 목록 단추를 클릭하고 [괄호 모양 행렬](▦)을 클릭한다.

06 모의고사 6회

▶ 기적의 합격 강의

정답파일 Part 3 모의고사₩모의고사 6회 답안.hwp

과목	코드	문제유형	시험시간	수험번호	성명
아래한글	1111	A	60분	20231006	홍길동

수험자 유의사항

- 수험자는 문제지를 받는 즉시 문제지와 **수험표상의 시험과목(프로그램)이 동일한지 반드시 확인**하여야 합니다.
- 파일명은 본인의 "수험번호–성명"으로 입력하여 답안폴더(내 PC₩문서₩ITQ)에 하나의 파일로 저장해야 하며, 답안문서 파일명이 "수험번호–성명"과 일치하지 않거나, 답안파일을 전송하지 않아 미제출로 처리될 경우 실격 처리합니다(예:12345678–홍길동.hwp).
- 답안 작성을 마치면 파일을 저장하고, '답안 전송' 버튼을 선택하여 감독위원 PC로 답안을 전송하십시오. 수험생 정보와 저장한 파일명이 다를 경우 전송되지 않으므로 주의하시기 바랍니다.
- 답안 작성 중에도 **주기적으로 저장하고, '답안 전송'**하여야 문제 발생을 줄일 수 있습니다. 작업한 내용을 저장하지 않고 전송할 경우 이전에 저장된 내용이 전송되니 이점 유의하시기 바랍니다.
- 답안문서는 지정된 경로 외의 다른 보조기억장치에 저장하는 경우, 지정된 시험 시간 외에 작성된 파일을 활용할 경우, 기타 통신수단(이메일, 메신저, 네트워크 등)을 이용하여 타인에게 전달 또는 외부 반출하는 경우는 부정 처리합니다.
- 시험 중 부주의 또는 고의로 시스템을 파손한 경우는 수험자가 변상해야 하며, 〈수험자 유의사항〉에 기재된 방법대로 이행하지 않아 생기는 불이익은 수험생 당사자의 책임임을 알려 드립니다.
- 문제의 조건은 한컴오피스 NEO(2016) 버전으로 설정되어 있으니 유의하시기 바랍니다.
- 시험을 완료한 수험자는 답안파일이 전송되었는지 확인한 후 감독위원의 지시에 따라 문제지를 제출하고 퇴실합니다.

답안 작성요령

- **온라인 답안 작성 절차**
  수험자 등록 ⇒ 시험 시작 ⇒ 답안파일 저장 ⇒ 답안 전송 ⇒ 시험 종료
- **공통 부문**
- 글꼴에 대한 기본설정은 함초롬바탕, 10포인트, 검정, 줄간격 160%, 양쪽정렬로 합니다.
- 색상은 조건의 색을 적용하고 색의 구분이 안 될 경우에는 RGB 값을 적용하십시오
  (빨강 255,0,0 / 파랑 0,0,255 / 노랑 255,255,0).
- 각 문항에 주어진 ≪조건≫에 따라 작성하고 언급하지 않은 조건은 ≪출력형태≫와 같이 작성합니다.
- 용지여백은 왼쪽·오른쪽 11mm, 위쪽·아래쪽·머리말·꼬리말 10mm, 제본 0mm로 합니다.
- 그림 삽입 문제의 경우 「내 PC₩문서₩ITQ₩Picture」 폴더에서 지정된 파일을 선택하여 삽입하십시오.
- 삽입한 그림은 반드시 문서에 포함하여 저장해야 합니다(미포함 시 감점 처리).
- 각 항목은 지정된 페이지에 출력형태와 같이 정확히 작성하시기 바라며, 그렇지 않을 경우에 해당 항목은 0점 처리됩니다.
  ※ 페이지구분 : 1페이지 – 기능평가 Ⅰ (문제번호 표시 : 1. 2.),
  　　　　　　　2페이지 – 기능평가 Ⅱ (문제번호 표시 : 3. 4.),
  　　　　　　　3페이지 – 문서작성 능력평가
- **기능평가**
- 문제와 ≪조건≫은 입력하지 않으며 문제번호와 답(≪출력형태≫)만 작성합니다.
- 4번 문제는 묶기를 했을 경우 0점 처리됩니다.
- **문서작성 능력평가**
- A4 용지(210mm×297mm) 1매 크기, 세로 서식 문서로 작성합니다.
- ▭ 표시는 문서작성에 대한 지시사항이므로 작성하지 않습니다.

⑦ 행렬이 삽입되면 [행렬](▦ ▾) – [칸 삭제](▦)를 두번 클릭하여 2칸을 삭제하고 '3줄 1칸' 모양의 행렬을 완성한다.

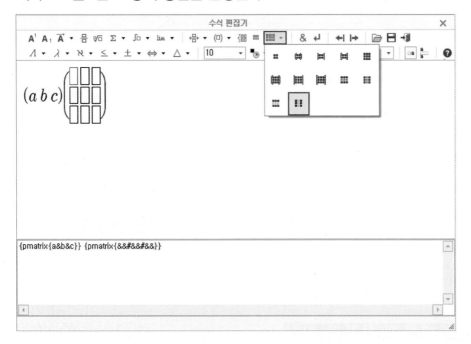

⑧ 「x」를 입력한 다음 [다음 항목](▯▸)을 클릭하여 「y」를 입력한다. → 같은 방법으로 「z」를 입력한 후, [다음 항목](▯▸)을 클릭한다.

기적의 3초컷

커서 이동은 방향키를 이용하면 편리하다.

글꼴 : 굴림, 18pt, 진하게, 가운데 정렬
책갈피 이름 : 도제　　덧말 넣기

문단 첫 글자 장식 기능
글꼴 : 궁서, 면색 : 노랑

산학일체형　도제학교

머리말 기능
돋움, 10pt, 오른쪽 정렬

도제교육
일학습병행 산학일체형 도제학교

각주

교 육부와 고용노동부는 12월 전국 산학일체형 도제학교 관계자가 참석하는 전체 성과 워크숍을 실시한다. 이 워크숍은 고교학점제⊙ 시행 등 학교 여건 변화에 따른 도제학교의 발전방안을 모색(摸索)하고 학교 간 도제학교 운영 노하우를 공유하기 위해 열린다. 이번 워크숍은 한국직업능력개발원 도제교육지원센터에서 2021학년도 주요 사업계획을 소개하고 인적자원개발위원회가 기업 발굴 계획에 대해 안내한다.

　또 노무법인 대표가 도제학교 경쟁력 강화를 위한 노동법 특강을 실시하고 우수 운영 학교 및 우수 교사에 대한 표창을 실시한다. 이어 분임별로 유관기관 지원방안과 신규기업 발굴 활성화 방안, 투명한 예산 집행에 대해 의견을 나누고, 도제교육 홍보 및 신입생 모집 등을 주제로 직업교육 발전방안을 논의한다. 산학일체형 도제학교는 독일과 스위스의 도제교육을 우리 현실에 맞게 직업교육 훈련의 현장성을 제고(提高)하기 위해 도입한 것으로 지난 2015년 전국의 특성화고를 대상으로 시작했다. 도제학교는 학교와 기업에서 1년 또는 2년 동안 NCS(국가직무능력표준)기반 공동 교육과정을 통해 기업별 맞춤형 도제교육을 실시하고, 기업에 필요한 전문기능인력을 양성하는 취업과 연계된 일학습 병행 직업교육 훈련 모델이다.

그림위치(내 PC₩문서₩ITQ ₩Picture₩그림4.jpg, 문서에 포함)
자르기 기능 이용,
크기(40mm×40mm),
바깥 여백 왼쪽 : 2mm

◆ **산학일체형　도제학교 현황과 방향**

가. 산학일체형 도제학교 현황
　㉠ 학습과 일의 병행에 대한 학생 만족도 증가
　㉡ 코로나19의 영향으로 취업생 감소
나. 산학일체형 도제학교 운영 방향
　㉠ 기업의 요구와 학생의 요구에 기반을 둔 교육과정 편성
　㉡ 미래 산업사회 예측을 통한 미래형 교육 운영

글꼴 : 궁서, 18pt, 흰색
음영색 : 파랑

◆ *지역별 산학일체형 도제학교 현황*

글꼴 : 궁서, 18pt, 기울임, 강조점

지역	주요 운영 학교	참여 분야	비고
서울	용산공업고, 성동공업고	절삭 가공	총 33개 과정
경기	부천공업고, 경기자동차과학고, 평촌경영고	금형, 자동차정비, 회계	지역사회 연계형
전남	목포공업고, 영암전자과학고	용접, 전자응용개발	산업계주도형 과정
경북	경주공고, 금호공고	절삭 가공	공동실습소형
기타 지역 현황		인천, 대전, 세종 등 전기공사, 화학물질, 바이오 분야	

문단 번호 기능 사용
1수준 : 20pt, 오른쪽 정렬,
2수준 : 30pt, 오른쪽 정렬
줄 간격 : 180%

표 전체 글꼴 : 굴림, 10pt,
가운데 정렬
셀 배경(그러데이션) :
유형(수평),
시작색(흰색), 끝색(노랑)

도제학교운영협의회

글꼴 : 돋움, 24pt, 진하게
장평 105%, 오른쪽 정렬

⊙ 목표한 성취 수준에 도달했을 때 과목을 이수하는 제도

각주 구분선 : 5cm

쪽 번호 매기기
5로 시작

⑤

⑨ 「=(ax+by+cz)」를 입력하고 [넣기](⬛)를 클릭하여, 수식을 완성한다.

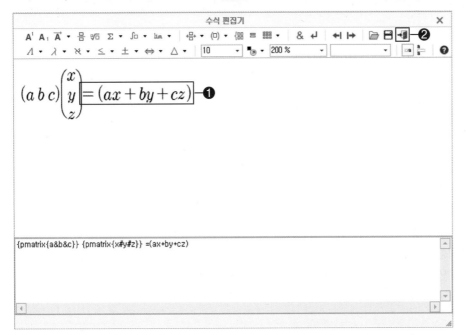

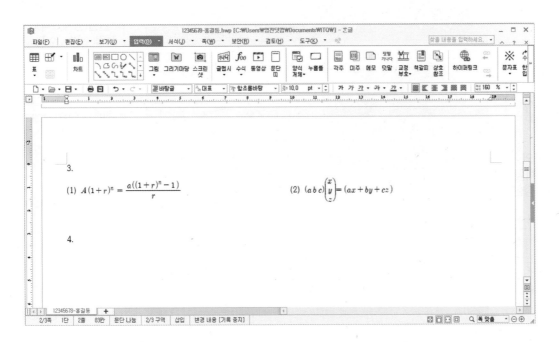

03 다음 (1), (2)의 수식을 수식 편집기로 각각 입력하시오.   40점

| 출력형태 | (1) $\dfrac{t_A}{t_B} = \sqrt{\dfrac{d_B}{d_A}} = \sqrt{\dfrac{M_B}{M_A}}$ | (2) $\dfrac{a^4}{T^2} - 1 = \dfrac{G}{4\pi^2}(M+m)$ |

04 다음의 ≪조건≫에 따라 ≪출력형태≫와 같이 문서를 작성하시오.   110점

| 조건 | (1) 그리기 도구를 이용하여 작성하고, 모든 도형(글맵시, 지정된 그림 포함)을 ≪출력형태≫와 같이 작성하시오.
(2) 도형의 면색은 지시사항이 없으면 색 없음을 제외하고 서로 다르게 임의로 지정하시오. |

출력형태

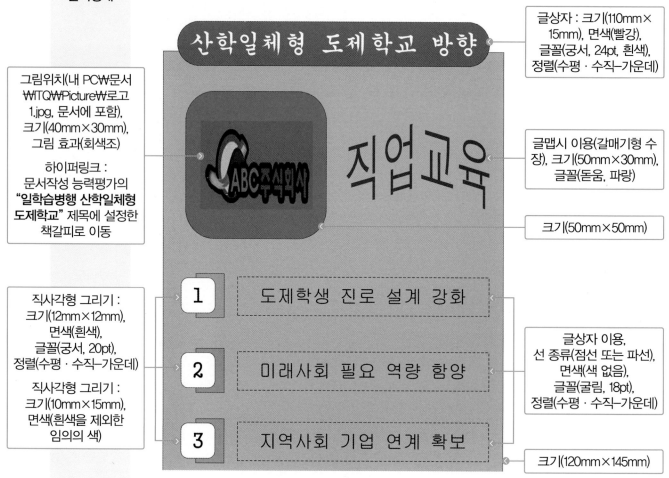

글상자 : 크기(110mm× 15mm), 면색(빨강), 글꼴(궁서, 24pt, 흰색), 정렬(수평·수직-가운데)

그림위치(내 PC\문서 \ITQ\Picture\로고 1.jpg, 문서에 포함), 크기(40mm×30mm), 그림 효과(회색조)
하이퍼링크 : 문서작성 능력평가의 "일학습병행 산학일체형 도제학교" 제목에 설정한 책갈피로 이동

글맵시 이용(갈매기형 수장), 크기(50mm×30mm), 글꼴(돋움, 파랑)

크기(50mm×50mm)

직사각형 그리기 : 크기(12mm×12mm), 면색(흰색), 글꼴(궁서, 20pt), 정렬(수평·수직-가운데)
직사각형 그리기 : 크기(10mm×15mm), 면색(흰색을 제외한 임의의 색)

글상자 이용, 선 종류(점선 또는 파선), 면색(색 없음), 글꼴(굴림, 18pt), 정렬(수평·수직-가운데)

크기(120mm×145mm)

문제유형 ❶ 정답파일 ▶ chapter 5.hwp

$$A = \begin{pmatrix} a\ b \\ c\ d \end{pmatrix}, B = \begin{pmatrix} p\ q \\ r\ s \end{pmatrix} \Rightarrow A + B = \begin{pmatrix} a+p\ b+q \\ c+r\ d+s \end{pmatrix}$$

문제유형 ❷ 정답파일 ▶ chapter 5.hwp

$$(a\ b\ c) \begin{pmatrix} p \\ q \\ r \end{pmatrix} = (ap + bq + cr)$$

문제유형 ❸ 정답파일 ▶ chapter 5.hwp

$$\begin{pmatrix} a\ b\ c \\ d\ e\ f \end{pmatrix} \begin{pmatrix} x \\ y \\ z \end{pmatrix} = \begin{pmatrix} ax + by + cz \\ dx + ey + fz \end{pmatrix}$$

문제유형 ❹ 정답파일 ▶ chapter 5.hwp

$$S_n = \frac{a(r^n - 1)}{r - 1} = \frac{a(1 - r^n)}{1 - r} (r \neq 1)$$

문제유형 ❺ 정답파일 ▶ chapter 5.hwp

$$\overline{AB} = \sqrt{(x_2 - x_1)^2 + (y_2 - y_1)^2}$$

문제유형 ❻ 정답파일 ▶ chapter 5.hwp

$$A(1 + r)^n = \frac{a(1 + r)^n - 1}{r}$$

01 다음의 ≪조건≫에 따라 스타일 기능을 적용하여 ≪출력형태≫와 같이 작성하시오.　50점

조건	(1) 스타일 이름 – apprentice (2) 문단 모양 – 왼쪽 여백 : 15pt, 문단 아래 간격 : 10pt (3) 글자 모양 – 글꼴 : 한글(돋움)/영문(굴림), 크기 : 10pt, 장평 : 95%, 자간 : 5%
출력형태	An apprentice is a program in which someone learns a trade by working under a certified expert. The course provides students with a good base for securing apprenticeships in all of industries. 도제는 인증된 전문가의 도움을 받아 훈련을 통해 배우는 프로그램 또는 직위이다. 이 과정은 산업에서는 견습생을 확보하고 학생에게는 장인으로 성장할 수 있는 좋은 기반을 제공한다.

02 다음의 ≪조건≫에 따라 ≪출력형태≫와 같이 표와 차트를 작성하시오.　100점

표 조건	(1) 표 전체(표, 캡션) – 돋움, 10pt (2) 정렬 – 문자 : 가운데 정렬, 숫자 : 오른쪽 정렬 (3) 셀 배경(면색) : 노랑 (4) 한글의 계산 기능을 이용하여 빈칸에 합계를 구하고, 캡션 기능 사용할 것 (5) 선 모양은 ≪출력형태≫와 동일하게 처리할 것

출력형태

산학일체형도제학교 참여 학생 현황(단위 : 명)

구분	서울	대전	부산	기타	합계
2014년	968	204	298	2,184	
2016년	2,007	873	977	1,721	
2018년	4,963	2,639	3,308	2,916	
2020년	8,926	4,320	5,347	3,301	

차트 조건	(1) 차트 데이터는 표 내용에서 지역별 2014년, 2016년, 2018년의 값만 이용할 것 (2) 종류 – 〈묶은 세로 막대형〉으로 작업할 것 (3) 제목 – 굴림, 진하게, 12pt, 배경 – 선 모양(한 줄로), 그림자(2pt) (4) 제목 이외의 전체 글꼴 – 굴림, 보통, 10pt (5) 축제목과 범례는 ≪출력형태≫와 동일하게 처리할 것

출력형태

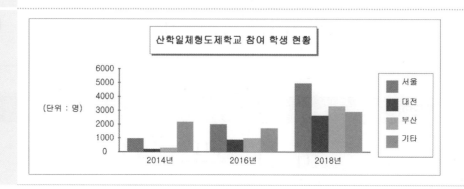

$$\sum_{k=1}^{n} k^2 = 1^2 + 2^2 + 3^2 + \cdots + n^2 = \frac{1}{6} n(n+1)(2n+1)$$

$$S_n = a(r^n - 1)/(r-1) = a(1-r^n)/(1-r)(r \neq 1)$$

$$S = \lim_{n \to \infty} Sn = \lim_{n \to \infty} (a_1 + a_2 + a_3 + \cdots + a_n) = \lim_{n \to \infty} \sum_{k=1}^{n} ak$$

$$f'(x) = \lim_{\triangle x \to 0} \frac{\triangle y}{\triangle y} = \lim_{\triangle x \to 0} \frac{f(x + \triangle x) + f(x)}{\triangle x}$$

$$\frac{d}{dx} f(x) \pm g(x) = f(x) \pm g'(x)$$

$$\frac{c}{\sqrt[3]{a} \pm \sqrt[3]{b}} = \frac{c(\sqrt[3]{a^2} \mp \sqrt[3]{ab} + \sqrt[3]{b^2})}{a \pm b}$$

정답파일 Part 3 모의고사\모의고사 5회 답안.hwp

과목	코드	문제유형	시험시간	수험번호	성명
아래한글	1111	A	60분	20231005	홍길동

수험자 유의사항

- 수험자는 문제지를 받는 즉시 문제지와 **수험표상의 시험과목(프로그램)이 동일한지 반드시 확인**하여야 합니다.
- 파일명은 본인의 "수험번호–성명"으로 입력하여 답안폴더(내 PC\문서\ITQ)에 하나의 파일로 저장해야 하며, 답안문서 파일명이 "수험번호–성명"과 일치하지 않거나, 답안파일을 전송하지 않아 미제출로 처리될 경우 실격 처리합니다(예:12345678–홍길동.hwp).
- 답안 작성을 마치면 파일을 저장하고, '답안 전송' 버튼을 선택하여 감독위원 PC로 답안을 전송하십시오. 수험생 정보와 저장한 파일명이 다를 경우 전송되지 않으므로 주의하시기 바랍니다.
- 답안 작성 중에도 **주기적으로 저장하고, '답안 전송'**하여야 문제 발생을 줄일 수 있습니다. 작업한 내용을 저장하지 않고 전송할 경우 이전에 저장된 내용이 전송되니 이점 유의하시기 바랍니다.
- 답안문서는 지정된 경로 외의 다른 보조기억장치에 저장하는 경우, 지정된 시험 시간 외에 작성된 파일을 활용할 경우, 기타 통신수단(이메일, 메신저, 네트워크 등)을 이용하여 타인에게 전달 또는 외부 반출하는 경우는 부정 처리합니다.
- 시험 중 부주의 또는 고의로 시스템을 파손한 경우는 수험자가 변상해야 하며, 〈수험자 유의사항〉에 기재된 방법대로 이행하지 않아 생기는 불이익은 수험생 당사자의 책임임을 알려 드립니다.
- 문제의 조건은 한컴오피스 NEO(2016) 버전으로 설정되어 있으니 유의하시기 바랍니다.
- 시험을 완료한 수험자는 답안파일이 전송되었는지 확인한 후 감독위원의 지시에 따라 문제지를 제출하고 퇴실합니다.

답안 작성요령

- **온라인 답안 작성 절차**
  수험자 등록 ⇒ 시험 시작 ⇒ 답안파일 저장 ⇒ 답안 전송 ⇒ 시험 종료
- **공통 부문**
- 글꼴에 대한 기본설정은 함초롬바탕, 10포인트, 검정, 줄간격 160%, 양쪽정렬로 합니다.
- 색상은 조건의 색을 적용하고 색의 구분이 안 될 경우에는 RGB 값을 적용하십시오
  (빨강 255,0,0 / 파랑 0,0,255 / 노랑 255,255,0).
- 각 문항에 주어진 ≪조건≫에 따라 작성하고 언급하지 않은 조건은 ≪출력형태≫와 같이 작성합니다.
- 용지여백은 왼쪽·오른쪽 11mm, 위쪽·아래쪽·머리말·꼬리말 10mm, 제본 0mm로 합니다.
- 그림 삽입 문제의 경우 「내 PC\문서\ITQ\Picture」 폴더에서 지정된 파일을 선택하여 삽입하십시오.
- 삽입한 그림은 반드시 문서에 포함하여 저장해야 합니다(미포함 시 감점 처리).
- 각 항목은 지정된 페이지에 출력형태와 같이 정확히 작성하시기 바라며, 그렇지 않을 경우에 해당 항목은 0점 처리됩니다.
  ※ 페이지구분 : 1페이지 – 기능평가 I (문제번호 표시 : 1. 2.),
  　　　　　　　 2페이지 – 기능평가 II (문제번호 표시 : 3. 4.),
  　　　　　　　 3페이지 – 문서작성 능력평가
- **기능평가**
- 문제와 ≪조건≫은 입력하지 않으며 문제번호와 답(≪출력형태≫)만 작성합니다.
- 4번 문제는 묶기를 했을 경우 0점 처리됩니다.
- **문서작성 능력평가**
- A4 용지(210mm×297mm) 1매 크기, 세로 서식 문서로 작성합니다.
- ☐ 표시는 문서작성에 대한 지시사항이므로 작성하지 않습니다.

그리기 도구 작업

정답파일 Part 1 출제 유형으로 정리하는 꼼꼼이론₩이론 답안.hwp

▶ 기적의 합격 강의

조건

(1) 그리기 도구를 이용하여 작성하고, 모든 도형(글맵시, 지정된 그림 포함)을 ≪출력형태≫와 같이 작성하시오.

(2) 도형의 면 색은 지시사항이 없으면 색 없음을 제외하고 서로 다르게 임의로 지정하시오.

출력형태

문제보기

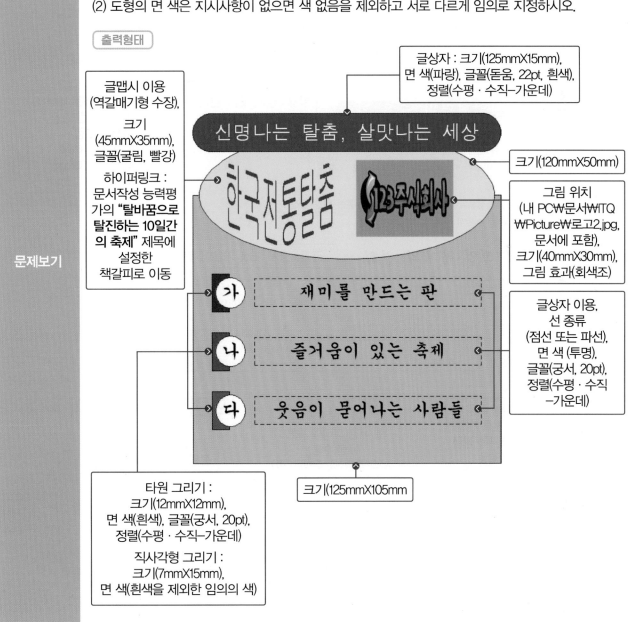

글맵시 이용
(역갈매기형 수장),
크기
(45mmX35mm),
글꼴(굴림, 빨강)

하이퍼링크 :
문서작성 능력평
가의 "탈바꿈으로
탈진하는 10일간
의 축제" 제목에
설정한
책갈피로 이동

글상자 : 크기(125mmX15mm),
면 색(파랑), 글꼴(돋움, 22pt, 흰색),
정렬(수평 · 수직–가운데)

신명나는 탈춤, 살맛나는 세상

크기(120mmX50mm)

그림 위치
(내 PC₩문서₩ITQ
₩Picture₩로고2.jpg,
문서에 포함),
크기(40mmX30mm),
그림 효과(회색조)

글상자 이용,
선 종류
(점선 또는 파선),
면 색 (투명),
글꼴(궁서, 20pt),
정렬(수평 · 수직
–가운데)

가 재미를 만드는 판

나 즐거움이 있는 축제

다 웃음이 묻어나는 사람들

타원 그리기 :
크기(12mmX12mm),
면 색(흰색), 글꼴(궁서, 20pt),
정렬(수평 · 수직–가운데)
직사각형 그리기 :
크기(7mmX15mm),
면 색(흰색을 제외한 임의의 색)

크기(125mmX105mm

글꼴 : 굴림, 18pt, 진하게, 가운데 정렬
책갈피 이름 : 산업혁명　　덧말 넣기

4차 산업혁명

문단 첫 글자 장식 기능
글꼴 : 궁서, 면색 : 노랑

머리말 기능
돋움, 10pt, 오른쪽 정렬

융합 기술 혁명
4차 산업혁명과 한국의 미래

각주

미래의 일자리는 200만 개가 새롭게 증가하지만 700만 개는 사라질 것으로 전망하면서 세계의 주목을 받았다. 현행 사무와 행정, 제조업 등의 일자리는 대규모로 감소할 것으로 예상되고 비즈니스, 금융, 컴퓨터 분야 등의 일자리가 새롭게 나타날 것으로 예상되었다. 4차 산업혁명⊙은 현재 청년 일자리 부족이 심각한 사회 문제로 제기(提起)되고 있는 한국에도 큰 시사점을 주고 있는 상황이다. 4차 산업혁명은 3차 산업혁명의 토대 위에 물리, 디지털, 바이오 기술의 융합을 특징으로 하고 있고, 교육에서도 이러닝 기반의 새로운 혁신(革新)이 예고되고 있다.

　정부에서는 4차 산업혁명 준비의 중요성을 인식하고 '4차 산업혁명과 한국의 미래'라는 주제로 미래 교육 포럼을 기획하고 있다. 미국, 독일 등 선진국과의 4차 산업혁명 준비 정도를 비교 및 점검하고 밝은 미래를 위해 한국이 준비해야 할 핵심 사항들을 분야별 전문가 강연을 통해 공유할 수 있는 장을 마련할 예정이다. 이번 행사는 과학기술정보통신부와 교육부가 공동 주최하고 4차산업혁명포럼추진위원회에서 추진할 계획이다. 이번 행사를 통해 우리 청소년들에게 불확실한 미래를 대비할 수 있는 기회가 제공되길 바란다.

그림위치(내 PC₩문서₩ITQ ₩Picture₩그림4.jpg, 문서에 포함) 자르기 기능 이용, 크기(40mm×35mm), 바깥 여백 왼쪽 : 2mm

★ **4차 산업혁명의 주요 기술**

글꼴 : 궁서, 18pt, 흰색
음영색 : 빨강

　① 디지털 기술
　　(ㄱ) 자료의 디지털화를 통한 복합적인 분석
　　(ㄴ) 사물 인터넷, 인공지능, 빅 데이터, 공유 플랫폼
　② 바이오 기술
　　(ㄱ) 생물학 정보의 분석 및 기술 정밀화를 통한 건강 증진
　　(ㄴ) 유전공학, 합성 생물학, 바이오 프린팅

★ *미래 직업 세계의 변화*

글꼴 : 궁서, 18pt, 기울임, 강조점

구분	분야	내용
세분화 및 전문화	기후변화 전문가	기후의 변화 요인을 파악하여 관련 정책을 수립하는 역할
	노년 플래너	노인들의 건강, 일, 경제, 정서 등의 업무를 전문적으로 수행
융합형	홀로그램 전시기획가	홀로그램 기술을 공연이나 전시에 활용하여 콘텐츠를 기획
	사용자 경험 디자이너	사용자의 경험을 중시하여 제품이나 서비스를 생산
과학기술 진보	아바타 개발자	인간의 뇌와 컴퓨터를 연계하여 가상 공간에서의 아바타 개발

문단 번호 기능 사용
1수준 : 20pt, 오른쪽 정렬,
2수준 : 30pt, 오른쪽 정렬
줄 간격 : 180%

표 전체 글꼴 : 굴림, 10pt,
가운데 정렬
셀 배경(그러데이션) :
유형(수평),
시작색(흰색), 끝색(노랑)

포럼추진위원회

글꼴 : 돋움, 24pt, 진하게
장평 105%, 오른쪽 정렬

⊙ 물질적 재화의 생산에 무생물적 자원을 광범위하게 이용하는 조직적 경제 과정

각주 구분선 : 5cm

쪽 번호 매기기
4로 시작　　iv

	기능	도구 상자, 바로 가기 키	메뉴
핵심기능	그리기 도구		
	(2개 이상의) 도형 선택	Shift +클릭	
	가로 글상자	▦, Ctrl + N , B	[입력]-[개체]-[글상자]
	도형 회전	ⓒ 개체 회전(T) ↩ 왼쪽으로 90도 회전(L) ↪ 오른쪽으로 90도 회전(R) ▷◁ 좌우 대칭(H) ▽ 상하 대칭(V)	
	도형 면 색 지정	◢ 색 없음 ◉ 다른 색... ✎ 다른 채우기(O)...	
	도형 복사	Ctrl +드래그	
	그림 삽입	▣, Ctrl + N , I	[입력]-[그림]-[그림]
	글맵시	개체	[입력]-[개체]-[글맵시]
	하이퍼링크	⊕, Ctrl + K , H	[입력]-[하이퍼링크]
	책갈피	▤, Ctrl + K , B	[입력]-[책갈피]

작업과정	바탕 도형 그리기 → 제목 글상자 → 글맵시 → 책갈피/하이퍼링크 → 그림 삽입 → 도형 그리기 → 도형 복사

03 다음 (1), (2)의 수식을 수식 편집기로 각각 입력하시오.　　　　　40점

출력형태

(1) $\dfrac{a^4}{T^2} - 1 = \dfrac{G}{4\pi^2}(M+m)$　　　　(2) $\displaystyle\int_0^1 (\sin x + \frac{x}{2})dx = \int_0^1 \frac{1+\sin x}{2}dx$

04 다음의 ≪조건≫에 따라 ≪출력형태≫와 같이 문서를 작성하시오.　　　　110점

조건

(1) 그리기 도구를 이용하여 작성하고, 모든 도형(글맵시, 지정된 그림 포함)을 ≪출력형태≫와 같이 작성하시오.

(2) 도형의 면색은 지시사항이 없으면 색 없음을 제외하고 서로 다르게 임의로 지정하시오.

출력형태

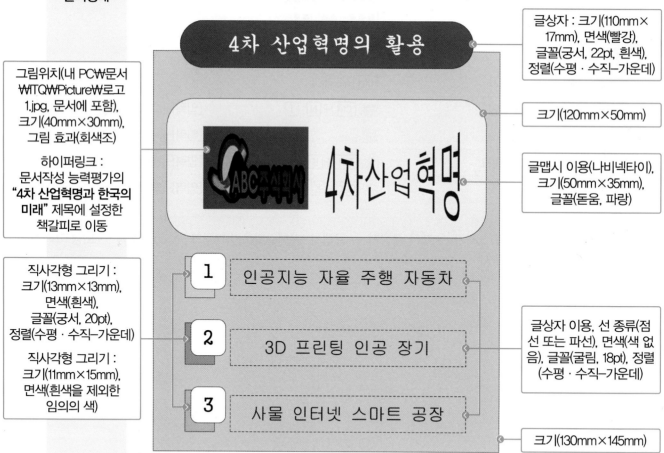

① 문제 번호 「4.」 옆에 마우스를 클릭하고, [Enter]를 눌러 다음 줄로 이동한다.

② [입력] 탭에서 [직사각형](□)을 클릭하여 사각형을 임의의 크기로 그린다. → 사각형을
더블 클릭하거나 마우스 오른쪽 단추를 클릭하여 [개체 속성]을 선택한다.

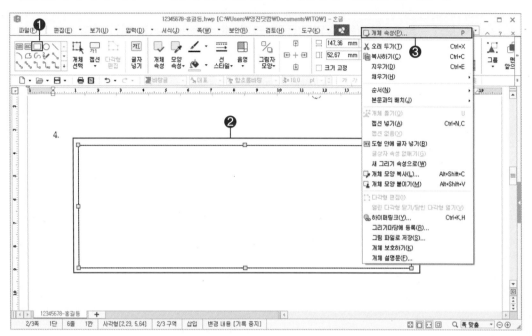

③ [개체 속성] 대화상자의 [기본] 탭에서 크기를 '125mm×105mm'로 설정
하고, '크기 고정'에 체크한다.

기적의 3초컷

도형이나 그림 작성 시 '크기
고정'에 체크하면 회전이나 이
동 등의 편집으로 인해 개체의
크기가 변경되는 것을 막을 수
있다. 시험에서 도형이나 그림
의 크기가 지시되므로 반드시
'크기 고정'에 체크한다.

01 다음의 ≪조건≫에 따라 스타일 기능을 적용하여 ≪출력형태≫와 같이 작성하시오.   **50**점

조건	(1) 스타일 이름 – revolution
	(2) 문단 모양 – 왼쪽 여백 : 15pt, 문단 아래 간격 : 10pt
	(3) 글자 모양 – 글꼴 : 한글(돋움)/영문(굴림), 크기 : 10pt, 장평 : 95%, 자간 : 5%

출력형태	The Fourth Industrial Revolution is the current trend of automation and data exchange in manufacturing technologies. It includes the internet of things and cloud computing.
	4차 산업혁명이란 유전자, 나노, 인공지능, 사물인터넷, 빅데이터, 모바일 등 모든 기술이 융합하여 물리학, 디지털, 생물학 분야가 상호 교류하여 파괴적 혁신을 일으키는 혁명이라 할 수 있다.

02 다음의 ≪조건≫에 따라 ≪출력형태≫와 같이 표와 차트를 작성하시오.   **100**점

표 조건	(1) 표 전체(표, 캡션) – 돋움, 10pt
	(2) 정렬 – 문자 : 가운데 정렬, 숫자 : 오른쪽 정렬
	(3) 셀 배경(면색) : 노랑
	(4) 한글의 계산 기능을 이용하여 빈칸에 합계를 구하고, 캡션 기능 사용할 것
	(5) 선 모양은 ≪출력형태≫와 동일하게 처리할 것

출력형태

4차 산업의 지역별 사업체수(단위 : 백 개)

구분	2017년	2018년	2019년	2020년	합계
대전	12	13	15	15	
부산	22	23	26	27	
대구	16	17	19	20	
인천	20	21	23	25	✕

차트 조건	(1) 차트 데이터는 표 내용에서 연도별 대전, 부산, 대구의 값만 이용할 것
	(2) 종류 – 〈묶은 가로 막대형〉으로 작업할 것
	(3) 제목 – 굴림, 진하게, 12pt, 배경 – 선 모양(한 줄로), 그림자(2pt)
	(4) 제목 이외의 전체 글꼴 – 굴림, 보통, 10pt
	(5) 축제목과 범례는 ≪출력형태≫와 동일하게 처리할 것

출력형태

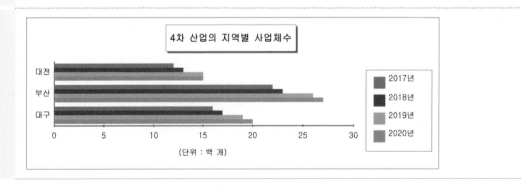

④ [선] 탭에서 선 모양을 설정하고, [채우기] 탭에서 면 색을 임의의 색으로
지정한다.

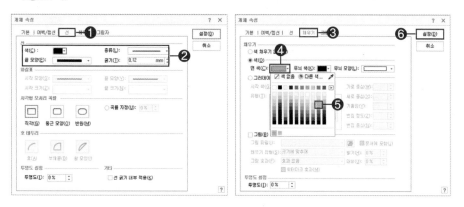

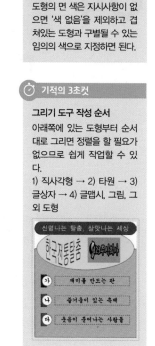
⑤ [입력] 탭에서 [타원](○)을 클릭하여 도형을 임의의 크기로 그린다. → 타
원을 더블 클릭하거나 마우스 오른쪽 단추를 클릭하여 [개체 속성]을 선
택한 후 [기본] 탭에서 크기를 '120mm×50mm'로 설정하고, '크기 고정'
에 체크한다. → 색은 임의로 지정한다.

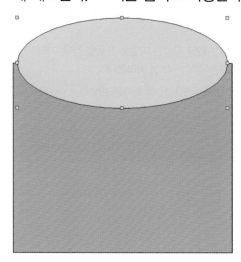

⑥ 출력형태를 참고하여 도형의 위치를 조절한다.

정답파일 Part 3 모의고사\모의고사 4회 답안.hwp

과목	코드	문제유형	시험시간	수험번호	성명
아래한글	1111	A	60분	20231004	홍길동

수험자 유의사항

- 수험자는 문제지를 받는 즉시 문제지와 **수험표상의 시험과목(프로그램)이 동일한지 반드시 확인**하여야 합니다.
- 파일명은 본인의 "수험번호-성명"으로 입력하여 답안폴더(내 PC\문서\ITQ)에 하나의 파일로 저장해야 하며, 답안문서 파일명이 "수험번호-성명"과 일치하지 않거나, 답안파일을 전송하지 않아 미제출로 처리될 경우 실격 처리합니다(예:12345678-홍길동.hwp).
- 답안 작성을 마치면 파일을 저장하고, '답안 전송' 버튼을 선택하여 감독위원 PC로 답안을 전송하십시오. 수험생 정보와 저장한 파일명이 다를 경우 전송되지 않으므로 주의하시기 바랍니다.
- 답안 작성 중에도 **주기적으로 저장하고, '답안 전송'**하여야 문제 발생을 줄일 수 있습니다. 작업한 내용을 저장하지 않고 전송할 경우 이전에 저장된 내용이 전송되니 이점 유의하시기 바랍니다.
- 답안문서는 지정된 경로 외의 다른 보조기억장치에 저장하는 경우, 지정된 시험 시간 외에 작성된 파일을 활용할 경우, 기타 통신수단(이메일, 메신저, 네트워크 등)을 이용하여 타인에게 전달 또는 외부 반출하는 경우는 부정 처리합니다.
- 시험 중 부주의 또는 고의로 시스템을 파손한 경우는 수험자가 변상해야 하며, 〈수험자 유의사항〉에 기재된 방법대로 이행하지 않아 생기는 불이익은 수험생 당사자의 책임임을 알려 드립니다.
- 문제의 조건은 한컴오피스 NEO(2016) 버전으로 설정되어 있으니 유의하시기 바랍니다.
- 시험을 완료한 수험자는 답안파일이 전송되었는지 확인한 후 감독위원의 지시에 따라 문제지를 제출하고 퇴실합니다.

답안 작성요령

- **온라인 답안 작성 절차**
  수험자 등록 ⇒ 시험 시작 ⇒ 답안파일 저장 ⇒ 답안 전송 ⇒ 시험 종료
- **공통 부문**
  – 글꼴에 대한 기본설정은 함초롬바탕, 10포인트, 검정, 줄간격 160%, 양쪽정렬로 합니다.
  – 색상은 조건의 색을 적용하고 색의 구분이 안 될 경우에는 RGB 값을 적용하십시오
    (빨강 255,0,0 / 파랑 0,0,255 / 노랑 255,255,0).
  – 각 문항에 주어진 ≪조건≫에 따라 작성하고 언급하지 않은 조건은 ≪출력형태≫와 같이 작성합니다.
  – 용지여백은 왼쪽·오른쪽 11mm, 위쪽·아래쪽·머리말·꼬리말 10mm, 제본 0mm로 합니다.
  – 그림 삽입 문제의 경우 「내 PC\문서\ITQ\Picture」 폴더에서 지정된 파일을 선택하여 삽입하십시오.
  – 삽입한 그림은 반드시 문서에 포함하여 저장해야 합니다(미포함 시 감점 처리).
  – 각 항목은 지정된 페이지에 출력형태와 같이 정확히 작성하시기 바라며, 그렇지 않을 경우에 해당 항목은 0점 처리됩니다.
    ※ 페이지구분 : 1페이지 – 기능평가 I (문제번호 표시 : 1, 2.),
                    2페이지 – 기능평가 II (문제번호 표시 : 3, 4.),
                    3페이지 – 문서작성 능력평가
- **기능평가**
  – 문제와 ≪조건≫은 입력하지 않으며 문제번호와 답(≪출력형태≫)만 작성합니다.
  – 4번 문제는 묶기를 했을 경우 0점 처리됩니다.
- **문서작성 능력평가**
  – A4 용지(210mm×297mm) 1매 크기, 세로 서식 문서로 작성합니다.
  – ☐ 표시는 문서작성에 대한 지시사항이므로 작성하지 않습니다.

① Ctrl+N, B를 누르거나 [도형] 탭(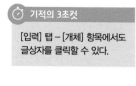)에서 [가로 글상자](▤)를 클릭 하여 글상자를 그린다.

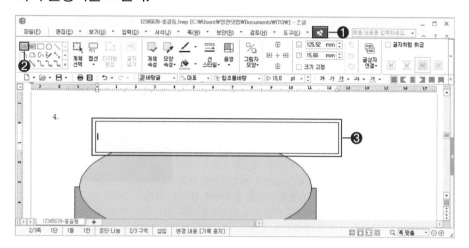

② 글상자를 선택한 후 마우스 오른쪽 단추를 클릭하여 [개체 속성]을 선택 한다. → [기본] 탭에서 크기를 '125mm×15mm'로 지정하고, '크기 고정' 에 체크한다.

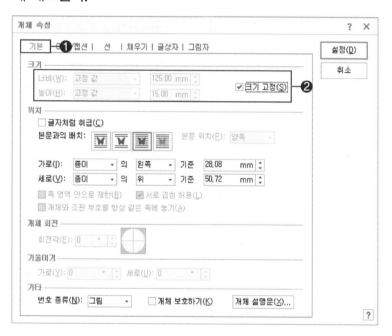

문단 첫 글자 장식 기능
글꼴 : 궁서, 면색 : 노랑

글꼴 : 굴림, 18pt, 진하게, 가운데 정렬
책갈피 이름 : 소하천   덧말 넣기

소하천 수질개선

머리말 기능
돋움, 10pt, 오른쪽 정렬

강원 산간지역
민관거버넌스 프로그램 구축

각주

강 원 산간지역의 하천 수질은 점오염원보다는 농업비점오염 및 농촌비점오염원의 유입으로 인한 오염(汚染)이 매우 크다. 지형 경사가 큰 산간지역의 특성으로 인하여 우기 시 다량으로 유출되는 토사가 하천으로 유입되면서 수질을 오염시키고, 하류지역 농경지에 토사가 퇴적/매몰되어 부정적인 영향을 미치고 있다. 비점오염원ⓐ의 특성상 배출범위가 광범위하여 수집을 통한 관리가 불가능한 것이 현실이다.

정부에서는 비점오염원 배출 저감을 위한 다양한 방안을 강구하였으나 효과(效果)를 보지 못하였고, 이에 농업비점오염원 배출 저감을 위한 배출원에서부터 사전 예방적 차원의 관리가 중요하다는 것을 인지하게 되었으며, 이를 위해서는 주민과 농업인의 비점오염원 배출 저감 교육과 홍보가 필요하고 주민의 적극적 참여가 매우 중요하다는 것을 강조하게 되었다. 따라서 소하천 수질 관리를 위해서 농업농촌비점오염의 사전 예방적 관리에 주민과 농업인의 적극적 참여를 유도해야 한다. 또한 고령화되는 농촌지역의 특성을 감안한 역량강화 프로그램을 개발 및 운영하여 주민 스스로 지역 환경을 개선하고 지켜나갈 수 있도록 주민의 관심을 유도하는 것이 필요하다.

글꼴 : 궁서, 18pt, 흰색
음영색 : 빨강

※ 주민참여 공론장의 목적 및 주요 내용

가. 주민참여 공론장의 목적
　　㉠ 강원산간 흙탕물 발생 및 수질오염에 대한 의견 공유
　　㉡ 소하천 수질개선을 위한 공동의 목표 수립
나. 주민참여 공론장의 주요 내용
　　㉠ 간담회를 통한 소하천 문제점 공유 및 개선안 논의
　　㉡ 수질오염 개선방안을 위한 공론장 운영

그림위치(내 PC\문서\ITQ
\Picture\그림4.jpg, 문서에 포함)
자르기 기능 이용,
크기(40mm×40mm),
바깥 여백 왼쪽 : 2mm

※ 비점오염원 인식교육

글꼴 : 궁서, 18pt, 기울임, 강조점

구분	교육주제	교육내용	장소
정화활동	수질개선 EM교육	도시의 평균대기질 농도 파악	거주민 인근하천
주민참여	인식개선 교육	미생물을 이용한 쌀뜨물 발효액 만들기	주민센터 교육장
주민실천	실생활 적용교육	토사유출 및 농업비점오염원 관리 필요성	평생교육기관
실천심화	역량강화 교육	비점오염원 저감 시설의 주민참여 관리 방안	평생교육기관
교육시기 운영계획		강원 산간 지역의 주민실천 사업은 농사시기를 고려할 것	

문단 번호 기능 사용
1수준 : 20pt, 오른쪽 정렬,
2수준 : 30pt, 오른쪽 정렬
줄 간격 : 180%

원주지방환경청

글꼴 : 돋움, 24pt, 진하게
장평 105%, 오른쪽 정렬

표 전체 글꼴 : 굴림, 10pt, 가운데 정렬
셀 배경(그러데이션) : 유형(수평),
　　　　시작색(흰색), 끝색(노랑)

㉠ 불특정장소에서 불특정하게 수질오염물질을 배출하는 배출원

각주 구분선 : 5cm

쪽 번호 매기기
6으로 시작 ⑥

③ [선] 탭에서 사각형 모서리 곡률을 '반원'으로 선택하고, [채우기] 탭에서 면 색을 '오피스' 색상 테마의 '파랑'으로 선택한다.

🕐 기적의 3초컷

파랑, 빨강 등의 색상은 [색상 테마](▣)를 클릭하여 '오피스' 테마를 선택하면 쉽게 찾을 수 있다.

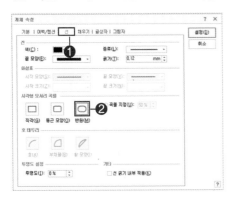
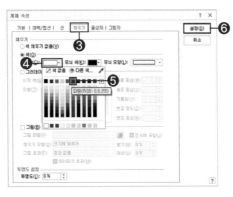

④ 제목 「신명나는 탈춤, 살맛나는 세상」을 입력한다.

⑤ 입력한 제목을 블록 설정하고, [서식] 도구상자에서 '돋움', '22pt', 글자색 '흰색', '가운데 정렬'(≡)을 설정한다.

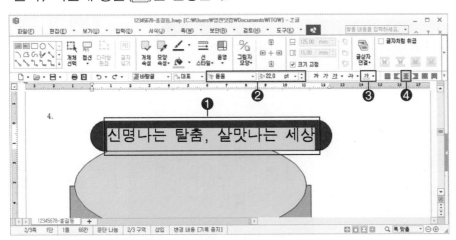

⑥ 블록 설정을 해제하여 설정한 글꼴과 정렬을 확인하고 도형 위치를 조정한다.

03 다음 (1), (2)의 수식을 수식 편집기로 각각 입력하시오.   40점

(1) $\dfrac{V_2}{V_1} = \dfrac{0.90 \times 10^3}{1.0 \times 10^3} = 0.80$

(2) $\displaystyle\int_a^b A(x-a)(x-b)dx = -\dfrac{A}{6}(b-a)^3$

04 다음의 ≪조건≫에 따라 ≪출력형태≫와 같이 문서를 작성하시오.   110점

조건
(1) 그리기 도구를 이용하여 작성하고, 모든 도형(글맵시, 지정된 그림 포함)을 ≪출력형태≫와 같이 작성하시오.
(2) 도형의 면색은 지시사항이 없으면 색 없음을 제외하고 서로 다르게 임의로 지정하시오.

출력형태

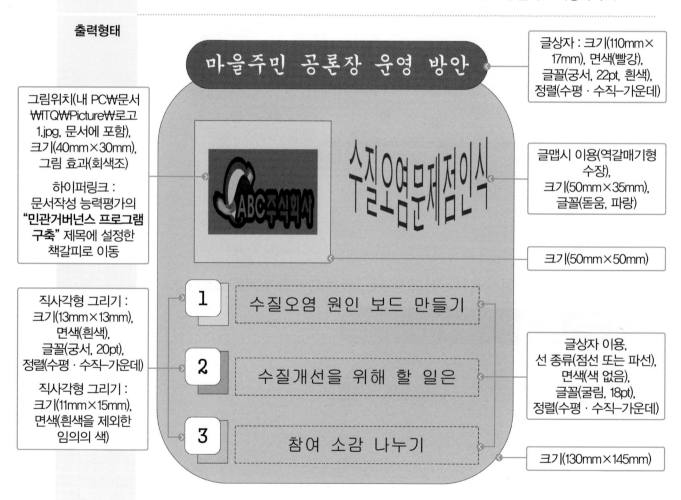

① [입력] 탭 – [개체] 항목 – [글맵시]()를 선택한다.

② [글맵시 만들기] 대화상자의 내용에 「한국전통탈춤」을 입력하고, '굴림'을 지정한 후 글맵시 모양을 '(▥)(역갈매기형 수장)'으로 설정한다.

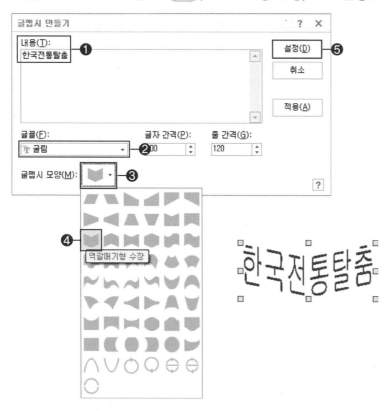

③ [글맵시] 탭에서 [채우기]()를 클릭하여 면 색을 '빨강'으로 설정하고, 크기는 '45mm×35mm'로 입력한 후, '크기 고정'에 체크한다. → 「한국전통탈춤」에 마우스 오른쪽 단추를 클릭하여 [본문과의 배치] – [글 앞으로]를 선택한다.

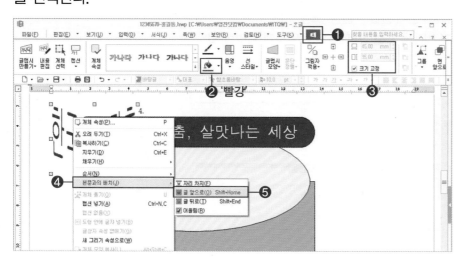

01 다음의 ≪조건≫에 따라 스타일 기능을 적용하여 ≪출력형태≫와 같이 작성하시오.   50점

조건	(1) 스타일 이름 – governance (2) 문단 모양 – 왼쪽 여백 : 15pt, 문단 아래 간격 : 10pt (3) 글자 모양 – 글꼴 : 한글(돋움)/영문(굴림), 크기 : 10pt, 장평 : 95%, 자간 : 5%
출력형태	Create a framework for governance that forms a private council that links local resources and improves the water quality of private small rivers, centered on local residents. 소하천 지역 주민과 농업인율 중심으로 하는 민간 소하천 수질개선 지역공동체 구성과 지역자원을 연계한 민간 협의체를 구성하는 거버넌스 프레임 워크를 만듭니다.

02 다음의 ≪조건≫에 따라 ≪출력형태≫와 같이 표와 차트를 작성하시오.   100점

표 조건	(1) 표 전체(표, 캡션) – 돋움, 10pt (2) 정렬 – 문자 : 가운데 정렬, 숫자 : 오른쪽 정렬 (3) 셀 배경(면색) : 노랑 (4) 한글의 계산 기능을 이용하여 빈칸에 합계를 구하고, 캡션 기능 사용할 것 (5) 선 모양은 ≪출력형태≫와 동일하게 처리할 것

출력형태

전국 수계 수질개선 지역공동체 현황(단위: 개)

구분	한강	낙동강	금강	섬진강	합계
환경시민단체	21	13	18	10	
지역마을주민	34	21	16	9	
교육기관	45	28	15	11	
정화시설	9	5	3	2	✕

차트 조건	(1) 차트 데이터는 표 내용에서 구분별 환경시민단체, 지역마을주민, 교육기관의 값만 이용할 것 (2) 종류 – 〈묶은 가로 막대형〉으로 작업할 것 (3) 제목 – 굴림, 진하게, 12pt, 배경 – 선 모양(한 줄로), 그림자(2pt) (4) 제목 이외의 전체 글꼴 – 굴림, 보통, 10pt (5) 축제목과 범례는 ≪출력형태≫와 동일하게 처리할 것

출력형태

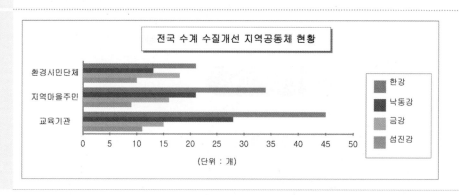

④ 출력 형태를 참고하여 글맵시 개체를 드래그하여 이동시킨다.

① 책갈피를 설정하기 위해 3페이지의 '문서작성 능력평가' 첫줄에 「탈바꿈
으로 탈진하는 10일간의 축제」를 입력한다. → [입력] 탭 – [책갈피](📖)를
선택한다.

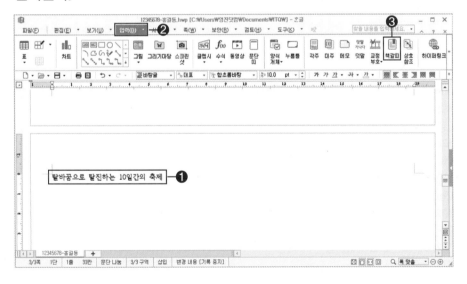

⏱ 기적의 3초컷

하이퍼링크를 지정하기 전에
책갈피(문서작성 능력평가)가
먼저 설정되어 있어야 하이퍼
링크를 지정할 수 있다. 책갈
피 설정 시 3페이지의 제목부
터 먼저 입력하고 문제 풀이를
하면 하이퍼링크 설정을 잊지
않고 처리할 수 있다.

💡 왜 안될까요?

책갈피가 보이지 않아요!
[보기] – [조판 부호]를 선택한
상태에서 책갈피를 입력한 부
분을 확인하면 [책갈피]라고
표시되어 있습니다.

03 모의고사 3회

▶ 기적의 합격 강의

정답파일 Part 3 모의고사\모의고사 3회 답안.hwp

과목	코드	문제유형	시험시간	수험번호	성명
아래한글	1111	A	60분	20231003	홍길동

수험자 유의사항

- 수험자는 문제지를 받는 즉시 문제지와 **수험표상의 시험과목(프로그램)이 동일한지 반드시 확인**하여야 합니다.
- 파일명은 본인의 "수험번호-성명"으로 입력하여 답안폴더(내 PC\문서\ITQ)에 하나의 파일로 저장해야 하며, 답안문서 파일명이 "수험번호-성명"과 일치하지 않거나, 답안파일을 전송하지 않아 미제출로 처리될 경우 실격 처리합니다(예:12345678-홍길동.hwp).
- 답안 작성을 마치면 파일을 저장하고, '답안 전송' 버튼을 선택하여 감독위원 PC로 답안을 전송하십시오. 수험생 정보와 저장한 파일명이 다를 경우 전송되지 않으므로 주의하시기 바랍니다.
- 답안 작성 중에도 **주기적으로 저장하고, '답안 전송'**하여야 문제 발생을 줄일 수 있습니다. 작업한 내용을 저장하지 않고 전송할 경우 이전에 저장된 내용이 전송되니 이점 유의하시기 바랍니다.
- 답안문서는 지정된 경로 외의 다른 보조기억장치에 저장하는 경우, 지정된 시험 시간 외에 작성된 파일을 활용할 경우, 기타 통신수단(이메일, 메신저, 네트워크 등)을 이용하여 타인에게 전달 또는 외부 반출하는 경우는 부정 처리합니다.
- 시험 중 부주의 또는 고의로 시스템을 파손한 경우는 수험자가 변상해야 하며, 〈수험자 유의사항〉에 기재된 방법대로 이행하지 않아 생기는 불이익은 수험생 당사자의 책임임을 알려 드립니다.
- 문제의 조건은 한컴오피스 NEO(2016) 버전으로 설정되어 있으니 유의하시기 바랍니다.
- 시험을 완료한 수험자는 답안파일이 전송되었는지 확인한 후 감독위원의 지시에 따라 문제지를 제출하고 퇴실합니다.

답안 작성요령

- **온라인 답안 작성 절차**
  - 수험자 등록 ⇒ 시험 시작 ⇒ 답안파일 저장 ⇒ 답안 전송 ⇒ 시험 종료
- **공통 부문**
  - 글꼴에 대한 기본설정은 함초롬바탕, 10포인트, 검정, 줄간격 160%, 양쪽정렬로 합니다.
  - 색상은 조건의 색을 적용하고 색의 구분이 안 될 경우에는 RGB 값을 적용하십시오
    (빨강 255,0,0 / 파랑 0,0,255 / 노랑 255,255,0).
  - 각 문항에 주어진 ≪조건≫에 따라 작성하고 언급하지 않은 조건은 ≪출력형태≫와 같이 작성합니다.
  - 용지여백은 왼쪽·오른쪽 11mm, 위쪽·아래쪽·머리말·꼬리말 10mm, 제본 0mm로 합니다.
  - 그림 삽입 문제의 경우 「내 PC\문서\ITQ\Picture」 폴더에서 지정된 파일을 선택하여 삽입하십시오.
  - 삽입한 그림은 반드시 문서에 포함하여 저장해야 합니다(미포함 시 감점 처리).
  - 각 항목은 지정된 페이지에 출력형태와 같이 정확히 작성하시기 바라며, 그렇지 않을 경우에 해당 항목은 0점 처리됩니다.
    ※ 페이지구분 : 1페이지 – 기능평가 I (문제번호 표시 : 1. 2.),
    　　　　　　　2페이지 – 기능평가 II (문제번호 표시 : 3. 4.),
    　　　　　　　3페이지 – 문서작성 능력평가
- **기능평가**
  - 문제와 ≪조건≫은 입력하지 않으며 문제번호와 답(≪출력형태≫)만 작성합니다.
  - 4번 문제는 묶기를 했을 경우 0점 처리됩니다.
- **문서작성 능력평가**
  - A4 용지(210mm×297mm) 1매 크기, 세로 서식 문서로 작성합니다.
  - ▭ 표시는 문서작성에 대한 지시사항이므로 작성하지 않습니다.

② [책갈피] 대화상자에서 책갈피 이름 「탈춤축제」를 입력하고 [넣기]를 클릭한다.

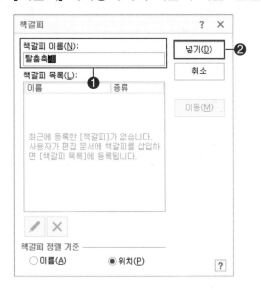

③ 하이퍼링크를 설정할 글맵시를 클릭하고 [입력] 탭 – [하이퍼링크](🌐)를 선택한다.

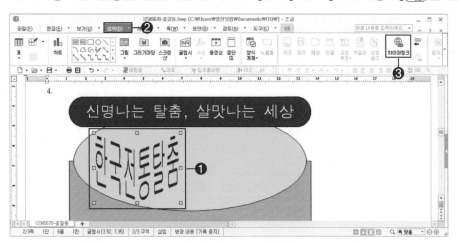

④ [하이퍼링크] 대화상자에서 연결 대상을 '탈춤축제'로 선택하고 [넣기]를 클릭한다.

글꼴 : 궁서, 18pt, 진하게, 가운데 정렬
책갈피 이름 : 평생교육　　덧말 넣기

문단 첫 글자 장식 기능
글꼴 : 돋움, 면색 : 노랑

배우는 기쁨
100세 시대 평생교육 활성화

평생교육

머리말 기능
굴림, 10pt, 오른쪽 정렬

각주

현 대사회를 학습과 교육적 시각에서 보면 현대사회는 지식근로자를 필요로 하는 지식기반사회이다. 평생교육ⓙ은 100세 시대에 그 중요성이 더욱 강조되고 있다. 평생교육에 대한 수요(需要)가 지속적으로 증가하고 있지만 단기 성과 위주로 운영되는 한계점을 보이고 있다. 중장년의 재취업 요구 증가 등 평생교육의 수요 변화로 장기적인 성과를 위한 프로그램이 요구되고 있으나 문화예술교육이나 인문교양교육 중심으로 교육프로그램이 운영되고 있으며 지역별 평생교육 전문 인력도 크게 부족한 상황이다.

　우리나라의 평생교육 프로그램의 유형을 분석한 결과 문화예술교육, 인문교양교육, 직업능력교육, 시민참여교육의 순서로 나타났다. 특히, 중장년의 인생이모작을 위한 재취업 요구의 증가 등 평생교육 수요 변화에 맞춰 장기적 성과를 위해 학력보완교육, 기초문해교육 등을 보완하고 직업능력교육 강화에 역점을 둘 필요성이 제기되었다. 정부는 평생교육의 중요성을 인식하고 평생학습을 통한 삶의 질 향상, 인생 제2막을 위한 고용가능성 증진, 사회통합 증진, 지속가능한 발전이 국민의 행복을 보장한다고 보고 100세 시대 국가평생학습체제 구축(構築)을 중요 과제로 선정하였다.

그림위치(내 PC\문서\ITQ
\Picture\그림5.jpg,
문서에 포함)
자르기 기능 이용,
크기(40mm×40mm),
바깥 여백 왼쪽 : 2mm

★ 2021 국가평생학습박람회

글꼴 : 굴림, 18pt, 흰색
음영색 : 파랑

　　A. 주제 및 기간
　　　1. 주제 : 배움으로 성장하는 평생학습
　　　2. 기간 : 2021. 3. 15.(월) - 3. 19.(금)
　　B. 주최 및 장소
　　　1. 주최 : 경기도 고양시 일산서구
　　　2. 장소 : 박람회 전시관 태평양홀

★ *평생교육 주제별 프로그램*

글꼴 : 굴림, 18pt, 기울임, 강조점

평생교육관		직업능력 특별관	
문해교육	한글교육 등	재취업 교육	재취업을 위한 이직, 전직 프로그램
인문교육	인문학 등	창업 교육	창업, 창직 및 폐업 관련 프로그램
교양교육	국제 예절 등	귀농 교육	귀농, 귀촌 교육 프로그램
시민교육	세계시민교육 등	사회공헌 교육	사회봉사 등 사회공헌 프로그램
평생학습 추구		인생 2막 준비	

문단 번호 기능 사용
1수준 : 20pt,
오른쪽 정렬,
2수준 : 30pt,
오른쪽 정렬
줄 간격 : 180%

표 전체 글꼴 : 돋움, 10pt, 가운데 정렬
셀 배경(그러데이션) : 유형(수평),
시작색(흰색), 끝색(노랑)

평생교육박람위원회

글꼴 : 궁서, 24pt, 진하게
장평 95%, 오른쪽 정렬

ⓙ 유아에서 시작하여 노년에 이르기까지 평생에 걸친 교육

각주 구분선 : 5cm

쪽 번호 매기기, 2로 시작　　ii

⑤ 하이퍼링크가 설정되면 글맵시 선택을 해제하고 마우스 포인터를 가져갔을 때 마우스 포인터의 모양이 손 모양으로 바뀐다.

① [Ctrl]+[N], [I]를 누르거나 [입력] 탭 – [그림](🖼️)을 선택한다.

② '내 PC₩문서₩ITQ₩Picture' 폴더에서 문제에서 제시한 '로고2.jpg'를 선택하고, '문서에 포함'에 체크한다. → [넣기]를 클릭하고 마우스로 여백에 드래그하여 그림을 삽입한다.

> 💡 **왜 안될까요?**
>
> **삽입된 그림이 □로 나와요!**
> 그림 보기가 설정되지 않았기 때문입니다. [보기] 탭 – [그림]을 선택하여 체크하세요.

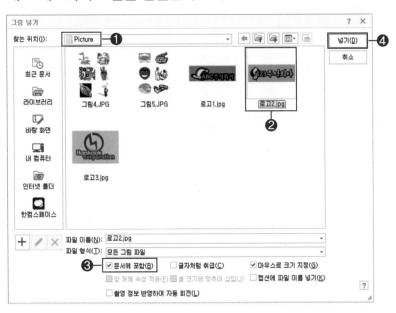

03 다음 (1), (2)의 수식을 수식 편집기로 각각 입력하시오.   40점

출력형태

(1) $\dfrac{h_1}{h_2} = (\sqrt{a})^{M_2 - M_1} \fallingdotseq 2.5^{M_2 - M_1}$

(2) $\displaystyle\sum_{k=1}^{n} k^3 = \dfrac{n(n+1)}{2} = \sum_{k=1}^{n} k$

04 다음의 ≪조건≫에 따라 ≪출력형태≫와 같이 문서를 작성하시오.   110점

조건

(1) 그리기 도구를 이용하여 작성하고, 모든 도형(글맵시, 지정된 그림 포함)을 ≪출력형태≫와 같이 작성하시오.

(2) 도형의 면색은 지시사항이 없으면 색 없음을 제외하고 서로 다르게 임의로 지정하시오.

출력형태

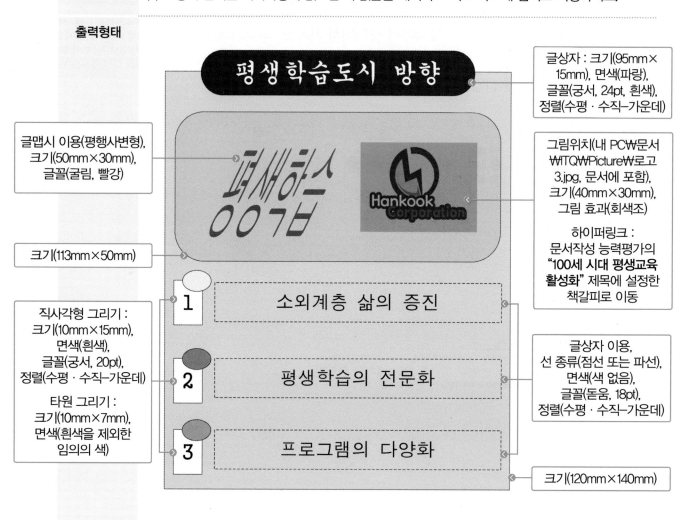

글상자 : 크기(95mm×15mm), 면색(파랑), 글꼴(궁서, 24pt, 흰색), 정렬(수평·수직-가운데)

글맵시 이용(평행사변형), 크기(50mm×30mm), 글꼴(굴림, 빨강)

크기(113mm×50mm)

그림위치(내 PC₩문서 ₩ITQ₩Picture₩로고 3.jpg, 문서에 포함), 크기(40mm×30mm), 그림 효과(회색조)

하이퍼링크 : 문서작성 능력평가의 "100세 시대 평생교육 활성화" 제목에 설정한 책갈피로 이동

직사각형 그리기 : 크기(10mm×15mm), 면색(흰색), 글꼴(궁서, 20pt), 정렬(수평·수직-가운데)

타원 그리기 : 크기(10mm×7mm), 면색(흰색을 제외한 임의의 색)

글상자 이용, 선 종류(점선 또는 파선), 면색(색 없음), 글꼴(돋움, 18pt), 정렬(수평·수직-가운데)

크기(120mm×140mm)

③ 마우스 오른쪽 단추를 클릭하여 [개체 속성]을 선택하고 [기본] 탭에서 크기를 '40mm×30mm'로 지정한다. '크기 고정'에 체크한 후 본문과의 배치는 '글 앞으로'를 설정한다.

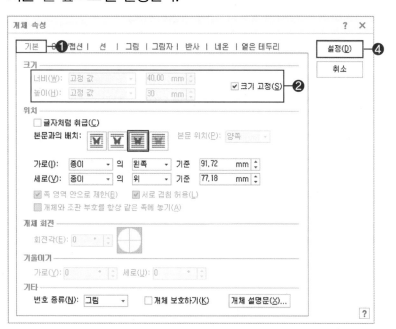

④ 그림의 위치를 조정하고 [그림] 탭(🔘) – [색조 조정] – [회색조]를 선택한다.

01 다음의 ≪조건≫에 따라 스타일 기능을 적용하여 ≪출력형태≫와 같이 작성하시오.　　50점

조건	(1) 스타일 이름 – lifelong (2) 문단 모양 – 첫 줄 들여쓰기 : 10pt, 문단 아래 간격 : 10pt (3) 글자 모양 – 글꼴 : 한글(굴림)/영문(돋움), 크기 : 10pt, 장평 : 105%, 자간 : –5%
출력형태	Lifelong education is the "ongoing, voluntary" pursuit of knowledge for either personal or professional reasons. Therefore, it not only enhances social inclusion, but also self sustainability. 　학교교육과 사회교육을 포함하는 평생교육은 개인의 전 생애에 걸쳐 사회, 경제, 문화적으로 발달하는 것을 돕는다. 백세시대를 맞아 평생교육이 중요해지고 있으며 평생교육의 실현을 위한 다각적 방법이 필요하다.

02 다음의 ≪조건≫에 따라 ≪출력형태≫와 같이 표와 차트를 작성하시오.　　100점

표 조건	(1) 표 전체(표, 캡션) – 돋움, 10pt (2) 정렬 – 문자 : 가운데 정렬, 숫자 : 오른쪽 정렬 (3) 셀 배경(면색) : 노랑 (4) 한글의 계산 기능을 이용하여 빈칸에 평균(소수점 두 자리)을 구하고, 캡션 기능 사용할 것 (5) 선 모양은 ≪출력형태≫와 동일하게 처리할 것

출력형태

연도별 평생교육 학습자 수(단위 : 십 명)

지역	2016년	2017년	2018년	2019년	평균
서울	5,110	8,122	9,802	9,302	
부산	3,174	4,541	4,621	4,502	
대구	3,892	3,470	4,553	4,972	
경기	11,021	13,040	1,860	1,820	

차트 조건	(1) 차트 데이터는 표 내용에서 연도별 서울, 부산, 대구의 값만 이용할 것 (2) 종류 – 〈묶은 가로 막대형〉으로 작업할 것 (3) 제목 – 궁서, 진하게, 12pt, 배경 – 선 모양(한 줄로), 그림자(2pt) (4) 제목 이외의 전체 글꼴 – 궁서, 보통, 10pt (5) 축제목과 범례는 ≪출력형태≫와 동일하게 처리할 것

출력형태

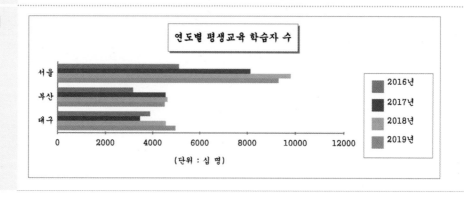

① [입력] 탭에서 [직사각형](▢)을 클릭하여 임의의 크기로 도형을 그린 후, 마우스 오른쪽 단추를 클릭하여 [개체 속성]을 선택한다.

② [개체 속성] 대화상자에서 크기를 '7mm×15mm'로 지정하고, '크기 고정'에 체크한 후 [채우기] 탭에서 면 색을 임의의 색으로 설정한다.

기적의 3초컷

도형의 면 색
특별한 지시사항이 없는 한 '색 없음'을 제외하고 서로 다르게 임의로 지정한다.

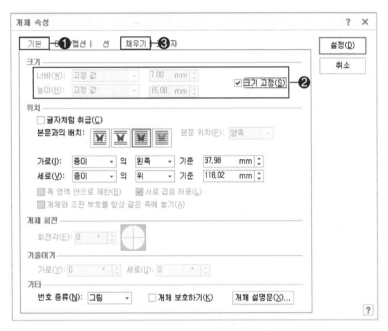

③ [입력] 탭에서 [타원](◯)을 클릭하여 그린 후, 마우스 오른쪽을 클릭한다.

④ [개체 속성]을 선택하고 [기본] 탭에서 크기를 '12mm×12mm'로 지정하고, '크기 고정'에 체크한다.

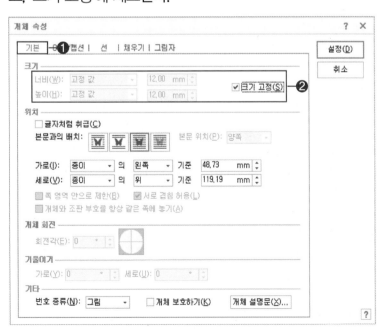

정답파일 Part 3 모의고사₩모의고사 2회 답안.hwp

과목	코드	문제유형	시험시간	수험번호	성명
아래한글	1111	A	60분	20231002	홍길동

수험자 유의사항

- 수험자는 문제지를 받는 즉시 문제지와 **수험표상의 시험과목(프로그램)이 동일한지 반드시 확인**하여야 합니다.
- 파일명은 본인의 "수험번호─성명"으로 입력하여 답안폴더(내 PC₩문서₩ITQ)에 하나의 파일로 저장해야 하며, 답안문서 파일명이 "수험번호─성명"과 일치하지 않거나, 답안파일을 전송하지 않아 미제출로 처리될 경우 실격 처리합니다(예:12345678─홍길동.hwp).
- 답안 작성을 마치면 파일을 저장하고, '답안 전송' 버튼을 선택하여 감독위원 PC로 답안을 전송하십시오. 수험생 정보와 저장한 파일명이 다를 경우 전송되지 않으므로 주의하시기 바랍니다.
- 답안 작성 중에도 **주기적으로 저장하고, '답안 전송'**하여야 문제 발생을 줄일 수 있습니다. 작업한 내용을 저장하지 않고 전송할 경우 이전에 저장된 내용이 전송되니 이점 유의하시기 바랍니다.
- 답안문서는 지정된 경로 외의 다른 보조기억장치에 저장하는 경우, 지정된 시험 시간 외에 작성된 파일을 활용할 경우, 기타 통신수단(이메일, 메신저, 네트워크 등)을 이용하여 타인에게 전달 또는 외부 반출하는 경우는 부정 처리합니다.
- 시험 중 부주의 또는 고의로 시스템을 파손한 경우는 수험자가 변상해야 하며, 〈수험자 유의사항〉에 기재된 방법대로 이행하지 않아 생기는 불이익은 수험생 당사자의 책임임을 알려 드립니다.
- 문제의 조건은 한컴오피스 NEO(2016) 버전으로 설정되어 있으니 유의하시기 바랍니다.
- 시험을 완료한 수험자는 답안파일이 전송되었는지 확인한 후 감독위원의 지시에 따라 문제지를 제출하고 퇴실합니다.

답안 작성요령

- **온라인 답안 작성 절차**
  수험자 등록 ⇒ 시험 시작 ⇒ 답안파일 저장 ⇒ 답안 전송 ⇒ 시험 종료
- **공통 부문**
- 글꼴에 대한 기본설정은 함초롬바탕, 10포인트, 검정, 줄간격 160%, 양쪽정렬로 합니다.
- 색상은 조건의 색을 적용하고 색의 구분이 안 될 경우에는 RGB 값을 적용하십시오
  (빨강 255,0,0 / 파랑 0,0,255 / 노랑 255,255,0).
- 각 문항에 주어진 ≪조건≫에 따라 작성하고 언급하지 않은 조건은 ≪출력형태≫와 같이 작성합니다.
- 용지여백은 왼쪽·오른쪽 11mm, 위쪽·아래쪽·머리말·꼬리말 10mm, 제본 0mm로 합니다.
- 그림 삽입 문제의 경우 「내 PC₩문서₩ITQ₩Picture」 폴더에서 지정된 파일을 선택하여 삽입하십시오.
- 삽입한 그림은 반드시 문서에 포함하여 저장해야 합니다(미포함 시 감점 처리).
- 각 항목은 지정된 페이지에 출력형태와 같이 정확히 작성하시기 바라며, 그렇지 않을 경우에 해당 항목은 0점 처리됩니다.
  ※ 페이지구분 : 1페이지 – 기능평가 I (문제번호 표시 : 1. 2.),
  　　　　　　　 2페이지 – 기능평가 II (문제번호 표시 : 3. 4.),
  　　　　　　　 3페이지 – 문서작성 능력평가
- **기능평가**
- 문제와 ≪조건≫은 입력하지 않으며 문제번호와 답(≪출력형태≫)만 작성합니다.
- 4번 문제는 묶기를 했을 경우 0점 처리됩니다.
- **문서작성 능력평가**
- A4 용지(210mm×297mm) 1매 크기, 세로 서식 문서로 작성합니다.
- ☐ 표시는 문서작성에 대한 지시사항이므로 작성하지 않습니다.

⑤ [채우기] 탭에서 면 색을 '흰색'으로 설정한다.

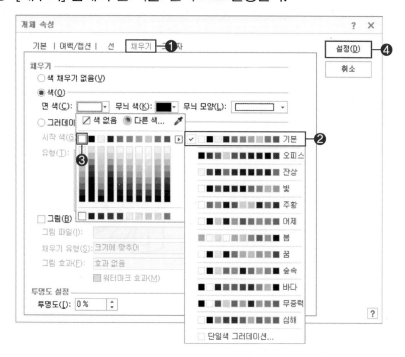

⑥ 타원이 선택된 상태에서 [도형] 탭 – [도형] 항목의 [글자 넣기](㉺)를 선택하여 「가」를 입력한다.

⑦ 입력한 글자 '가'를 블록 설정하고 [서식] 도구상자에서 '궁서', '20pt', [가운데 정렬](㉺) 을 설정한다.

⑧ [입력] 탭 – [개체] 항목에서 [가로 글상자](㉺)를 클릭하여 적당한 크기의 글상자를 그 린다. → 글상자가 선택된 상태에서 [도형] 탭 – [채우기] – [색 없음], [선 스타일] – [선 종류] – [파선](─ ─ ─ ─)으로 설정한다.

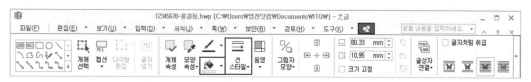

⑨ 글상자에 「재미를 만드는 판」을 입력하고 텍스트를 블록 설정하여 [서식] 도구상자에서 '궁서', '20pt', [가운데 정렬]을 설정한다.

글꼴 : 궁서, 18pt, 진하게, 가운데 정렬
책갈피 이름 : 건강　덧말 넣기

문단 첫 글자 장식 기능
글꼴 : 돋움, 면색 : 노랑

지역사회건강조사
건강조사, 함께 여는 건강 내일

지역 건강 통계

머리말 기능
굴림, 10pt, 오른쪽 정렬

지역사회건강조사는 지역 건강통계를 생산(生産)하여 지역별로 꼭 필요한 근거 중심의 보건사업을 수행하기 위해 지역주민 건강행태(흡연, 음주 등) 및 이환, 의료이용 등을 조사하는 건강조사로 지역보건법 제4조(지역사회 건강실태조사) 및 동법시행령 제2조(지역사회 건강실태조사 방법 및 내용)에 따라 보건복지부 질병관리본부와 17개 시, 도, 255개 보건소가 함께 수행하는 국가승인통계 조사이다.

　조사방법은 조사원이 주택유형과 지역적 특성을 고려한 통계적 방법론에 따라 선정된 약 450개의 표본가구를 직접 방문하여 일대일 면접 조사로 실시되며, 설문조사는 전자조사표(CAPI)를 이용하여 노트북으로 진행된다. 이때, 선정된 가구에는 8월부터 우편을 통해 선정 통지서가 전달되며, 일련의 교육과정을 통해 훈련된 해당지역 보건소 소속 조사원이 조사 수행한다. 조사 항목으로는 가구조사, 건강행태, 예방접종 및 검진, 이환, 의료이용, 사고 및 중독, 활동 제한 및 삶의 질, 심폐소생술⊙ 사회 물리적 환경, 코로나바이러스감염증-19, 교육 및 경제활동에 대해 조사한다. 이 중 건강행태 조사 항목으로는 흡연, 음주, 안전의식, 신체활동, 식생활, 비만(肥滿) 및 체중조절, 건강지식, 구강건강, 정신건강이다.

각주

글꼴 : 굴림, 18pt, 흰색
음영색 : 파랑

■ **한국인을 위한 식생활 지침**

- I. 영유아를 위한 식생활 지침
  - i. 생후 6개월까지는 반드시 모유를 먹이자.
  - ii. 이유식은 성장단계에 맞추어 먹이자.
- II. 청소년을 위한 식생활 지침
  - i. 짠 음식과 기름진 음식을 적게 먹자.
  - ii. 식사를 거르거나 과식하지 말자.

그림위치(내 PC₩문서₩ITQ ₩Picture₩그림5.jpg, 문서에 포함) 자르기 기능 이용, 크기(40mm×40mm), 바깥 여백 왼쪽 : 2mm

글꼴 : 굴림, 18pt, 기울임, 강조점

■ *연도별 지역사회건강조사 추진 내용*

연도	추진 경과	실시 규모 및 방법	비고
2007년	지역사회건강조사 시범사업 실시	서울, 전북, 경남에서 시범 실시	제3기 순환조사 (2018년-2021년)
2008년	전국 일제 실시	전국 251개 보건소	
2009년	전자조사표 면접조사 실시	조사원이 면접 진행	
2010년	순환조사 체계 도입	조사 항목별 1년, 2년, 4년 주기	
2015년	지역사회건강조사 의무시행 법적근거 마련	지역보건법 제4조	

문단 번호 기능 사용
1수준 : 20pt, 오른쪽 정렬,
2수준 : 30pt, 오른쪽 정렬
줄 간격 : 180%

표 전체 글꼴 : 돋움, 10pt, 가운데 정렬
셀 배경(그러데이션) : 유형(수평), 시작색(흰색), 끝색(노랑)

보건복지부 질병관리본부

글꼴 : 궁서, 24pt, 진하게
장평 95%, 오른쪽 정렬

⊙ 심폐소생술 인지, 심폐소생술 교육 및 실습 경험 등에 대해 조사함

각주 구분선 : 5cm

쪽 번호 매기기
4로 시작

IV

⑩ 출력 형태를 참고하여 글상자를 드래그하여 이동시킨다.

⏱ **기적의 3초컷**

글상자의 글자 정렬

글상자 안의 글자 정렬 중 세로 정렬을 설정하려면 [개체속성] 대화상자의 [글상자] 탭에서 선택하여 설정한다. 시험에서는 '가운데 정렬'이 주로 출제되고 있다.

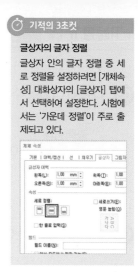

SECTION 07 ┃ 도형 복사

---

① 그려진 직사각형, 타원, 글상자를 Shift 를 누른 채 선택한다.

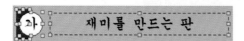

② Ctrl + Shift 를 누른 채 아래로 드래그하여, 도형을 복사한다.

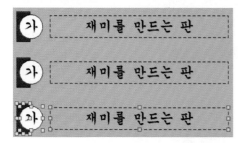

③ 복사된 도형의 색상과 텍스트를 문제지의 내용대로 수정한다.

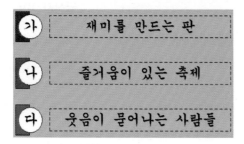

⏱ **기적의 3초컷**

도형을 복사할 때 Ctrl 과 Shift 를 이용하면 도형을 원하는 위치에 쉽게 복사, 이동시킬 수 있다.

• Ctrl +드래그 : 복사
• Shift +드래그 : 수직·수평으로 이동
• Ctrl + Shift +드래그 : 수직·수평으로 복사

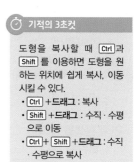

03 다음 (1), (2)의 수식을 수식 편집기로 각각 입력하시오.

40점

출력형태

$$(1) \int_0^1 (\sin x + \frac{x}{2})dx = \int_0^1 \frac{1 + \sin x}{2}dx \quad (2) \ H_n = \frac{a(r^n - 1)}{r - 1} = \frac{a(1 + r^n)}{1 - r}(r \neq 1)$$

04 다음의 ≪조건≫에 따라 ≪출력형태≫와 같이 문서를 작성하시오.

110점

조건

(1) 그리기 도구를 이용하여 작성하고, 모든 도형(글맵시, 지정된 그림 포함)을 ≪출력형태≫와 같이 작성하시오.

(2) 도형의 면색은 지시사항이 없으면 색 없음을 제외하고 서로 다르게 임의로 지정하시오.

출력형태

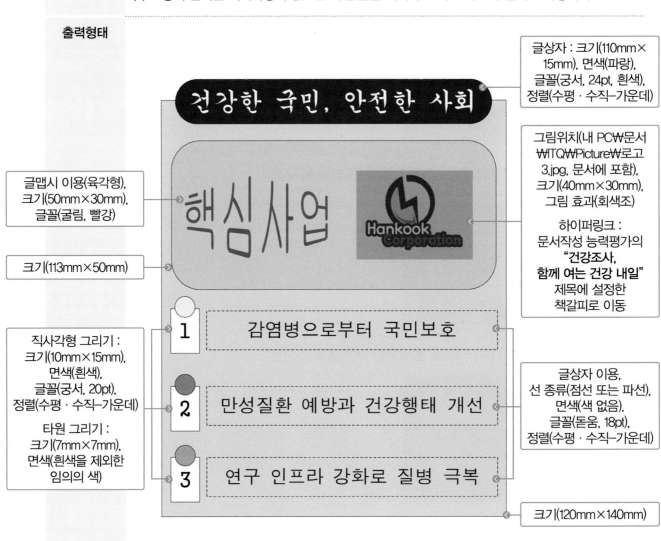

글상자 : 크기(110mm× 15mm), 면색(파랑), 글꼴(궁서, 24pt, 흰색), 정렬(수평 · 수직-가운데)

그림위치(내 PC₩문서 ₩ITQ₩Picture₩로고 3.jpg, 문서에 포함), 크기(40mm×30mm), 그림 효과(회색조)

하이퍼링크 : 문서작성 능력평가의 **"건강조사, 함께 여는 건강 내일"** 제목에 설정한 책갈피로 이동

글맵시 이용(육각형), 크기(50mm×30mm), 글꼴(굴림, 빨강)

크기(113mm×50mm)

직사각형 그리기 : 크기(10mm×15mm), 면색(흰색), 글꼴(궁서, 20pt), 정렬(수평 · 수직-가운데)

타원 그리기 : 크기(7mm×7mm), 면색(흰색을 제외한 임의의 색)

글상자 이용, 선 종류(점선 또는 파선), 면색(색 없음), 글꼴(돋움, 18pt), 정렬(수평 · 수직-가운데)

크기(120mm×140mm)

건강한 국민, 안전한 사회

핵심사업

Hankook Corporation

1 감염병으로부터 국민보호

2 만성질환 예방과 건강행태 개선

3 연구 인프라 강화로 질병 극복

유형을 확인하는 기출문제

문제유형 ❶   정답파일 ▶ chapter 6─01.hwp

조건

(1) 그리기 도구를 이용하여 작성하고, 모든 도형(글맵시, 지정된 그림 포함)을 ≪출력형태≫와 같이 작성하시오.

(2) 도형의 면 색은 지시사항이 없으면 색 없음을 제외하고 서로 다르게 임의로 지정하시오.

출력형태

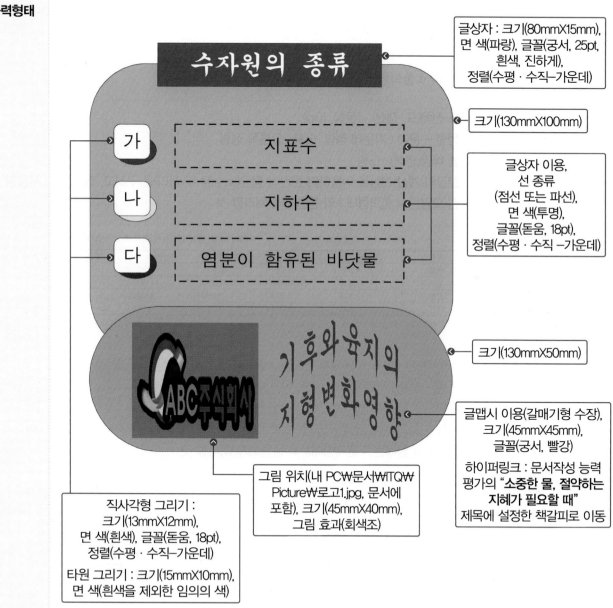

글상자 : 크기(80mmX15mm), 면 색(파랑), 글꼴(궁서, 25pt, 흰색, 진하게), 정렬(수평 · 수직─가운데)

크기(130mmX100mm)

글상자 이용, 선 종류 (점선 또는 파선), 면 색(투명), 글꼴(돋움, 18pt), 정렬(수평 · 수직 ─가운데)

크기(130mmX50mm)

글맵시 이용(갈매기형 수장), 크기(45mmX45mm), 글꼴(궁서, 빨강)

하이퍼링크 : 문서작성 능력 평가의 "**소중한 물, 절약하는 지혜가 필요할 때**" 제목에 설정한 책갈피로 이동

그림 위치(내 PC₩문서₩ITQ₩ Picture₩로고1.jpg, 문서에 포함), 크기(45mmX40mm), 그림 효과(회색조)

직사각형 그리기 : 크기(13mmX12mm), 면 색(흰색), 글꼴(돋움, 18pt), 정렬(수평 · 수직─가운데)

타원 그리기 : 크기(15mmX10mm), 면 색(흰색을 제외한 임의의 색)

01 다음의 ≪조건≫에 따라 스타일 기능을 적용하여 ≪출력형태≫와 같이 작성하시오.   50점

조건	(1) 스타일 이름 – disease (2) 문단 모양 – 첫 줄 들여쓰기 : 10pt, 문단 아래 간격 : 10pt (3) 글자 모양 – 글꼴 : 한글(굴림)/영문(돋움), 크기 : 10pt, 장평 : 105%, 자간 : –5%
출력형태	A disease is a particular abnormal condition that negatively affects the structure of function of all or part of an organism, and that is not due to any immediate external injury. 질병은 생물학적 차원의 개념으로 병리학 혹은 생리학의 관점에서 심신이 계속적으로 장애를 일으켜서 정상적인 기능을 할 수 없는 상태를 의미하며, 감염성 질환과 비감염성 질환으로 나눈다.

02 다음의 ≪조건≫에 따라 ≪출력형태≫와 같이 표와 차트를 작성하시오.   100점

표 조건	(1) 표 전체(표, 캡션) – 돋움, 10pt (2) 정렬 – 문자 : 가운데 정렬, 숫자 : 오른쪽 정렬 (3) 셀 배경(면색) : 노랑 (4) 한글의 계산 기능을 이용하여 빈칸에 평균(소수점 두 자리)을 구하고, 캡션 기능 사용할 것 (5) 선 모양은 ≪출력형태≫와 동일하게 처리할 것

출력형태

지역별 주5일 이상 아침식사 결식 학생 수(단위 : 명)

지역	2016년	2017년	2018년	2019년	평균
서울	9,567	9,287	8,771	8,337	
경기	13,990	13,465	12,798	12,360	
강원	2,224	2,219	2,262	2,056	
대전	2,682	2,377	2,273	2,184	✕

차트 조건	(1) 차트 데이터는 표 내용에서 연도별 서울, 경기, 강원의 값만 이용할 것 (2) 종류 – 〈묶은 가로 막대형〉으로 작업할 것 (3) 제목 – 궁서, 진하게, 12pt, 배경 – 선 모양(한 줄로), 그림자(2pt) (4) 제목 이외의 전체 글꼴 – 궁서, 보통, 10pt (5) 축제목과 범례는 ≪출력형태≫와 동일하게 처리할 것

출력형태

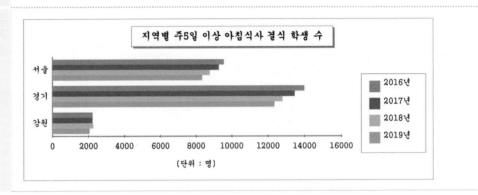

조건	(1) 그리기 도구를 이용하여 작성하고, 모든 도형(글맵시, 지정된 그림 포함)을 ≪출력형태≫와 같이 작성하시오. (2) 도형의 면 색은 지시사항이 없으면 색 없음을 제외하고 서로 다르게 임의로 지정하시오.

출력형태

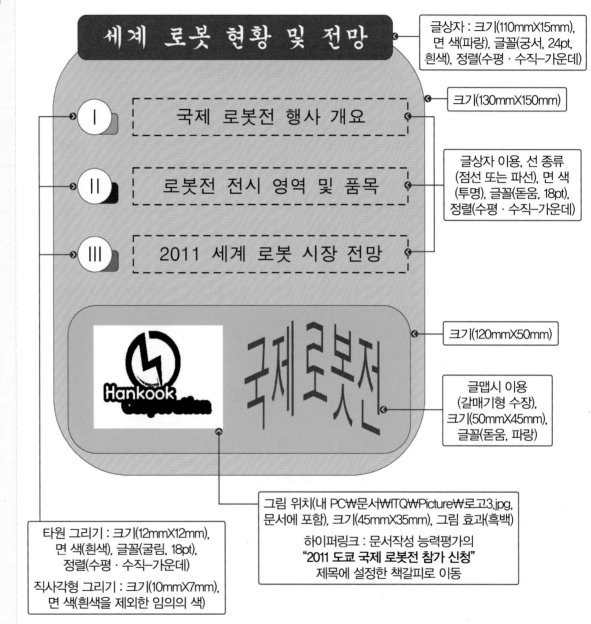

글상자 : 크기(110mmX15mm), 면 색(파랑), 글꼴(궁서, 24pt, 흰색), 정렬(수평 · 수직-가운데)

크기(130mmX150mm)

글상자 이용, 선 종류 (점선 또는 파선), 면 색 (투명), 글꼴(돋움, 18pt), 정렬(수평 · 수직-가운데)

크기(120mmX50mm)

글맵시 이용 (갈매기형 수장), 크기(50mmX45mm), 글꼴(돋움, 파랑)

그림 위치(내 PC₩문서₩ITQ₩Picture₩로고3.jpg, 문서에 포함), 크기(45mmX35mm), 그림 효과(흑백)

하이퍼링크 : 문서작성 능력평가의 **"2011 도쿄 국제 로봇전 참가 신청"** 제목에 설정한 책갈피로 이동

타원 그리기 : 크기(12mmX12mm), 면 색(흰색), 글꼴(굴림, 18pt), 정렬(수평 · 수직-가운데)

직사각형 그리기 : 크기(10mmX7mm), 면 색(흰색을 제외한 임의의 색)

정답파일 Part 3 모의고사₩모의고사 1회 답안.hwp

과목	코드	문제유형	시험시간	수험번호	성명
아래한글	1111	A	60분	20231001	홍길동

수험자 유의사항

- 수험자는 문제지를 받는 즉시 문제지와 **수험표상의 시험과목(프로그램)이 동일한지 반드시 확인**하여야 합니다.

- 파일명은 본인의 "수험번호–성명"으로 입력하여 답안폴더(내 PC₩문서₩ITQ)에 하나의 파일로 저장해야 하며, 답안문서 파일명이 "수험번호–성명"과 일치하지 않거나, 답안파일을 전송하지 않아 미제출로 처리될 경우 실격 처리합니다(예:12345678–홍길동.hwp).

- 답안 작성을 마치면 파일을 저장하고, '답안 전송' 버튼을 선택하여 감독위원 PC로 답안을 전송하십시오. 수험생 정보와 저장한 파일명이 다를 경우 전송되지 않으므로 주의하시기 바랍니다.

- 답안 작성 중에도 **주기적으로 저장하고, '답안 전송'**하여야 문제 발생을 줄일 수 있습니다. 작업한 내용을 저장하지 않고 전송할 경우 이전에 저장된 내용이 전송되니 이점 유의하시기 바랍니다.

- 답안문서는 지정된 경로 외의 다른 보조기억장치에 저장하는 경우, 지정된 시험 시간 외에 작성된 파일을 활용할 경우, 기타 통신수단(이메일, 메신저, 네트워크 등)을 이용하여 타인에게 전달 또는 외부 반출하는 경우는 부정 처리합니다.

- 시험 중 부주의 또는 고의로 시스템을 파손한 경우는 수험자가 변상해야 하며, 〈수험자 유의사항〉에 기재된 방법대로 이행하지 않아 생기는 불이익은 수험생 당사자의 책임임을 알려 드립니다.

- 문제의 조건은 한컴오피스 NEO(2016) 버전으로 설정되어 있으니 유의하시기 바랍니다.

- 시험을 완료한 수험자는 답안파일이 전송되었는지 확인한 후 감독위원의 지시에 따라 문제지를 제출하고 퇴실합니다.

답안 작성요령

- **온라인 답안 작성 절차**
  수험자 등록 ⇒ 시험 시작 ⇒ 답안파일 저장 ⇒ 답안 전송 ⇒ 시험 종료
- **공통 부문**
- 글꼴에 대한 기본설정은 함초롬바탕, 10포인트, 검정, 줄간격 160%, 양쪽정렬로 합니다.
- 색상은 조건의 색을 적용하고 색의 구분이 안 될 경우에는 RGB 값을 적용하십시오
  (빨강 255,0,0 / 파랑 0,0,255 / 노랑 255,255,0).
- 각 문항에 주어진 ≪조건≫에 따라 작성하고 언급하지 않은 조건은 ≪출력형태≫와 같이 작성합니다.
- 용지여백은 왼쪽·오른쪽 11mm, 위쪽·아래쪽·머리말·꼬리말 10mm, 제본 0mm로 합니다.
- 그림 삽입 문제의 경우 「내 PC₩문서₩ITQ₩Picture」 폴더에서 지정된 파일을 선택하여 삽입하십시오.
- 삽입한 그림은 반드시 문서에 포함하여 저장해야 합니다(미포함 시 감점 처리).
- 각 항목은 지정된 페이지에 출력형태와 같이 정확히 작성하시기 바라며, 그렇지 않을 경우에 해당 항목은 0점 처리됩니다.
  ※ 페이지구분 : 1페이지 – 기능평가 I (문제번호 표시 : 1. 2.).
  　　　　　　　 2페이지 – 기능평가 II (문제번호 표시 : 3. 4.).
  　　　　　　　 3페이지 – 문서작성 능력평가
- **기능평가**
- 문제와 ≪조건≫은 입력하지 않으며 문제번호와 답(≪출력형태≫)만 작성합니다.
- 4번 문제는 묶기를 했을 경우 0점 처리됩니다.
- **문서작성 능력평가**
- A4 용지(210mm×297mm) 1매 크기, 세로 서식 문서로 작성합니다.
- ☐ 표시는 문서작성에 대한 지시사항이므로 작성하지 않습니다.

조건	(1) 그리기 도구를 이용하여 작성하고, 모든 도형(글맵시, 지정된 그림 포함)을 ≪출력형태≫와 같이 작성하시오.
	(2) 도형의 면 색은 지시사항이 없으면 색 없음을 제외하고 서로 다르게 임의로 지정하시오.

출력형태

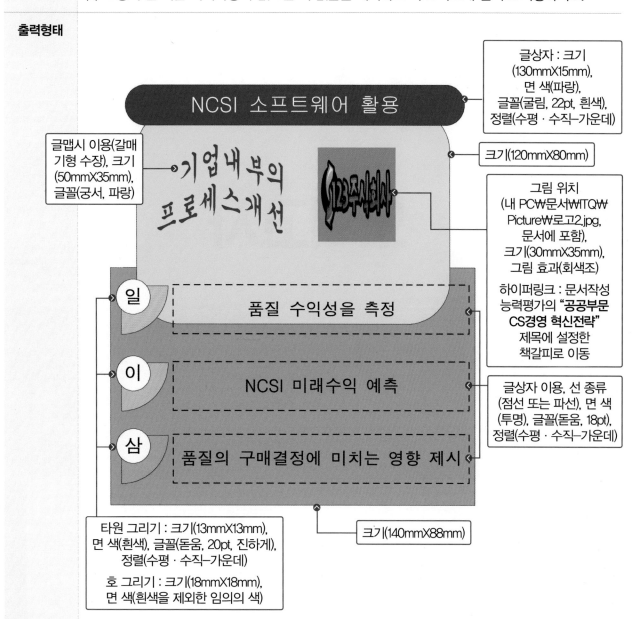

글상자 : 크기 (130mmX15mm), 면 색(파랑), 글꼴(굴림, 22pt, 흰색), 정렬(수평 · 수직-가운데)

글맵시 이용(갈매 기형 수장), 크기 (50mmX35mm), 글꼴(궁서, 파랑)

크기(120mmX80mm)

그림 위치 (내 PC₩문서₩ITQ₩ Picture₩로고2.jpg, 문서에 포함), 크기(30mmX35mm), 그림 효과(회색조)

하이퍼링크 : 문서작성 능력평가의 **"공공부문 CS경영 혁신전략"** 제목에 설정한 책갈피로 이동

글상자 이용, 선 종류 (점선 또는 파선), 면 색 (투명), 글꼴(돋움, 18pt), 정렬(수평 · 수직-가운데)

타원 그리기 : 크기(13mmX13mm), 면 색(흰색), 글꼴(돋움, 20pt, 진하게), 정렬(수평 · 수직-가운데)
호 그리기 : 크기(18mmX18mm), 면 색(흰색을 제외한 임의의 색)

크기(140mmX88mm)

PART

03

모의고사

 차례

조건

(1) 그리기 도구를 이용하여 작성하고, 모든 도형(글맵시, 지정된 그림 포함)을 ≪출력형태≫와 같이 작성하시오.

(2) 도형의 면 색은 지시사항이 없으면 색 없음을 제외하고 서로 다르게 임의로 지정하시오.

출력형태

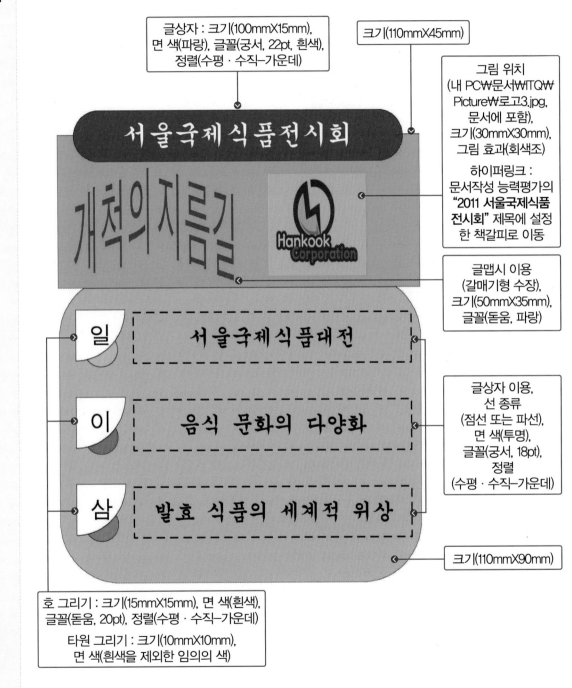

글상자 : 크기(100mmX15mm), 면 색(파랑), 글꼴(궁서, 22pt, 흰색), 정렬(수평ㆍ수직-가운데)

크기(110mmX45mm)

그림 위치
(내 PC₩문서₩ITQ₩
Picture₩로고3.jpg,
문서에 포함),
크기(30mmX30mm),
그림 효과(회색조)

하이퍼링크 :
문서작성 능력평가의
"**2011 서울국제식품
전시회**" 제목에 설정
한 책갈피로 이동

글맵시 이용
(갈매기형 수장),
크기(50mmX35mm),
글꼴(돋움, 파랑)

글상자 이용,
선 종류
(점선 또는 파선),
면 색(투명),
글꼴(궁서, 18pt),
정렬
(수평ㆍ수직-가운데)

크기(110mmX90mm)

호 그리기 : 크기(15mmX15mm), 면 색(흰색),
글꼴(돋움, 20pt), 정렬(수평ㆍ수직-가운데)

타원 그리기 : 크기(10mmX10mm),
면 색(흰색을 제외한 임의의 색)

④ [Alt]+[S]([💾])를 눌러 완성된 문서를 저장한다.

⑤ 저장 경로가 '내 PC₩문서₩ITQ'이고 파일명(수험번호-성명)이 제대로
되어 있는지 확인한다.

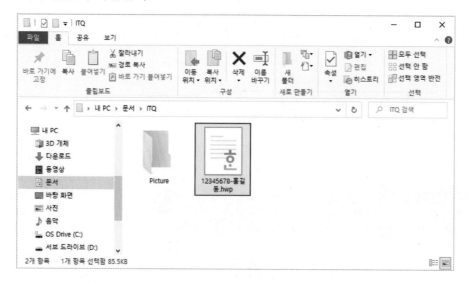

문서작성 능력평가

정답파일 Part 1 출제 유형으로 정리하는 꼼꼼이론₩이론 답안.hwp

▶ 기적의합격강의

출력형태

> 글꼴 : 궁서, 20pt, 가운데 정렬,
> 책갈피 이름 : 탈춤축제, 덧말 넣기

> 문단 첫 글자 장식 기능
> 글꼴 : 궁서, 면 색 : 노랑

안동국제탈춤페스티벌
탈바꿈으로 탈진하는 10일간의 축제

안동민속축제

> 머리말 기능
> 굴림, 10pt, 오른쪽 정렬

우리 민족의 해학과 풍자를 진하게 느껴볼 수 있는 국제적 탈춤축제가 안동에서 열린다. 문화체육관광부 지정 6년 연속 최우수 축제로 선정된 안동국제탈춤페스티벌은 세계 각국의 전통탈춤을 한 자리에서 보고 즐기고 체험하면서 비교해 볼 수 있는 한국의 대표적인 문화관광축제Ⓐ이다. 이 축제는 전통문화(傳統文化)의 전승과 재현을 통해 문화시민으로서의 자긍심을 고취하고자 1997년부터 개최하기 시작하였으며, 해를 거듭할수록 탈춤이 지니고 있는 예술적 독특성을 잘 결합하여 세계적인 축제브랜드로 자리매김하고 있다.

> 각주

정신문화의 수도 안동을 대표하는 안동국제탈춤페스티벌에서 고유의 전통이 살아 숨쉬는 하회마을, 한국 최고(最古)의 목조 건물인 봉정사, 도산서원 등 안동 지역의 문화를 통하여 한민족의 정신문화를 체험할 수 있다.

■ 안동국제탈춤페스티벌 2020 개요

> 글꼴 : 돋움, 18pt
> 흰색, 음영 색 : 파랑

(1) 개최기간 및 장소
  (가) 개최기간 : 2020. 9. 25(금) ~ 2020. 10. 4(일)(10일간)
  (나) 장소 : 안동시 일원, 탈춤공원, 하회마을
(2) 주관/후원 및 행사내용
  (가) 주관/후원 : 안동시/문화체육관광부, 문화재청, 경상북도
  (나) 행사내용 : 국내외 탈춤공연, 안동민속축제, 하회마을축제 외 다수

> 그림위치(내 PC₩문서₩ITQ
> ₩Picture₩그림5.jpg,
> 문서에 포함),
> 자르기 기능 이용,
> 크기(40mm×35mm),
> 바깥 여백 왼쪽 : 2mm

■ 한국탈춤 주요 공연내용

> 글꼴 : 돋움, 18pt, 강조점

공연명	주관/단체명	장소	공연명	주관/단체명	장소
가산오광대	가산오광대보존회	탈춤공연장	동래야류	동래야류보존회	탈춤공연장
고성오광대	고성오광대보존회	하회마을	봉산탈춤	봉산탈춤보존회	탈춤공연장
강릉관노가면극	강릉관노가면극보존회	하회마을	북청사자놀이	북청사자놀이보존회	하회마을
강령탈춤	강령탈춤보존회	탈춤공연장	송파산대놀이	송파산대놀이보존회	탈춤공연장

- 관객들이 직접 참여할 수 있는 탈춤배우기, 창작탈공모전, 마스크댄스 등 다양한 행사가 준비됨

> 문단 번호 기능 사용
> 1수준 : 20pt, 오른쪽 정렬,
> 2수준 : 30pt, 오른쪽 정렬
> 줄 간격 : 180%

(재)안동축제관광조직위원회

> 글꼴 : 돋움, 25pt, 진하게,
> 장평 95%, 가운데 정렬

> 표 전체 글꼴 : 굴림, 10pt, 가운데 정렬,
> 셀 배경색(그레이데이션) : 유형(가운데에서),
> 시작 색(흰색), 끝 색(노랑)

Ⓐ 문화체육관광부가 매년 관광 상품성이 크고 경쟁력 있는 우수 지역축제를 선정하여 지원하는 사업

> 각주 구분선 : 5cm

- A -

> 쪽 번호 매기기, 1로 시작

> 문제보기

② [쪽 번호 매기기] 대화상자에서 번호 위치 '가운데 아래', 번호 모양 'A,B,C'로 설정하고 '줄표 넣기'에 체크한다.

기적의 3초컷

한글 2016(NEO)에서 쪽 번호를 만들면 글꼴 '함초롬바탕', 크기 '10pt'가 기본 설정되어 있는데, 쪽 번호의 글꼴은 채점 대상이 아니므로 기본값을 유지하면 된다.

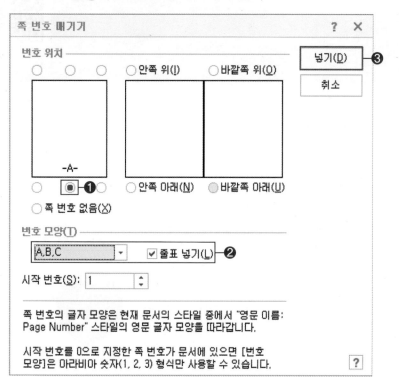

③ [쪽] 탭 – [새 번호로 시작](🔢)을 선택하고 [새 번호로 시작] 대화상자에서 번호 종류 '쪽 번호', 시작 번호 '5'를 설정한다.

기적의 3초컷

1, 2페이지에 쪽 번호를 표시하지 않으려면

1, 2페이지에 커서를 놓고 [쪽] 탭 – [현재 쪽만 감추기]를 선택한 후 [감추기] 대화 상자의 감출 내용에서 '쪽 번호'에 체크한다.

감추기
감출 내용
☐ 머리말(H) ☐ ㅍ
☑ 쪽 번호(N) ☐ ㅉ
☐ 쪽 배경(G) ☐ ㅂ
모두 선택(C)

머리말이나 꼬리말, 바탕쪽에를 감추고 싶을 때에는 머리말탕쪽을 감추어야 합니다.

기능	도구 상자, 바로 가기 키	메뉴
덧말 넣기	덧말가나다	[입력]-[덧말 넣기]
머리말/꼬리말	▤, Ctrl+N, H	[쪽]-[머리말/꼬리말]
문단 첫 글자 장식	갈를	[서식]-[문단 첫 글자 장식]
그림	🖼, Ctrl+N, I	[입력]-[그림]
한자 입력	솚, F9 또는 한자	[입력]-[한자 입력]-[한자로 바꾸기]
각주	▤, Ctrl+N, N	[입력]-[주석]-[각주]
문자표	✕, Ctrl+F10	[입력]-[문자표]
문단 번호 모양	▤, Ctrl+K, N	[서식]-[문단 번호 모양]
글자 모양	갸, Alt+L	[서식]-[글자 모양]
문단 모양	▤, Alt+T	[서식]-[문단 모양]
표 만들기	▦, Ctrl+N, T	[입력]-[표]-[표 만들기]
쪽 번호 매기기	▱, Ctrl+N, P	[쪽]-[쪽 번호 매기기]
새 번호로 시작	▤	[쪽]-[새 번호로 시작]

핵심기능

작업과정

문서 입력 → 머리말 → 제목 → 문단 첫 글자 장식 → 각주 → 한자 → 들여쓰기 → 그림 삽입 → 중간 제목 1 → 문단 번호 → 중간 제목 2 → 표 작성 → 기관명 → 쪽 번호 매기기 → 파일 저장

① 「한국지능로봇연구소」를 입력 후 블록 설정한다. → Alt + L을 누르거나 [서식] 탭 – [글자 모양]을 선택하여 [기본] 탭에서 '20pt', '돋움', 장평 '130%', '진하게'를 설정한다.

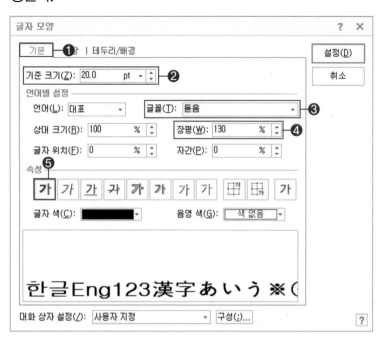

② [서식] 도구상자에서 [오른쪽 정렬](▤)을 설정한다.

SECTION **12** 쪽 번호 매기기

① Ctrl + N, P를 누르거나 [쪽] 탭 – [쪽 번호 매기기](▣)를 선택한다.

안동민속축제

① 3페이지 첫줄에 앞에서 입력한 제목 아래에 이어서 본문의 내용을 오타
가 생기지 않도록 주의하여 입력한다.

② [쪽] 탭 – [머리말](▤) – [위쪽] – [양 쪽] – [모양 없음]을 선택한다.

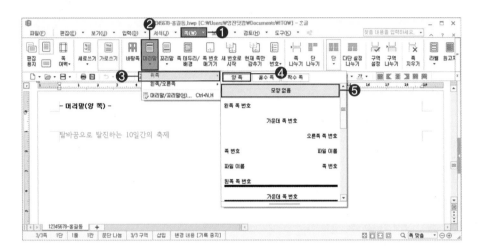

기적의 3초컷

Ctrl + N , H 를 누르면 [머
리말/꼬리말] 대화상자가 나타
나며 종류를 '머리말'로 선택
하고 [만들기]를 클릭한다.

③ 머리말 영역이 표시되면 「안동민속축제」를 입력하고, 텍스트를 블록 설정
한다. → [서식] 도구상자에서 '굴림', '10pt', [오른쪽 정렬](▤)을 설정한
후, [머리말/꼬리말] 탭 – [머리말/꼬리말 닫기](◀▯)를 클릭한다.

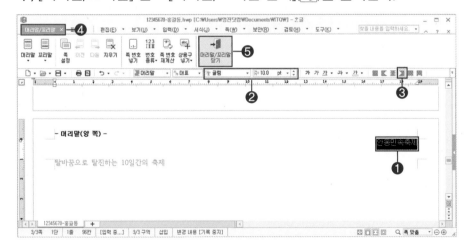

왜 안될까요?

한글을 입력하는데 자꾸 영문
으로 변경돼요.
[한영 자동 전환] 기능이 설정
되어 있기 때문입니다. [도구]
탭 – [설정] 항목 – [글자판] –
[한영 자동 전환 동작]을 선택
하여 [한영 자동 전환 동작] 기
능을 해제하고 나서 입력하
세요.

⑪ 출력 형태를 참고하여 1, 2번째 줄을 블록 설정하고 ⌞L⌟을 눌러 [셀 테두리/배경] 대화상
자에서 '이중 실선'을 '아래'에 설정한다.

구분	기간	종목별 평가영역 및 점수		
		지능로봇	청소로봇	로봇홀림픽
신청 및 접수	2. 11 ~ 2. 28	지능 능력(10점)	지도작성 성능(20점)	30m의 U자형 경기장에서 장애물을 통과한 10개 팀 중 기록이 좋은 순으로 수상자 선정
서류 심사 결과 발표	3. 15	제어 능력(10점)	청소영역 평가(20점)	
본 심사/시연	7. 5 ~ 7. 6	메커니즘(10점)	로봇 가격(10점)	
시상식	7. 7	완성도(10점)	청소 성능(40점)	

⑫ [셀 테두리/배경] 대화상자의 [배경] 탭에서 그러데이션의 시작 색 '하양', 끝 색 '노랑',
유형 '수직'으로 설정한다.

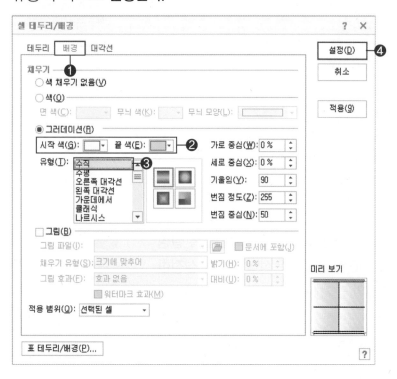

① 제목을 블록 설정하고, [서식] 도구상자에서 '궁서', '20pt', [가운데 정렬](圖)을 지정한다.

② [입력] 탭 – [덧말](덧말가나다)을 선택한다.

③ [덧말 넣기] 대화상자의 덧말에 「안동국제탈춤페스티벌」을 입력하고 덧말
위치를 '위'로 설정한다.

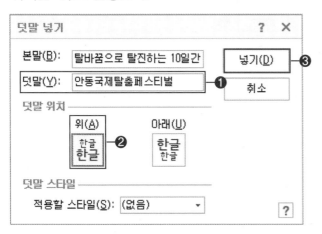

> **기적의 3초컷**
>
> 덧말은 본말의 글자 속성에 따라 글자 크기, 글꼴, 글자색 등이 자동으로 변경되며 본말의 가운데로 정렬된다.

> **기적의 3초컷**
>
> 덧말을 수정하려면 더블 클릭하거나 [편집] 탭의 펼침 단추를 클릭하여 [고치기]를 선택한다.

⑨ 표 전체가 블록 설정된 상태에서 L을 누른다. → [셀 테두리/배경] 대화상자에서 '선 모양 바로 적용'에 체크를 해제하고, '선 없음'을 '왼쪽', '오른쪽'에 설정한다.

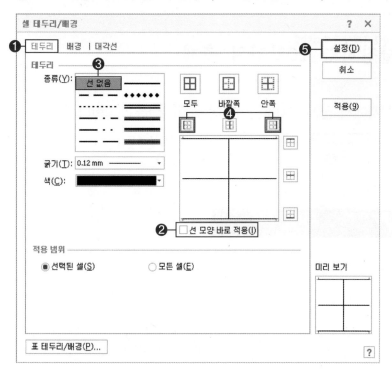

⑩ 계속해서 '이중 실선'을 '위', '아래'에 설정한다.

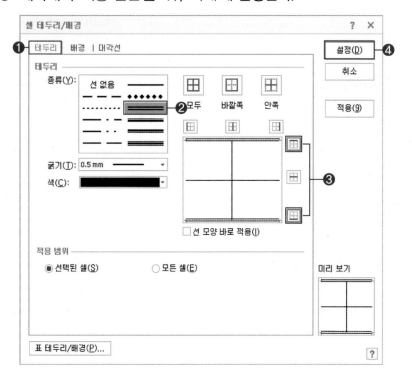

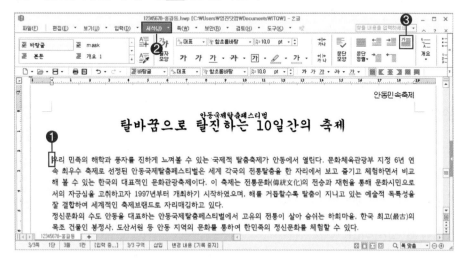

① 문단 첫 글자를 장식하기 위해 첫 번째 문단에 커서를 놓고 [서식] 탭 - [문단 첫 글자 장식](가)을 선택한다.

② [문단 첫 글자 장식] 대화상자에서 모양 '2줄(2)', 글꼴 '궁서', 면 색 '노랑' 으로 설정한다.

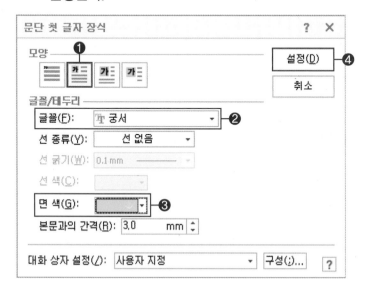

① Ctrl + N , T 를 누르거나 [입력] 탭 – [표](▦)를 선택한다.

② [표 만들기] 대화상자에서 줄 수 '6', 칸 수 '5'를 설정한 후 '글자처럼 취급'에 체크한다.

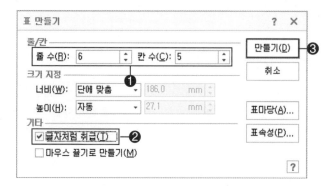

③ 표 앞에 커서를 놓고 [서식] 도구상자에서 [가운데 정렬](≡)을 설정하여 표를 가운데 정렬시킨다.

④ 1, 2번째 줄 첫 번째 칸을 블록 설정한다. → M 을 누르거나 마우스 오른쪽 단추를 클릭하여 [셀 합치기]를 선택해 셀을 합친다.

⑤ 같은 방법으로 다음과 같이 표를 작성한다.

⑥ 표의 내용을 입력한다.

⑦ 표 전체를 블록 설정(F5 세 번)하고 [서식] 도구상자에서 '굴림', '10pt', [가운데 정렬](≡)을 설정한다.

⑧ 출력 형태를 참고하여 줄, 칸 너비 조절이 필요한 부분을 블록 설정한 후, Ctrl +방향키(←, →, ↑, ↓)를 눌러 셀 너비를 조절한다.

> **💡 왜 안될까요?**
>
> **표 앞에 커서가 위치하지 않아요!**
>
> 표를 작성할 때 [글자처럼 취급]을 체크하지 않았기 때문이에요. 가운데 정렬을 시켜주기 위해서는 먼저 [글자처럼 취급]을 설정해 주세요.

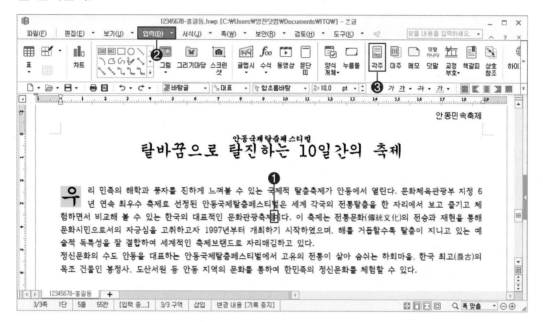

① 각주를 표시할 단어 뒤에 커서를 놓고, Ctrl+N, N을 누르거나 [입력] 탭 – [각주](📑)
를 선택한다.

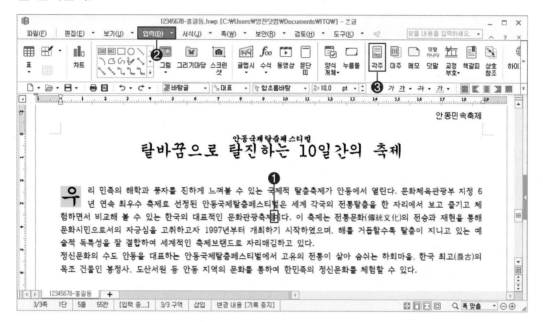

② 각주 입력 화면이 나타나면 [주석] 탭 – [각주/미주 모양 고치기](📝)를 선택한다.

① 문자표를 입력할 위치에 커서를 놓고 Ctrl+F10을 누르거나 [입력] 탭 – [문자표](※)를 선택한다. → [문자표 입력] 대화상자에서 '■'모양의 문자를 넣는다.

② 문자표를 포함한 전체 제목을 블록 설정한다. → [서식] 도구상자에서 '궁서', '18pt'를 설정한다.

③ 문자표를 제외한 전체 제목을 블록 설정한다. → [서식] 도구상자에서 '밑줄'을 설정한다.

④ '일정'을 블록 설정한다. → Alt+L을 누르거나 [서식] 탭 – [글자 모양]을 선택하여 [확장] 탭에서 강조점(˘)을 설정한다.

기적의 3초컷

'밑줄' 설정은 문자표를 제외한다는 것에 주의한다.

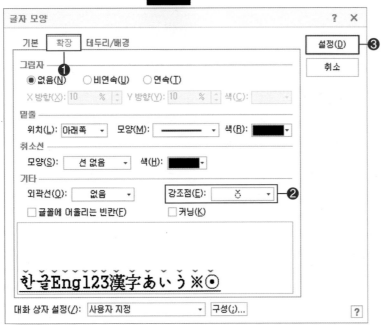

③ [주석 모양] 대화상자에서 주석의 번호 모양을 'Ⓐ, Ⓑ, Ⓒ'로 설정하고, 구분선 넣기를 체크한 후 길이는 '5cm'로 설정한다.

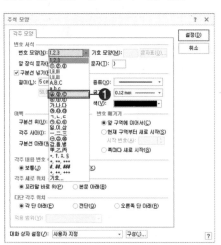
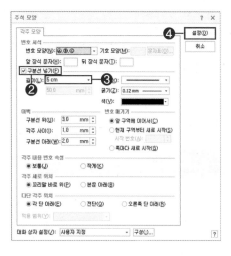

④ 각주의 내용 「문화체육관광부가 매년 관광 상품성이 크고 경쟁력 있는 우수 지역축제를 선정하여 지원하는 사업」을 입력한다.

⑤ 텍스트를 블록 설정하여 [서식] 도구상자에서 '함초롬바탕', '9pt'로 설정하고, [주석] 탭 – [닫기](🚪)를 클릭한다.

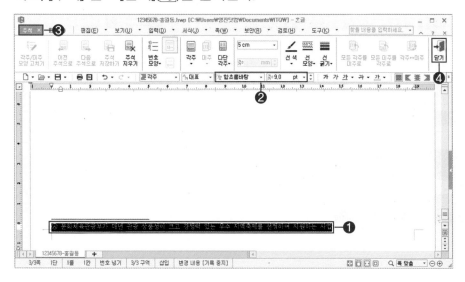

⑥ 2수준으로 지정할 부분을 블록 설정하고 [서식] 탭 – [한 수준 감소]를 선택한다.

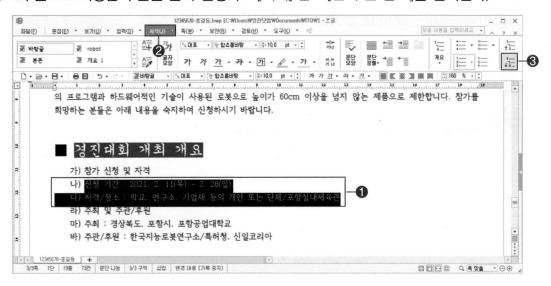

⑦ 나머지 2수준으로 지정할 부분도 같은 방법으로 지정한다.

⑧ 문단 번호를 지정한 부분을 블록 설정하고, [서식] 도구상자에서 줄 간격 '180%'를 설정한다.

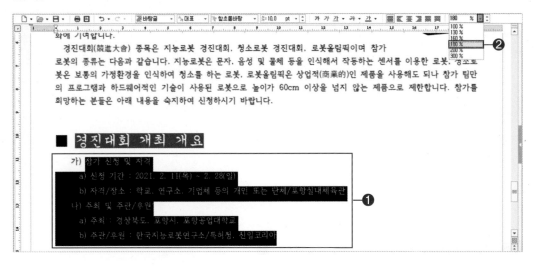

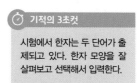

🕐 **기적의 3초컷**

시험에서 한자는 두 단어가 출
제되고 있다. 한자 모양을 잘
살펴보고 선택해서 입력한다.

> 국의 신농길놀을 안 사나네서 모노 글기도 세
> 이 축제는 전통문화(傳統文化)의 전승과 재현을 통
> 작하였으며, 해를 거듭할수록 탈춤이 지니고 있는
> 있다.
> 전통이 살아 숨쉬는 하회마을, 한국 최고(最古)의

① 한자로 변환할 단어 뒤에 커서를 놓고 [입력] 탭 – [한자 입력](🐧)을 클릭
하거나 F9 또는 한자를 누른다.

② [한자로 바꾸기] 대화상자의 한자 목록에서 변경할 한자 '傳統文化'를 선
택하고 입력 형식을 '한글(漢字)'로 지정한다.

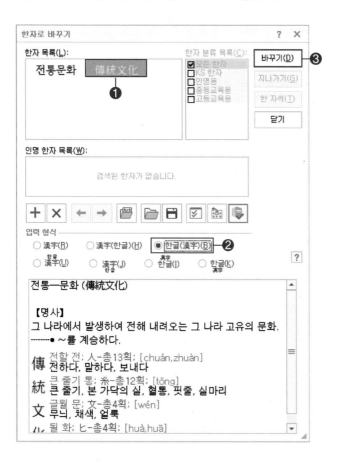

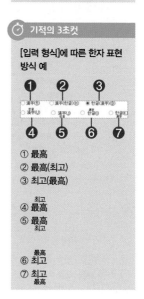

🕐 **기적의 3초컷**

[입력 형식]에 따른 한자 표현
방식 예

① 最高
② 最高(최고)
③ 최고(最高)
④ 最高
⑤ 最高
⑥ 最高
⑦ 최고

③ [문단 번호 사용자 정의 모양] 대화상자에서 수준 '1 수준'을 선택하고, 번호 위치 항목
중 너비 조정 '20pt', 정렬 '오른쪽'으로 지정한다.

④ 수준 '2 수준'을 선택하여 너비 조정 '30pt', 정렬 '오른쪽'으로 설정한다.

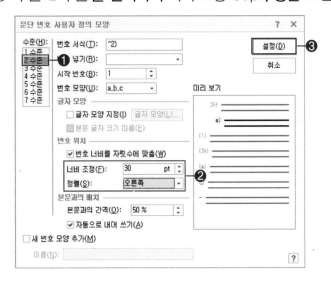

⑤ 다시 [문단 번호/글머리표] 대화상자가 나타나면 [설정]을 클릭한다.

해 문화시민으로서의 자긍심을
예술적 독특성을 잘 결합하여
정신문화의 수도 안동을 대
의 목조 건물인 봉정사. 도산

① 들여쓰기할 시작 부분에서 Alt+T를 누르거나 [서식] 탭 – [문단 모양]
(📋)을 선택하고, [기본] 탭에서 첫 줄 들여쓰기를 '10pt'로 설정한다.

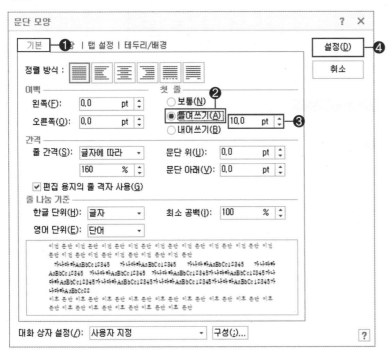

기적의 3초컷

이 부분은 시험에서 따로 지시
하지 않으므로, 첫 줄 들여쓰
기 기능 대신 Space Bar 로 공
간을 띄어도 된다.

① 문단 번호를 지정할 부분을 블록 설정한다. → Ctrl+K, N을 누르거나 [서식]
탭 – [문단 번호]의 드롭 다운 단추를 클릭한 후 [문단 번호 모양]을 선택한다.

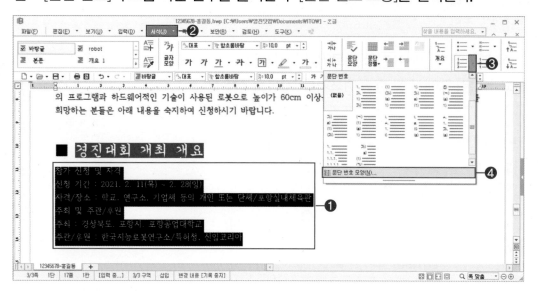

② [문단 번호] 탭에서 '가), a), (1), (가)' 모양을 선택한 후 [사용자 정의]를 클
릭한다.

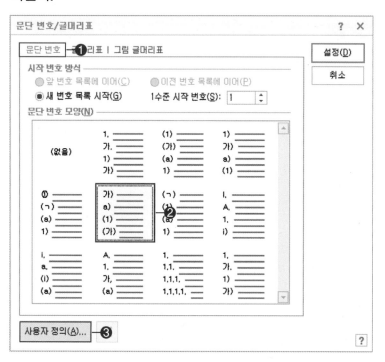

🕐 **기적의 3초컷**

[문단 번호] 기능을 반드시 이
용해서 작성해야 한다. [문단
번호] 기능을 이용하면 번호가
자동으로 입력되므로 문제 입
력 시 이 부분의 번호는 입력
하지 않는다.

① Ctrl + N , I 를 누르거나 [입력] 탭 – [그림]([이미지])을 선택한다.

② [그림 넣기] 대화상자에서 「내 PC₩문서₩ITQ₩Picture₩」 폴더로 이동하고 '그림 5.jpg'를 선택한다. 이때 반드시 '문서에 포함'에 체크한 후 [넣기]를 클릭한다.

① 문자표를 입력할 위치에 커서를 놓고 [Ctrl]+[F10]을 누르거나 [입력] 탭 – [문자표]([※])를 선택하고, [문자표 입력] 대화상자에서 '■'모양의 문자를 넣는다.

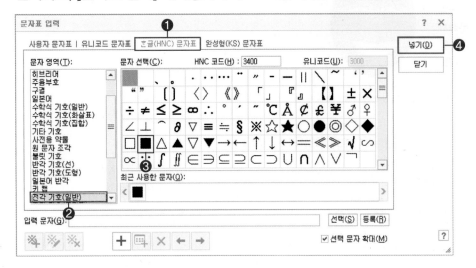

② 문자표를 포함한 전체 제목을 블록 설정한다. → [서식] 도구상자에서 '궁서', '18pt'를 설정한다.

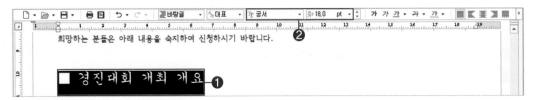

③ 문자표를 제외한 제목을 블록 설정한다. → [Alt]+[L]을 누르거나 [서식] 탭 – [글자] 항목을 선택하여 글자 색 '흰색', 음영 색 '파랑'을 설정한다.

> ⏱ **기적의 3초컷**
>
> 문자표에는 음영이 적용되어 있지 않다. 문자표에는 글꼴과 크기만 설정하므로 문자표를 제외하고 제목을 블록 설정한다.

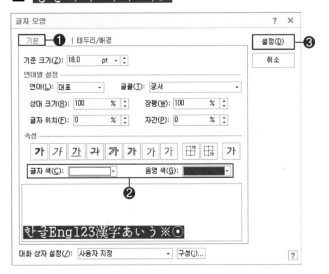

③ 그림을 삽입하고 [그림] 탭 – [자르기]()를 선택한 후, 마우스로 드래그
하여 그림을 자른다.

기적의 3초컷

[그림] 도구상자 외에 Shift 를 누른 상태에서 마우스 포인터 조절점을 드래그하면 그림을 자를 수 있다.

④ 삽입된 그림을 더블 클릭하거나 마우스 오른쪽 단추를 클릭하고 [개체 속성]을 선택한다.

기적의 3초컷

자르기 기능을 이용하여 그림을 자르다가 잘못 잘랐을 경우 반대로 드래그하면 자르기 전의 그림이 나타난다.

⑤ [개체 속성] 대화상자의 [기본] 탭에서 크기를 '40mm×35mm'로 설정하고, '크기 고정'에 체크한 후 본문과의 배치는 '어울림'으로 선택한다.

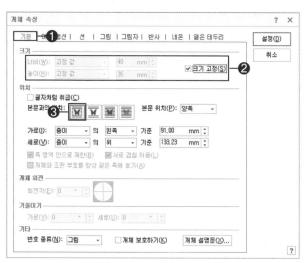

⑥ [여백/캡션] 탭에서 바깥 여백 왼쪽을 '2mm'로 설정한다.

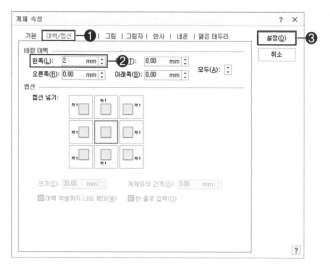

왜 안될까요?

그림 위치가 《출력 형태》와 달라요!

그림 위치가 문제와 같도록 마우스로 드래그해서 그림 위치를 조정하세요. 그림을 문서 오른쪽 끝까지 드래그해서 맞추고, 그림 옆쪽의 내용이 잘리는 부분을 기준으로 위치를 조정하면 됩니다. 바깥 여백을 지정해서 그림을 삽입했는데 문제지와 다르게 내용이 잘리면 그림을 선택한 후 방향키(←, →, ↑, ↓)를 눌러 조정하세요.

⑤ [개체 속성] 대화상자의 [기본] 탭에서 크기를 '40mm×40mm'으로 설정하고, '크기 고정'에 체크한 후 본문과의 배치는 '어울림'으로 선택한다.

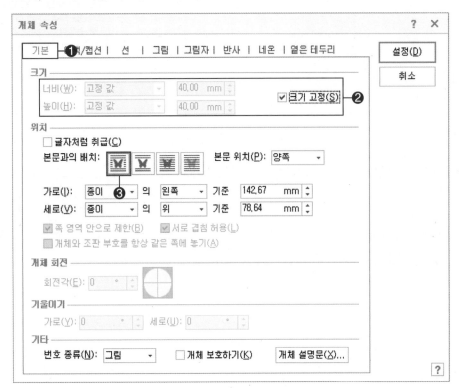

⑥ [여백/캡션] 탭에서 바깥 여백 왼쪽을 '2mm'로 설정한다.

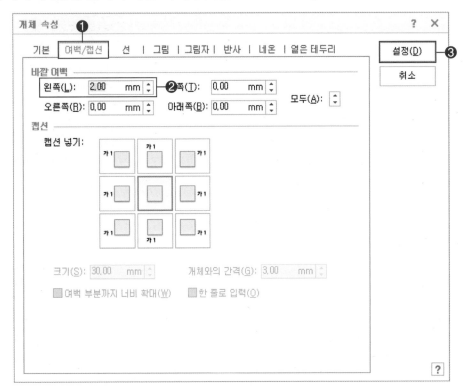

⑦ 출력형태를 참고하여 그림위치를 조절한다.

■ 안동국제탈춤페스티벌 2020 개요

① 문자표를 입력할 위치에 커서를 놓고 `Ctrl`+`F10`을 누르거나 [입력] 탭 – [문자표](※)를 선택한다. → [문자표 입력] 대화 상자에서 '■' 모양의 문자를 넣는다.

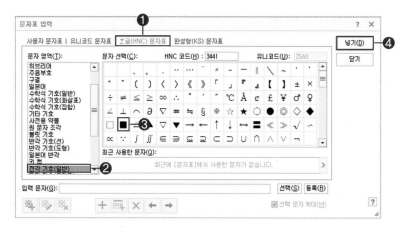

② 제목을 입력한 후 문자표를 포함한 전체 제목을 블록 설정한다. → [서식] 도구상자에서 '돋움', '18pt'를 설정한다.

③ 문자표를 제외한 제목을 다시 블록 설정한다. → `Alt`+`L`을 누르거나 [서식] 탭 – [글자 모양](가)을 선택하여 글자 색 '흰색', 음영 색 '파랑'을 설정한다.

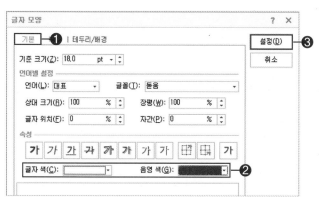

② [그림 넣기] 대화상자에서 '내 PC₩문서₩ITQ₩Picture₩' 폴더로 이동하고 '그림5.jpg'를 선택한다. 이때 반드시 '문서에 포함'에 체크한 후 [넣기]를 클릭한다.

③ 그림을 삽입하고 [그림] 탭 – [자르기](🔲)를 선택한 후, 마우스로 드래그하여 그림을 자른다.

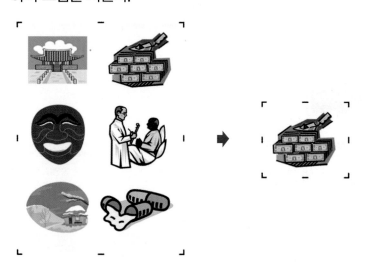

⏱ 기적의 3초컷

자르기 기능을 이용하여 그림을 자르다가 잘못 잘랐을 경우 반대로 드래그하면 자르기 전의 그림이 나타난다.

④ 삽입된 그림을 더블 클릭하거나 마우스 오른쪽 단추를 클릭하고 [개체 속성]을 선택한다.

(1) 개최기간 및 장소
(가) 개최기간 : 2020. 9. 25(금) ~ 2020. 10. 4(일)(10일간)
(나) 장소 : 안동시 일원, 탈춤공원, 하회마을
(2) 주관/후원 및 행사내용
(가) 주관/후원 : 안동시/문화체육관광부, 문화재청, 경상북도
(나) 행사내용 : 국내외 탈춤공연, 안동민속축제, 하회마을축제 외 다수

① 문단 번호를 지정할 부분을 블록 설정하고 [Ctrl]+[K], [N]을 누르거나 [서식] 탭 – [문단 번호]의 드롭 다운 단추를 클릭한 후 [문단 번호 모양]을 선택한다.

> **기적의 3초컷**
>
> [문단 번호] 기능을 반드시 이용해서 작성해야 한다. [문단 번호] 기능을 이용하면 번호가 자동으로 입력되므로 문제 입력 시 이 부분의 번호는 입력하지 않는다.

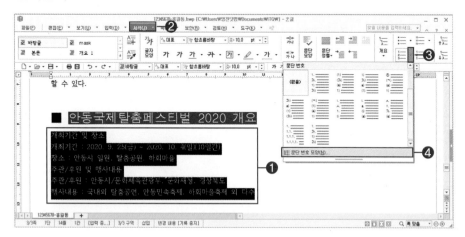

② [문단 번호] 탭에서 '(1) (가) (a) 1) 가) a) ①' 모양을 선택하고, [사용자 정의]를 클릭한다.

> **기적의 3초컷**
>
> [문단번호] 기능을 이용하지 않고 작성 시 감점된다.

① 들여쓰기할 시작 부분에서 Alt+T를 누르거나 [서식] 탭 – [문단 모양]을 선택하고,
[기본] 탭에서 첫 줄 들여쓰기를 '10pt'로 설정한다.

SECTION **06** 그림 삽입

① Ctrl+N, I를 누르거나 [입력] 탭 – [그림](🖼)을 선택한다.

③ 1수준의 번호 위치에서 너비 조정 '20pt'와 정렬 '오른쪽'을 설정하고, 2수준 탭을 클릭한 후 번호 위치에서 너비 조정 '30pt'와 정렬 '오른쪽'을 설정한다.

기적의 3초컷

번호 위치에서 '정렬' 부분이 무조건 '오른쪽'으로 출제가 됩니다.

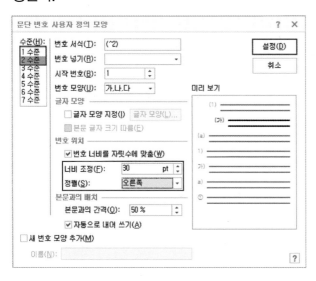

④ 2수준을 블록 설정하고 [서식] 탭 – [한 수준 감소]( )를 클릭한다.

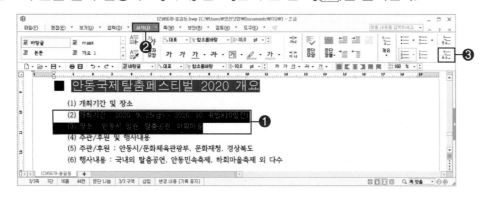

⑤ 두 번째 2수준도 블록 설정하여 [한 수준 감소]( )를 클릭한다.

⑥ 문단 번호를 지정한 부분 전체를 블록 설정하고, Alt + T 를 누르거나 [편집] 탭 – [문단 모양]( )을 선택하여 [기본] 탭에서 줄 간격 '180%'를 설정한다.

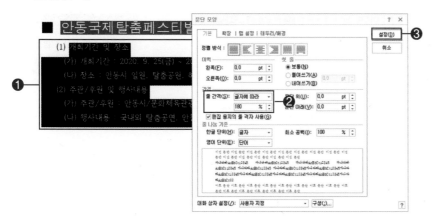

기적의 3초컷

문단 번호 모양 목록에 문제에서 제시한 모양이 없으면 [문단 번호/글머리표] 대화 상자의 [사용자 정의]를 이용한다. 최근에는 목록에 없는 문단 번호가 가끔 출제되고 있으므로 꼭 확인하도록 한다.
🔟 **문단 번호가 ①-(A)로 지정된 경우**
① 목록에서 비슷한 모양인 ①-(ㄱ)를 선택한 후 [사용자 정의] 단추를 클릭
② [문단 번호 사용자 정의 모양] 대화상자에서 변경해야 하는 2수준을 선택하고 번호 모양을 'A, B, C'로 설정

③ 같은 방법으로 「상업적(商業的)」도 한자 변환한다.

④ 각주 표시할 단어 뒤에 커서를 놓고, Ctrl+N, N을 누르거나 [입력] 탭 – [각주](圓)를 선택한다.

⑤ 각주 입력 화면이 나타나면 [주석] 탭 – [각주/미주 모양 고치기](✎)를 선택한다.

⑥ [주석 모양] 대화상자에서 구분선 길이 '5cm'를 확인하고 주석의 번호 모양을 'Ⓐ, Ⓑ, Ⓒ'로 설정한다.

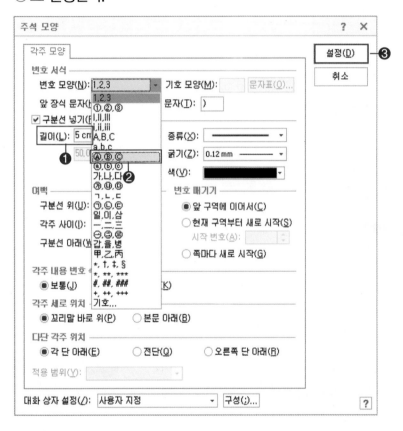

⑦ 각주의 내용 「로봇 사진 1매 및 설명서, 시연 동영상 파일, PPT 판넬 자료 1장, 팀장 신분증 1부 제출」을 입력한다.

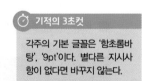

기적의 3초컷

각주의 기본 글꼴은 '함초롬바탕', '9pt'이다. 별다른 지시사항이 없다면 바꾸지 않는다.

■ 한국탈춤 주요 공연내용

① 문자표를 입력할 위치에 커서를 놓고 Ctrl + F10을 누르거나 [입력] 탭 – [문자표](※)를 선택한다. → [문자표 입력] 대화상자에서 '■'모양의 문자를 넣는다.

② 제목을 입력 후 문자표를 포함한 전체 제목을 블록 설정한다. → [서식] 도구상자에서 '돋움', '18pt'를 설정한다.

③ '한국탈춤'을 블록 설정한다. → Alt + L을 누르거나 [서식] 탭 – [글자 모양]을 선택하여 [확장] 탭에서 강조점(˚)을 설정한다.

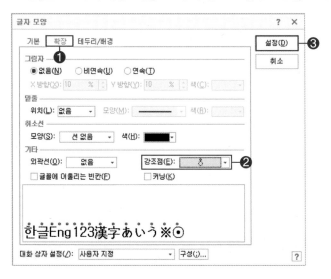

SECTION 11 표

공연명	주관/단체명	장소	공연명	주관/단체명	장소
가산오광대	가산오광대보존회	탈춤공연장	동래야류	동래야류보존회	탈춤공연장
고성오광대	고성오광대보존회	하회마을	봉산탈춤	봉산탈춤보존회	탈춤공연장
강릉관노가면극	강릉관노가면극보존회	하회마을	북청사자놀이	북청사자놀이보존회	하회마을
강령탈춤	강령탈춤보존회	탈춤공연장	송파산대놀이	송파산대놀이보존회	탈춤공연장

① Ctrl + N, T를 누르거나 [입력] 탭 – 표(⊞)를 클릭한다.

① 문단 첫 글자를 장식하기 위해 첫 번째 문단에 커서를 놓고, [서식] 탭 – [문단 첫 글자 장식](⿰깸≣)을 선택한다.

② [문단 첫 글자 장식] 대화상자에서 모양 '2줄(2)', 글꼴 '굴림', 면 색 '노랑'으로 설정한다.

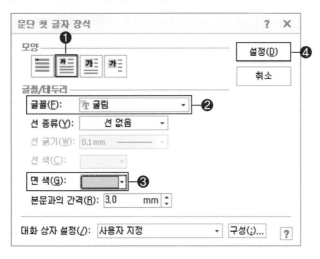

① 한자로 변환할 단어 뒤에 커서를 놓고, [입력] 탭 – [한자 입력](⿰🔧米)을 클릭하거나 F9 또는 [한자]를 누른다.

② [한자로 바꾸기] 대화상자의 한자 목록에서 변경할 한자 '競進大會'를 선택하고 입력 형식을 '한글(漢字)'로 지정한다.

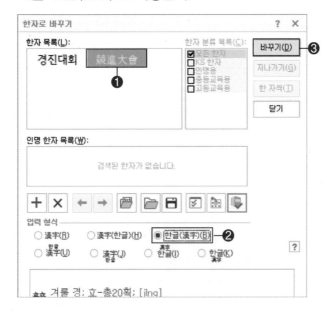

② [표 만들기] 대화상자에서 줄 수 '5', 칸 수 '6'을 설정한 후 '글자처럼 취급'에 체크한다.

기적의 3초컷

표 아래(▼)를 클릭하면 더 쉽게 모양을 잡을 수 있다.

③ 표 앞에 커서를 놓고 [서식] 도구상자에서 [가운데 정렬](⌷)을 설정하여 표를 가운데 정렬시킨다.

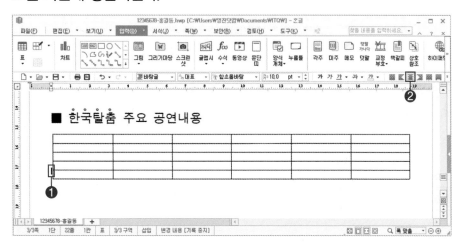

왜 안될까요?

표 앞에 커서가 위치하지 않아요!

표를 작성할 때 [글자처럼 취급]을 체크하지 않았기 때문이에요. 가운데 정렬을 시켜주기 위해서는 먼저 [글자처럼 취급]을 설정해 주세요.

④ 2, 3번째 줄 3번째 칸을 블록 설정한다. → M을 누르거나 [표] 탭 – [셀 합치기](⊞)를 선택하여 셀을 합친다. 마우스 오른쪽 단추를 클릭해도 [셀 합치기]가 보인다.

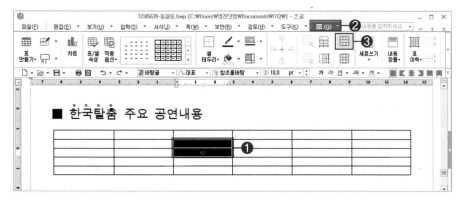

① 제목을 블록 설정하고, [서식] 도구상자에서 '돋움', '18pt', '진하게', [가운데 정렬](臺)을 지정한다.

기적의 3초컷

책갈피 기능은 '그리기 도구 작성' 문제에서 미리 설정하여 하이퍼링크와 함께 지정될 수 있도록 한다.

② 블록 설정된 상태에서 [입력] 탭 – [덧말](_{덧말})을 선택한다.

③ [덧말 넣기] 대화상자의 덧말에 「미래를 향한 최첨단 기술」을 입력하고 덧말 위치를 '위'로 설정한다.

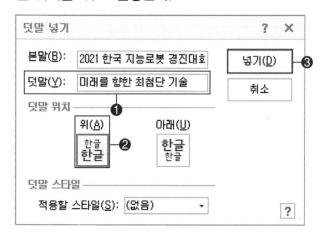

⑤ 3, 4번째 줄 6번째 칸도 블록 설정하고 M을 누른다.

⑥ 표에 내용을 입력하고 셀 경계선 부분을 드래그하여 표의 너비를 조절한다.

기적의 3초컷

표에 내용을 입력할 때 Tab 키를 누르면 다음 칸으로 이동한다.

공연명	주관/단체명	장소	공연명	주관/단체명	장소
가산오광대	가산오광대보존회	탈춤공연장	동래야류	동래야류보존회	탈춤공연장
고성오광대	고성오광대보존회	하회마을	봉산탈춤	봉산탈춤보존회	탈춤공연장
강릉관노가면극	강릉관노가면극보존회	하회마을	북청사자놀이	북청사자놀이보존회	하회마을
강령탈춤	강령탈춤보존회	탈춤공연장	송파산대놀이	송파산대놀이보존회	탈춤공연장

⑦ 표 전체를 블록 설정(F5 세 번)하고 [서식] 도구상자에서 '굴림', '10pt', [가운데 정렬](를)을 설정한다.

기적의 3초컷

표를 블록 설정한 상태에서 Ctrl +방향키로 높이와 너비를 조정할 수 있다.

공연명	주관/단체명	장소	공연명	주관/단체명	장소
가산오광대	가산오광대보존회	탈춤공연장	동래야류	동래야류보존회	탈춤공연장
고성오광대	고성오광대보존회	하회마을	봉산탈춤	봉산탈춤보존회	탈춤공연장
강릉관노가면극	강릉관노가면극보존회	하회마을	북청사자놀이	북청사자놀이보존회	하회마을
강령탈춤	강령탈춤보존회	탈춤공연장	송파산대놀이	송파산대놀이보존회	탈춤공연장

⑧ 첫째 줄을 블록 설정하고 L을 눌러 [셀 테두리/배경] 대화상자에서 '이중 실선'을 '위', '아래'에 설정한다.

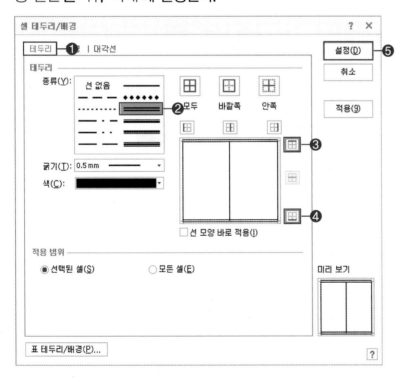

① 3페이지 첫줄에 앞에서 입력한 제목 「2021 한국 지능로봇 경진대회 안내」 아래에 이어
서 본문의 내용을 오타가 생기지 않도록 주의하여 입력한다.

② [쪽] 탭 – [머리말] – [위쪽] – [양 쪽] – [모양 없음]을 선택한다.

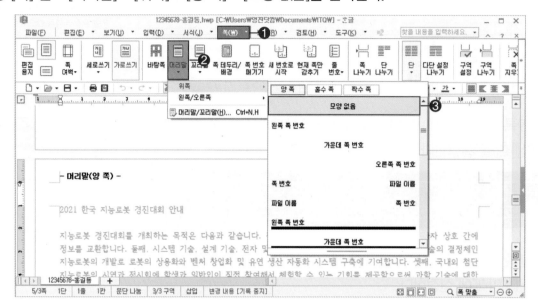

③ 머리말 영역이 표시되면 「지능로봇」을 입력한다. → 텍스트를 블록 설정하여 [서식] 도구
상자에서 '돋움', '10pt', [오른쪽 정렬](▣)을 설정한다.

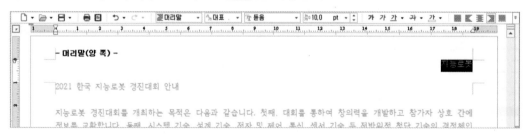

④ [머리말/꼬리말] 탭 – [닫기] 항목 – [머리말/꼬리말 닫기](◀┃)를 클릭한다.

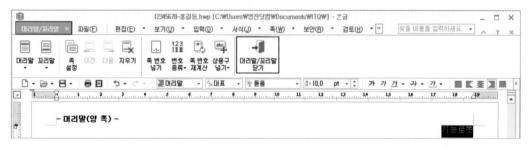

⑨ 마지막 줄을 블록 설정하고 [L]을 눌러 [셀 테두리/배경] 대화상자에서 '이중 실선'을 '아래'에 설정한다.

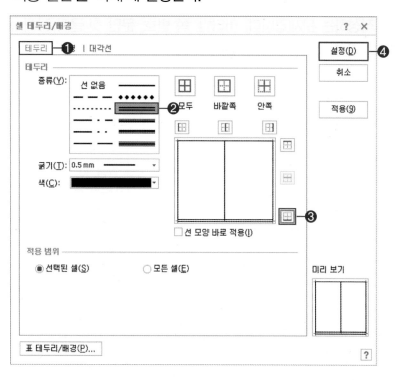

⑩ 셋째 칸을 블록 설정하고 [L]을 눌러 [셀 테두리/배경] 대화상자에서 '이중 실선'을 '오른쪽'에 설정한다.

공연명	주관/단체명	장소	공연명	주관/단체명	장소
가산오광대	가산오광대보존회	탈춤공연장	동래야류	동래야류보존회	탈춤공연장
고성오광대	고성오광대보존회	하회마을	봉산탈춤	봉산탈춤보존회	탈춤공연장
강릉관노가면극	강릉관노가면극보존회	하회마을	북청사자놀이	북청사자놀이보존회	하회마을
강령탈춤	강령탈춤보존회	탈춤공연장	송파산대놀이	송파산대놀이보존회	탈춤공연장

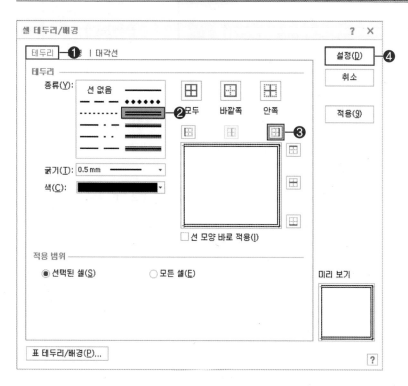

다음은 문서를 여러 기능들을 사용하여 작성하는 문제입니다. 머리말, 쪽 번호, 문단 첫 글자 장식, 문단 번호, 각주, 문자표 입력, 강조점 설정 등의 각 기능들을 확실히 알아두세요.

글꼴 : 돋움, 18pt, 진하게, 가운데 정렬,
책갈피 이름 : 로봇   덧말 넣기

지능로봇

머리말 기능
돋움, 10pt,
오른쪽 정렬

첫 글자 장식 기능
글꼴 : 굴림, 면 색 : 노랑

미래를 향한 최첨단 기술
2021 한국 지능로봇 경진대회 안내

각주

지 능로봇 경진대회®를 개최하는 목적은 다음과 같습니다. 첫째, 대회를 통하여 창의력을 개발하고 참가자 상호 간에 정보를 교환합니다. 둘째, 시스템 기술, 설계 기술, 전자 및 제어, 통신, 센서 기술 등 전방위적 첨단 기술의 결정체인 지능로봇의 개발로 로봇의 상용화와 벤처 창업화 및 유연 생산 자동화 시스템 구축에 기여합니다. 셋째, 국내외 첨단 지능로봇의 시연과 전시회에 학생과 일반인이 직접 참여해서 체험할 수 있는 기회를 제공함으로써 과학 기술에 대한 긍정적인 마인드 향상과 과학 문화 풍토를 조성하여 로봇의 대중화에 기여합니다.

경진대회(競進大會) 종목은 지능로봇 경진대회, 청소로봇 경진대회, 로봇올림픽이며 참가 로봇의 종류는 다음과 같습니다. 지능로봇은 문자, 음성 및 물체 등을 인식해서 작동하는 센서를 이용한 로봇, 청소로봇은 보통의 가정환경을 인식하여 청소를 하는 로봇, 로봇올림픽은 상업적(商業的)인 제품을 사용해도 되나 참가 팀만의 프로그램과 하드웨어적인 기술이 사용된 로봇으로 높이가 60cm 이상을 넘지 않는 제품으로 제한합니다. 참가를 희망하는 분들은 아래 내용을 숙지하여 신청하시기 바랍니다.

■ 경진대회 개최 개요

글꼴 : 궁서, 18pt, 흰색
음영색 : 파랑

그림 위치(내 PC₩문서₩ITQ
₩Picture₩그림5.jpg, 문서에 포함)
자르기 기능 이용,
크기(40mm×40mm),
바깥 여백 왼쪽 : 2mm

가) 참가 신청 및 자격
  a) 신청 기간 : 2021. 2. 11(목) ~ 2. 28(일)
  b) 자격/장소 : 학교, 연구소, 기업체 등의 개인 또는 단체/포항실내체육관
나) 주최 및 주관/후원
  a) 주최 : 경상북도, 포항시, 포항공업대학교
  b) 주관/후원 : 한국지능로봇연구소/특허청, 신일코리아

표 전체 글꼴 : 굴림, 10pt,
가운데 정렬,
셀 배경색(그라데이션) :
유형(수직), 시작색(흰색),
끝색(노랑)

■ 대회 주요 일정 글꼴 : 궁서, 18pt, 밑줄, 강조점

구분	기간	종목별 평가영역 및 점수		
		지능로봇	청소로봇	로봇올림픽
신청 및 접수	2. 11 ~ 2. 28	지능 능력(10점)	지도작성 성능(20점)	30m의 U자형 경기장에서 장애물을 통과한 10개 팀 중 기록이 좋은 순으로 수상자 선정
서류 심사 결과 발표	3. 15	제어 능력(10점)	청소영역 평가(20점)	
본 심사/시연	7. 5 ~ 7. 6	메커니즘(10점)	로봇 가격(10점)	
시상식	7. 7	완성도(10점)	청소 성능(40점)	

문단 번호 기능 사용
1수준 : 20pt, 오른쪽 정렬,
2수준 : 30pt, 오른쪽 정렬
줄 간격 : 180%

한국지능로봇연구소

글꼴 : 돋움, 20pt, 진하게, 장평 130%, 오른쪽 정렬

® 로봇 사진 1매 및 설명서, 시연 동영상 파일, PPT 판넬 자료 1장, 팀장 신분증 1부 제출

각주 구분선 : 5cm

- E - 쪽 번호 매기기, 5로 시작

⑪ 표 전체를 블록 설정하고 ⌊L⌋을 눌러 [셀 테두리/배경] 대화상자에서 '선 없음'을 '왼쪽', '오른쪽'에 설정한다.

⑫ 첫째 줄을 블록 설정하고 ⌊L⌋을 눌러 [셀 테두리/배경] 대화상자의 [배경] 탭에서 그러데이션의 시작 색 '하양', 끝 색 '노랑', 유형 '가운데에서'로 설정한다.

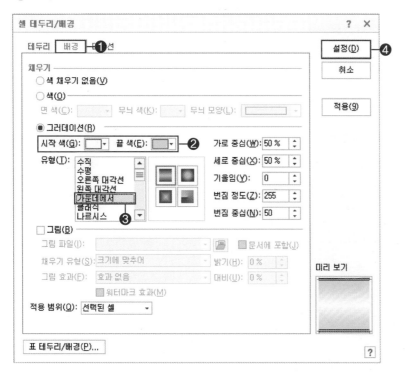

⑦ 입력한 글자 '가'를 블록 설정한다. → [서식] 도구상자에서 '궁서', '20pt', '진하게', [가운데 정렬](憲)을 설정한다.

⑧ [입력] 탭에서 [가로 글상자](圖)를 클릭하여 적당한 크기의 글상자를 그린다. → [도형] 탭에서 [채우기] – [색 없음], [선 스타일] – [선 종류] – [파선](━ ━ ━ ━)으로 설정한다.

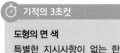
기적의 3초컷

글상자에서 글씨 입력 커서가 나타나지 않으면 여백을 한 번 클릭하고 다시 글상자를 클릭한다.

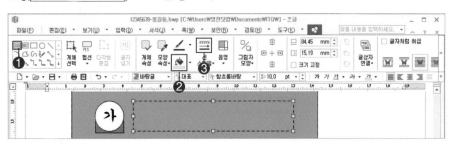

⑨ 글상자에 「지능로봇 경진대회 개최 목적」을 입력하고 텍스트를 블록 설정한다. → [서식] 도구상자에서 '굴림', '18pt', [가운데 정렬](憲)을 설정한다.

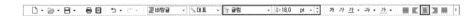

⑩ 출력 형태를 참고하여 글상자를 드래그하면서 위치를 조정한다.

⑪ 그려진 직사각형, 타원, 글상자를 Shift를 누른 채 선택한다.

⑫ Ctrl + Shift를 누른 채 드래그하여, 도형을 복사한다.

기적의 3초컷

도형의 면 색
특별한 지시사항이 없는 한 '색 없음'을 제외하고 서로 다르게 임의로 지정하면 된다.

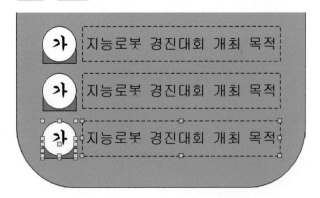

⑬ 복사된 도형의 색상과 텍스트를 문제지의 내용대로 수정한다.

(재)안동축제관광조직위원회

① 「(재)안동축제관광조직위원회」를 입력 후 블록 설정한다. → Alt + L 을 누르거나 [서식] – [글자 모양](가)을 선택하여 [기본] 탭에서 '25pt', '돋움', 장평 '95%', '진하게'를 설정한다.

② [서식] 도구상자에서 [가운데 정렬](三)을 설정한다.

SECTION **13** 쪽 번호 매기기

- A -

① Ctrl + N , P 를 누르거나 [쪽] 탭 – [쪽 번호 매기기](⊡)를 선택한다.

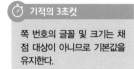

⏱ 기적의 3초컷

쪽 번호의 글꼴 및 크기는 채점 대상이 아니므로 기본값을 유지한다.

② [개체 속성] 대화상자의 [기본] 탭에서 크기를 '15mm×6mm'로 지정하고, '크기 고정'에 체크한다. → [채우기] 탭에서 면 색을 임의의 색으로 설정한다.

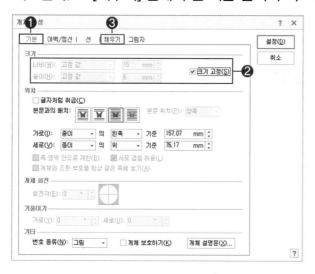

③ [입력] 탭에서 [타원](◯)을 클릭하여 그린 후, 마우스 오른쪽 단추를 클릭한다.

④ [개체 속성]을 선택하고 [기본] 탭에서 크기를 '15mm×15mm'로 지정하고, '크기 고정'에 체크한다.

⑤ [채우기] 탭에서 면 색을 '하양'으로 설정한다.

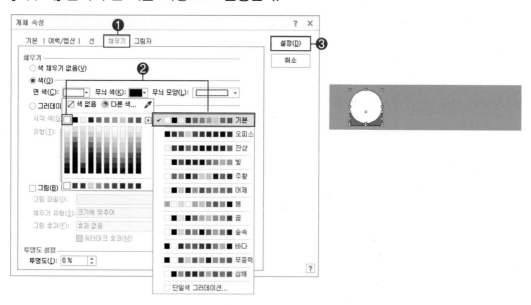

⑥ 타원이 선택된 상태에서 [도형] 탭( )의 [글자넣기]( )를 선택하여 「가」를 입력한다.

② [쪽 번호 매기기] 대화상자에서 번호 위치 '가운데 아래', 번호 모양 'A, B, C'로 설정하고 '줄표 넣기'에 체크한다.

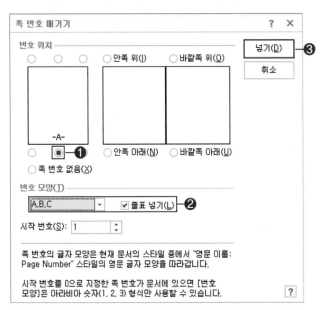

③ [쪽] 탭 – [새 번호로 시작](🔢)을 선택하고 [새 번호로 시작] 대화상자에서 번호 종류 '쪽 번호', 시작 번호 '1'을 설정한다.

⏱ 기적의 3초컷

1, 2페이지에 쪽 번호를 표시하지 않으려면
1, 2페이지에 커서를 놓고 [쪽] 탭 – [쪽 모양] 항목 – [현재 쪽만 감추기]를 선택하여 [감추기] 대화상자가 나타나면 감출 내용을 '쪽 번호'로 선택한다.

SECTION 14 파일 저장

① [파일] 탭 – [저장하기] 또는 Alt + S (💾)를 눌러 완성된 문서를 저장한다.

② 저장 경로가 '내 PC\문서\ITQ'이고 파일명(수험번호-성명)이 제대로 되어 있는지 확인한다.

💡 왜 안될까요?

분명히 저장을 했는데 일부분만 저장되었어요!
블록 설정이 된 상태로 저장하면 전체 문서 대신 블록 설정된 부분만 저장됩니다. 저장할 때 블록 설정된 부분이 없도록 Esc 를 한 번 누른 후 저장하세요.

③ 마우스 오른쪽 단추를 클릭하여 [개체 속성]을 선택한다. → [기본] 탭에서 크기를 '40mm×35mm'로 지정하고, '크기 고정'에 체크한 후 본문과의 배치는 '글 앞으로'를 설정한다.

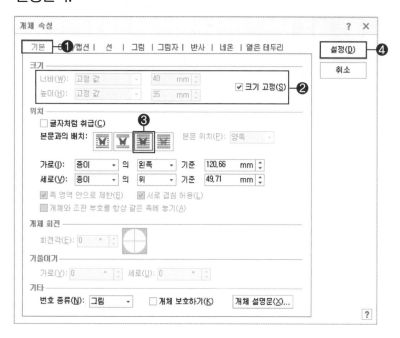

④ [그림] 탭 – [색조 조정] – [회색조]를 선택하고 그림 위치를 조절한다.

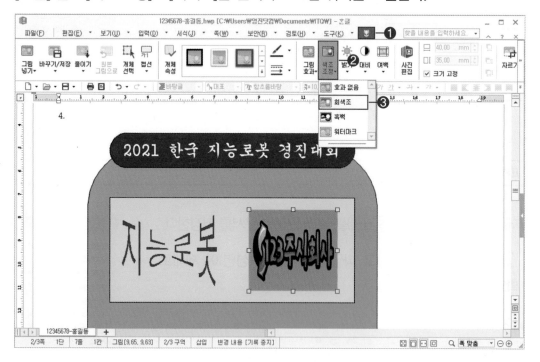

도형 그리기

① [입력] 탭에서 [직사각형](▢)을 클릭하여 도형을 그린 후, 마우스 오른쪽 단추를 클릭하여 [개체 속성]을 선택한다.

문제유형 ❶　　정답파일 ▶ chapter 7-01.hwp

글꼴 : 궁서, 20pt, 진하게, 가운데 정렬, 책갈피 이름 : 수자원, 덧말 넣기

물사랑실천◀

머리말 기능
돋움, 10pt,
오른쪽 정렬

문단 첫 글자 장식 기능
글꼴 : 돋움, 면 색 : 노랑

생명체의 근원! 물!
소중한 물, 절약하는 지혜가 필요할 때

물은 생명체의 근원이 될 뿐만 아니라 인간의 음용수 및 생활용수를 비롯하여 농업용수와 공업용수로 중요하게 활용되고 있으며, 생태계(生態界)의 기능을 유지시키는 역할을 한다. 지구상에 존재하는 물 가운데 약 97.5%가 바닷물이며, 1.7%는 극지방에서 빙상과 빙하로 존재하고, 약 0.8%만이 식수, 관개용수 및 공업용수로 이용할 수 있다. 물 소비량이 크게 늘어 1인당 하루 평균 300L 이상을 쓰는 미국에서는 가정생활, 잔디, 스프링클러, 세차 등으로 엄청난 양의 물을 소비하고 있다. 그러나 케냐의 시골주민들은 최소 생존량인 80L에서 크게 모자라는 단 5L의 물을 쓰고 있다.

각주

우리나라는 급증하고 있는 용수 수요(需要)를 확보하기 위하여 체계적이고 효율적인 물관리 종합대책ⓐ를 추진 중에 있다. 용수 수요 전망에 따르면 2011년 370억 톤을 기준으로 할 때에 2021년에는 400억톤의 용수가 필요할 것으로 전망되고 있다. 늘어나는 용수 수요를 해결하기 위하여 댐, 지하수 개발, 중수로 이용 시스템 및 용수재이용 기술개발 등 다각적인 노력을 시도하고 있다. 우리나라 가정에서 10%의 물을 절약하면 연간 20억 톤(약 5천억원)이 절약된다고 한다. 그러므로 물의 중요성과 물 절약에 대한 국민적 의식 전환이 절실히 요구된다.

그림위치(내 PC₩문서₩ITQ
₩Picture₩그림4.jpg,
문서에 포함),
자르기 기능 이용,
크기(40mmX35mm),
바깥 여백 왼쪽 : 2mm

글꼴 : 돋움, 18pt, 진하게,
흰색, 음영색 : 빨강

◉ 물 절약 생활 수칙

(ㄱ) 가정에서 실천 수칙
　　(1) 부엌에서 - 설거지통 이용으로 60% 절수
　　(2) 욕실에서 - 양치질 할 때 물 컵 사용으로 70% 절수
(ㄴ) 공공기관 실천 수칙
　　(1) 절수기와 물 재이용 시설의 설치를 적극 장려
　　(2) 가정과 기업의 물 사랑 운동을 적극 지원

◉ 국가별 1인당 연간 재생 가능 수자원량

글꼴 : 돋움, 18pt, 진하게, 그림자, 강조점

순위	국가명	수자원량	순위	국가명	수자원량
146위	한국	1,491	134위	독일	1,878
104위	프랑스	3,439	142위	폴란드	1,596
106위	일본	3,383	148위	이스라엘	276
127위	영국	2,465	156위	이집트	859
128위	중국	2,259	157위	레바논	1,261
133위	인도	1,880	167위	이라크	276

- 우리나라는 180개국(지역) 중에서 146위로 수자원의 양이 부족하다.
- 우리나라는 122개 국가 중에서 8위(수질지수 : 1.27)로 수질은 상대적으로 양호하다.

표 전체 글꼴 : 굴림, 10pt,
가운데 정렬, 셀 배경색
(그러데이션) : 유형(왼쪽 대각
선), 시작색(흰색), 끝색(노랑)

문단 번호 기능 사용,
1수준 : 20pt, 오른쪽 정렬,
2수준 : 30pt, 오른쪽 정렬
줄 간격 : 180%

수 자 원 관 리 위 원 회

글꼴 : 돋움, 22pt, 장평 120%, 자간 10%, 가운데 정렬

ⓐ 물관리에 관한 장기계획으로 수질부분 대책이 10개년 계획

각주 구분선 : 5cm

쪽 번호 매기기, 5로 시작　- 마 -

③ 하이퍼링크를 설정할 글맵시 「지능로봇」을 클릭하고 [입력] 탭 – [하이퍼
링크]()를 선택한다. → [하이퍼링크] 대화상자에서 연결 대상을 '로봇'
으로 선택하고 [넣기]를 클릭한다.

⏱ **기적의 3초컷**

하이퍼링크가 설정되면 글맵
시 또는 그림 위에 마우스 포
인터를 가져갔을 때 마우스 포
인터의 모양이 손 모양으로 바
뀐다.

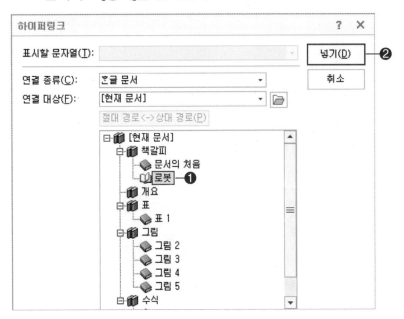

SECTION 05 | 그림 삽입

① Ctrl + N, I 를 누르거나 [입력] 탭 – [그림]()을 선택한다.

② '내 PC₩문서₩ITQ₩Picture'폴더에서 문제에서 제시한 '로고2.jpg'를
선택하고, '문서에 포함'에 체크한다. → [넣기]를 클릭하고 마우스로 여백
에 드래그하여 그림을 삽입한다.

⏱ **기적의 3초컷**

그림 삽입
그림 삽입 시 반드시 문제에서
제시한 파일명의 그림을 선택
한다.

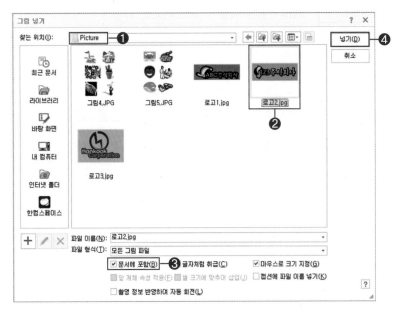

글꼴 : 궁서, 20pt, 가운데 정렬, 책갈피 이름 : 로봇전, 덧말 넣기

참가신청

문단 첫 글자 장식 기능
글꼴 : 굴림, 면 색 : 노랑

일본로봇공업회
2021 도쿄 국제 로봇전 참가 신청

각주

머리말 기능
돋움, 9pt, 오른쪽 정렬

일 본로봇공업회와 일간공업신문사가 주관하는 2021 도쿄 국제 로봇전①은 세계 최대 로봇공학 전문 무역 박람회(博覽會)로서 전세계에서 생산.수출되는 로봇제품의 전시를 위한 것입니다. 이 박람회의 출품 대상은 수출라이센스를 가지고 있는 기업체에서 생산되는 제품입니다.

국제 로봇전은 1974년부터 시작하여 올해까지 23회에 걸쳐 로봇산업의 발전에 공헌하고자 격년제로 실시되고 있습니다. 전시되는 로봇은 산업용, 모의실험용, 생활복지를 위한 홈오토용, 마이크로 머신과 관련된 초미립자용, 전자 부품 및 디바이스용과 정보통신용 로봇 등 다양한 로봇입니다. 전시기간 동안 로봇 관련 신기술 소개를 위한 세미나 및 공개토론, 로봇시연, 일반인들을 위한 로봇경진대회 개최, 각종 이벤트, 로봇 관련 도서, 소프트웨어, PR 자료 전시 및 광고, 전시품목 판매 등을 실시할 계획입니다. 본 전시회는 전세계에서 활동하는 권위있는 학자, 로봇전문가, 엔지니어, 수출입업자 등이 참여하여 성공적인 개최가 되리라고 전망합니다. 15만명 이상의 방문객(訪問客)들이 참관하는 세계 최대의 로봇 무역 박람회에 사업 확장 및 신상품 정보수집, 고부가가치 사업 창출에 관심이 있는 회사나 관련 업종에 종사하는 분들의 많은 참여를 바랍니다.

그림위치(내 PC
₩문서₩ITQ
₩Picture₩그림
4.jpg,
문서에 포함),
자르기 기능 이용,
크기
(45mmX40mm),
바깥 여백 왼쪽 :
2mm

★ 전시회 행사 개요

글꼴 : 돋움, 18pt, 진하게,
흰색, 음영색 : 빨강

(ㄱ) 행사 일정
   (1) 기간 및 방문객수 : 2021. 02. 03(수) ~ 02. 06(토), 150,000명 예상
   (2) 전시회장 및 동시 개최 행사명 : 동경 빅사이트, 2021 부품공급장치전
(ㄴ) 주관 및 개최시간
   (1) 전시주관 : 사단법인 일본로봇공업회, 일간공업신문사
   (2) 개최시간 : 10:00 ~ 17:00(단, 02. 04(목)은 16:30에 전시장을 폐장함)

문단 번호 기능 사용,
1수준 : 20pt, 오른쪽 정렬,
2수준 : 30pt, 오른쪽 정렬
줄 간격 : 180%

★ 전시영역 및 세부내용

글꼴 : 돋움, 18pt, 진하게, 그림자, 강조점

로봇 영역	품목	전시장소	참가업체	전시회 개최 목적	예상 방문객수	설치 부스
산업용	산업용 기기	East hall 1	123	– 거래선 유통채널 구축	33,000	162
모의실험용	CCD,마이크로캠	East hall 2	218	– 기존 및 신고객 관리	59,000	274
홈오토	청소,인형,교육	East hall 3	97	– 시장조사 및 트렌드 분석	27,000	146
초미립자	마이크로 기계	East hall 4	63	– 상담/계약 관련 세일즈	22,000	105
디바이스	센서, 캠, 캐드	East hall 5	59	– 브랜드 포지셔닝/시연	19,000	94
				– 제품/관련 산업 발전 동향 분석		

표 전체 글꼴 : 굴림, 10pt,
가운데 정렬,
셀 배경색(그러데이션) : 유형
(수평), 시작색(노랑), 끝색(흰색)

국제 로봇 전시위원회

글꼴 : 궁서, 23pt, 장평 110%, 진하게, 가운데 정렬

① Japan Robot Association(JARA)의 주관으로 2021 International Robot Exhibition(IREX)을 개최함

각주 구분선 : 5cm

- ① -

쪽 번호 매기기, 1로 시작

③ [글맵시] 탭()에서 [채우기]()를 클릭하여 색을 '파랑'으로 설정한다. → [크기] 항목에서 크기는 '45mm×35mm'로 설정하고, '크기 고정'에 체크한다. → 「지능로봇」에 마우스 오른쪽 단추를 클릭하여 [본문과의 배치] – [글 앞으로]를 선택한다.

④ 출력 형태를 참고하여 글맵시 개체를 드래그하여 이동시킨다.

---

① 3페이지의 '문서작성 능력평가' 첫줄에 「2021 한국 지능로봇 경진대회 안내」를 입력하고 [입력] 탭 – [책갈피](📖)를 선택한다.

② [책갈피] 대화상자에서 책갈피 이름 「로봇」을 입력하고 [넣기]를 클릭한다.

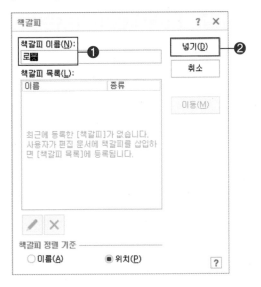

> ⏱ **기적의 3초컷**
>
> 하이퍼링크를 지정하기 전에 책갈피(문서작성 능력평가)가 먼저 설정되어 있어야 하이퍼링크를 지정할 수 있다. 책갈피 설정 시 3페이지의 제목부터 먼저 입력하고 문제 풀이를 하면 하이퍼링크 설정을 잊지 않고 처리할 수 있다.

문단 첫 글자
장식 기능
글꼴 : 굴림
면 색 : 노랑

머리말 기능, 돋움, 10pt, 오른쪽 정렬 ➡ CS경영센터 공개교육

글꼴 : 궁서, 22pt, 오른쪽 정렬,
책갈피 이름 : 고객만족, 덧말 넣기

한국생산성본부
공공부문 CS경영혁신전략

각주

경영혁신은 민간기업 뿐 아니라 공공부문에 있어서도 지속적인 경쟁력 확보를 위한 중요한 화두로 대두(擡頭)되고 있습니다. 본 교육과정ⓐ은 공공부문에서의 혁신과 CS경영의 의미에 대해 살펴보고, CS경영을 통한 혁신전략 방안들에 대한 연구 및 우수사례 벤치마킹을 통해 자사(관)의 기존 CS전략을 진단하고 효과적인 CS경영혁신의 방향을 모색하는데 그 목적이 있습니다. CS경영을 통해 자사(관)의 지속적인 혁신과 CS경영수준의 향상을 도모하고자 하는 실무자들의 많은 관심과 참여를 바랍니다.

CS경영센터 사내교육 프로그램은 기존 서비스/친절 교육과정과 차별화된 고객접점(顧客接點) 실무자 위주의 진정한 CS실천교육 프로그램이라고 할 수 있습니다. 그 특징으로는 업무프로세스 분석을 통한 실제적인 고객만족 마인드 필요성 및 중요성 인식과 개인/부서/회사 차원의 CS슬로건 구축과 실시방안 도출, 개인별 실습과 팀별 워크샵을 통한 교육효과 극대화, 사명선언패 등 교육결과의 가시화를 통한 교육효과 지속 등이 있습니다. 전체 사내교육테마는 CS경영마인드 함양을 위한 CS전략, 고객접점 서비스 스킬 향상을 위한 CS서비스, 컨택센터 매니지먼트실무를 위한 컨택센터로 구성되어 있습니다.

그림위치(내 PC₩문서₩ITQ₩Picture ₩그림4.jpg, 문서에 포함), 자르기 기능 이용, 크기 (40mmX30mm), 바깥 여백 왼쪽 : 2mm

◐ **교육일정 및 수강신청**

글꼴 : 굴림, 18pt, 진하게, 흰색, 음영색 : 빨강

  ① 교육일정
    (ㄱ) 제1차 : 2021. 04. 19(월) - 2021. 04. 21(수)
    (ㄴ) 제2차 : 2021. 09. 20(월) - 2021. 09. 22(수)
  ② 온라인 신청 또는 전화 접수
    (ㄱ) 온라인 신청 : NCSI 홈페이지(http://www.ncsi.or.kr)
    (ㄴ) 전화 : 02-398-4365, 4372, 4379(CS경영센터 교육팀)

문단 번호 기능 사용,
1수준 : 20pt, 오른쪽 정렬,
2수준 : 30pt, 오른쪽 정렬
줄 간격 : 180%

◐ **공공부문 CS경영혁신전략 교육 프로그램**

글꼴 : 굴림, 18pt, 진하게, 양각, 강조점

구분	일자	강사명	교육시간	교육내용	교육장소
1일차	4.19(월)	김덕순	09:00-12:00	공공부문 고객만족도 조사를 통한 혁신	207호
	7시간	이배영	13:30-17:30	공공부문 CS마인드 혁신과 경영원칙	멀티센터
2일차	4.20(화)	홍기동	09:00-14:00	공공부문 고객접점서비스 혁신	219호
	7시간	강성준	15:30-17:30	우정사업본부의 CSM 로드맵	305호
3일차	4.21(수)	이순정	09:00-12:00	CS전략수립 프로세스	413호
	6시간	강치윤	13:30-16:30	자사 CS경영혁신을 위한 전략수립	세미나실

\- 온라인 수강등록이 완료되면 알려주신 e-mail 주소로 확인메일이 발송됩니다.

표 전체 글꼴 : 돋움, 10pt, 가운데 정렬, 셀 배경색(그러데이션) : 유형(가운데에서), 시작색 (노랑), 끝색(흰색)

한국생산성본부 CS경영센터

글꼴 : 궁서, 25pt, 진하게, 장평 105%, 가운데 정렬

―――――――
ⓐ 본 교육은 노동부의 교육훈련비 지원(환급)과정

각주 구분선 : 5cm

\- 가 -

쪽 번호 매기기, 1로 시작

④ 제목 「2021 한국 지능로봇 경진대회」를 입력한 후 제목을 블록 설정한다. → [서식] 도구
상자에서 '궁서', '20pt', 글자 색 '하양', '가운데 정렬'을 설정한다.

⑤ 글상자의 위치를 조절하고 설정한 글꼴과 정렬을 확인한다.

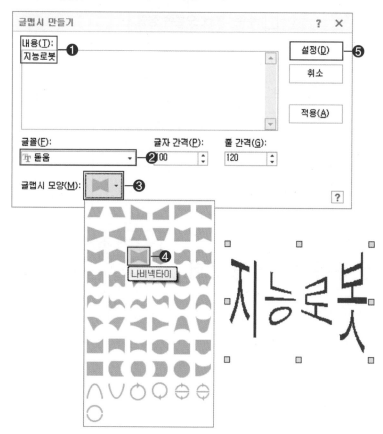

SECTION 03 글맵시

① [입력] 탭 – [개체] 항목 – [글맵시](가나다)를 선택한다.

② [글맵시 만들기] 대화상자의 내용에 「지능로봇」을 입력하고, '돋움'을 설정한 후 글맵시
모양을 '(나비넥타이)'로 설정한다.

글꼴 : 궁서, 20pt, 가운데 정렬, 책갈피 이름 : 식품전, 덧말 넣기

식품 전시회

머리말 기능
궁서, 10pt, 오른쪽 정렬

문단 첫 글자
장식 기능
글꼴 : 돋움
면 색 : 노랑

국내 최고의 식품 전문전시회
2021 서울국제식품전시회

각주

금년에 개최되는 2021 서울국제식품전㉮(SEOUL int'l FOOD 2021)은 국제전시연맹의 국제 인증을 국내 최초로 획득한 전시회(展示會)로서 1983년 개최된 이래 26회를 맞이하는 국내 최고의 식품(食品) 전문전시회이다. 이 전시회에는 아시아 지역의 대표적 식품전시회 주최사인 올월드전시회와 전략적 제휴를 통해 40개국 해외 업체를 포함하여 국내 1,123업체가 참여하게 된다. 총면적 3만 1천 평방미터 규모에 1,300여개의 부스가 설치되는 국제적 식품전시회로서 서울국제식품안전전시회와 국제식품기술전이 역대 최대 규모로 동시 개최된다.

대한무역공사는 100여 개의 해외무역관을 통해 유치한 총 3천여 명의 해외 바이어와 국내 유관기관의 협조를 통해 관련 업계종사자 5만여 명이 전시장을 방문할 것으로 예상하며, 국내외 바이어들이 약 3억 달러 규모의 상담과 2억 달러 규모의 계약이 체결되리라 기대한다.

★ 서울국제식품전시회 개요

글꼴 : 돋움, 18pt, 흰색, 음영색 : 빨강

그림위치(내 PC\문서\ITQ \Picture\그림5.jpg, 문서에 포함), 자르기 기능 이용, 크기(40mmX35mm), 바깥 여백 왼쪽 : 2mm

가) 서울국제식품전시회
　　a) 전시 기간 : 2021. 6. 16(수) - 6. 19(토)(4일간)
　　b) 전시 시간 : 평일 오전 10시 - 오후 5시
나) 전시 주관 및 후원
　　a) 전시 주최 : 대한무역공사, 한국식품공업협회
　　b) 전시 후원 : 산업자원부, 문화관광부, 보건복지부

★ 2021 서울국제식품산업대전 개최 계획

글꼴 : 돋움, 18pt, 강조점

전시명	장소	전시분야	참관바이어
서울국제식품기술전	킨텍스 1-2홀	기계기기	3,000여명
서울국제식품안전전시회	킨텍스 2홀	위생안전	
서울국제식품전시회	킨텍스 3-5홀	식품류 및 호텔용품	
문의처	서울국제식품전(국내관/국제관) 02-3460-7766		
	서울국제식품기술전과 서울국제식품안전전시회 02-3460-7767		

- 전시회 희망 참가업체는 홈페이지에 참가업체 디렉토리 등록을 필해야 함

문단 번호 기능 사용,
1수준 : 20pt, 오른쪽 정렬,
2수준 : 30pt, 오른쪽 정렬
줄 간격 : 180%

2021 서울국제식품전 추진위원회

글꼴 : 궁서, 20pt, 진하게, 장평 110%, 가운데 정렬

표 전체 글꼴 : 돋움, 10pt, 가운데 정렬,
셀 배경색(그러데이션) : 유형(가운데에서), 시작색(흰색), 끝색(노랑)

㉮ 국내관은 6월 18일 - 6월 19일(2일간) 개최

각주 구분선 : 5cm

- ii -　쪽 번호 매기기, 2로 시작

① Ctrl + N , B 를 누르거나 [입력] 탭에서 [가로 글상자](▤)를 클릭하여 글상자를 그린다.

② 글상자에 마우스 오른쪽 단추를 클릭하여 [개체 속성]을 선택한다. → [기본] 탭에서 크기를 '110mm×15mm'로 지정하고, '크기 고정'에 체크한다.

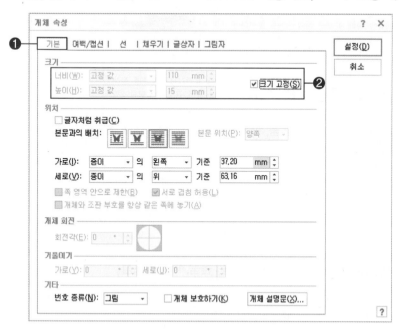

③ [선] 탭에서 사각형 모서리 곡률을 '반원'으로 선택하고, [채우기] 탭에서 면 색을 '빨강'으로 설정한다.

기적의 3초컷

도형의 면 색 지정
도형의 면 색은 지시사항이 없으면 '색 없음'을 제외하고 겹쳐 있는 도형과 구별될 수 있는 임의의 색으로 지정한다.

기출문제
따라하기

 차례

④ [채우기] 탭에서 면 색을 임의의 색으로 지정한다.

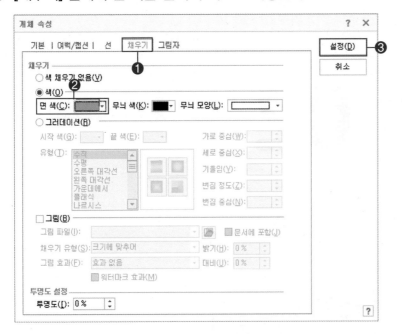

⑤ 다시 [입력] 탭에서 [직사각형](□)을 클릭하여 사각형을 그리고, 사각형을 더블 클릭하거나 마우스 오른쪽 단추를 클릭하여 [개체 속성]을 선택한다. → [개체 속성] 대화상자의 [기본] 탭에서 크기를 '110mm×45mm'로 지정하고, '크기 고정'에 체크한다.

⑥ [채우기] 탭에서 면 색을 임의의 색으로 지정한다.

⑦ 출력형태를 참고하여 마우스로 도형의 위치를 조절한다.

⏱ **기적의 3초컷**

아래쪽에 있는 도형부터 순서대로 그리면 정렬을 할 필요가 없으므로 쉽게 작업할 수 있다.

⏱ **기적의 3초컷**

도형이나 그림 작성 시 '크기 고정'에 체크를 하여 회전이나 이동 등의 편집으로 인해 개체의 크기가 변경되지 않도록 한다. 시험에서 도형이나 그림의 크기가 지시되므로 반드시 '크기 고정'에 체크한다.

과목	코드	문제유형	시험시간	수험번호	성명
아래한글	1111	A	60분		

수험자 유의사항

- 수험자는 문제지를 받는 즉시 문제지와 **수험표상의 시험과목(프로그램)이 동일한지 반드시 확인**하여야 합니다.
- 파일명은 본인의 "수험번호—성명"으로 입력하여 답안폴더(내 PC₩문서₩ITQ)에 하나의 파일로 저장해야 하며, 답안문서 파일명이 "수험번호—성명"과 일치하지 않거나, 답안파일을 전송하지 않아 미제출로 처리될 경우 실격 처리합니다(예:12345678—홍길동.hwp).
- 답안 작성을 마치면 파일을 저장하고, '답안 전송' 버튼을 선택하여 감독위원 PC로 답안을 전송하십시오. 수험생 정보와 저장한 파일명이 다를 경우 전송되지 않으므로 주의하시기 바랍니다.
- 답안 작성 중에도 **주기적으로 저장하고, '답안 전송'**하여야 문제 발생을 줄일 수 있습니다. 작업한 내용을 저장하지 않고 전송할 경우 이전에 저장된 내용이 전송되니 이점 유의하시기 바랍니다.
- 답안문서는 지정된 경로 외의 다른 보조기억장치에 저장하는 경우, 지정된 시험 시간 외에 작성된 파일을 활용할 경우, 기타 통신수단(이메일, 메신저, 네트워크 등)을 이용하여 타인에게 전달 또는 외부 반출하는 경우는 부정 처리합니다.
- 시험 중 부주의 또는 고의로 시스템을 파손한 경우는 수험자가 변상해야 하며, 〈수험자 유의사항〉에 기재된 방법대로 이행하지 않아 생기는 불이익은 수험생 당사자의 책임임을 알려 드립니다.
- 문제의 조건은 한컴오피스 NEO(2016) 버전으로 설정되어 있으니 유의하시기 바랍니다.
- 시험을 완료한 수험자는 답안파일이 전송되었는지 확인한 후 감독위원의 지시에 따라 문제지를 제출하고 퇴실합니다.

답안 작성요령

- **온라인 답안 작성 절차**
  수험자 등록 ⇒ 시험 시작 ⇒ 답안파일 저장 ⇒ 답안 전송 ⇒ 시험 종료
- **공통 부문**
- 글꼴에 대한 기본설정은 함초롬바탕, 10포인트, 검정, 줄간격 160%, 양쪽정렬로 합니다.
- 색상은 조건의 색을 적용하고 색의 구분이 안 될 경우에는 RGB 값을 적용하십시오
  (빨강 255,0,0 / 파랑 0,0,255 / 노랑 255,255,0).
- 각 문항에 주어진 ≪조건≫에 따라 작성하고 언급하지 않은 조건은 ≪출력형태≫와 같이 작성합니다.
- 용지여백은 왼쪽·오른쪽 11mm, 위쪽·아래쪽·머리말·꼬리말 10mm, 제본 0mm로 합니다.
- 그림 삽입 문제의 경우 「내 PC₩문서₩ITQ₩Picture」 폴더에서 지정된 파일을 선택하여 삽입하십시오.
- 삽입한 그림은 반드시 문서에 포함하여 저장해야 합니다(미포함 시 감점 처리).
- 각 항목은 지정된 페이지에 출력형태와 같이 정확히 작성하시기 바라며, 그렇지 않을 경우에 해당 항목은 0점 처리됩니다.
  ※ 페이지구분 : 1페이지 – 기능평가 I (문제번호 표시 : 1. 2.),
        2페이지 – 기능평가 II (문제번호 표시 : 3. 4.),
        3페이지 – 문서작성 능력평가
- **기능평가**
- 문제와 ≪조건≫은 입력하지 않으며 문제번호와 답(≪출력형태≫)만 작성합니다.
- 4번 문제는 묶기를 했을 경우 0점 처리됩니다.
- **문서작성 능력평가**
- A4 용지(210mm×297mm) 1매 크기, 세로 서식 문서로 작성합니다.
- ▭ 표시는 문서작성에 대한 지시사항이므로 작성하지 않습니다.

① 문제 번호 「4.」 옆에 마우스를 클릭하고, [Enter]를 눌러 다음 줄로 이동한다.

② [입력] 탭에서 [직사각형](□)을 클릭하여 사각형을 그린다. → 사각형을 더블 클릭하거나 마우스 오른쪽 단추를 클릭하여 [개체 속성]을 선택한다.

③ [개체 속성] 대화상자의 [기본] 탭에서 크기를 '130mm×140mm'로 설정하고, '크기 고정'에 체크한다. → [선] 탭에서 사각형 모서리 곡률 '둥근 모양'을 선택한다.

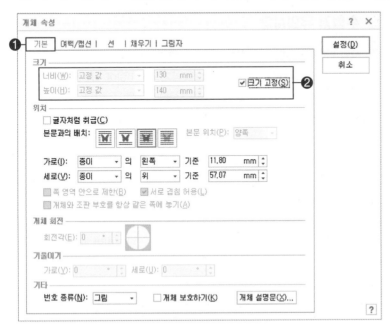

01 다음의 ≪조건≫에 따라 스타일 기능을 적용하여 ≪출력형태≫와 같이 작성하시오.   50점

조건	(1) 스타일 이름 – robot (2) 문단 모양 – 왼쪽 여백 : 10pt, 문단 아래 간격 : 10pt (3) 글자 모양 – 글꼴 : 한글(돋움)/영문(굴림), 크기 : 10pt, 장평 : 95% 자간 5%
출력형태	We are to hold this contest to breed talented individuals in science technologies and make it easy and convenient for everybody to use and handle them in everyday lives. 인간 생활의 새로운 패러다임을 열어갈 로봇 경연대회는 참가자 상호 간에 정보를 교환하며 창의력을 개발하고 지능 로봇의 시연과 전시를 통해 일반인이 직접 체험할 수 있는 기회를 제공합니다.

02 다음 ≪조건≫에 따라 ≪출력형태≫와 같이 표와 차트를 작성하시오.   100점

표 조건	(1) 표 전체(표, 캡션) – 굴림, 10pt (2) 정렬 – 문자 : 가운데 정렬, 숫자 : 오른쪽 정렬 (3) 셀 배경색 : 노랑 (4) 한글의 계산 기능을 이용하여 빈칸에 합계를 구하고, 캡션 기능 사용할 것 (5) 선 모양은 ≪출력형태≫와 동일하게 처리할 것

연도별 로봇경진대회 참가 현황(단위 : 명)

구분	2020년	2019년	2018년	2017년	2016년
지능로봇	1,760	1,408	964	876	916
청소로봇	1,404	1,280	916	720	884
로봇올림픽	980	896	560	496	620
합계					

차트 조건	(1) 차트 데이터는 표 내용에서 구분별 2020년, 2019년, 2018년의 값만 이용할 것 (2) 종류 – 〈묶은 세로 막대형〉으로 작업할 것 (3) 제목 – 궁서, 진하게, 12pt, 배경 – 선 모양(한 줄로), 그림자(2pt) (4) 제목 이외의 전체 글꼴 – 굴림, 보통, 10pt (5) 기타 나머지 사항은 ≪출력형태≫와 동일하게 처리할 것

출력형태	

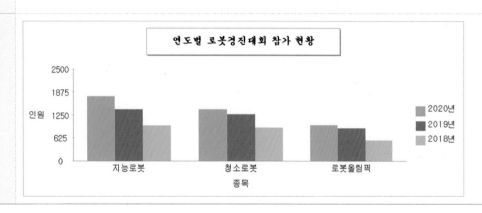

4번 문제는 그리기 도구상자를 이용한 그리기 작성 능력을 평가하는 문제입니다. 도형 및 글상자 그리기 작업, 글맵시와 하이퍼링크 설정, 그림 삽입 등의 연습이 필요합니다. 제시된 조건을 빠트리지 않고 작성하세요.

조건

(1) 그리기 도구를 이용하여 작성하고, 모든 도형(글맵시, 지정된 그림 포함)을 ≪출력형태≫와 같이 작성하시오.

(2) 도형의 면 색은 지시사항이 없으면 색 없음을 제외하고 서로 다르게 임의로 지정하시오.

출력형태

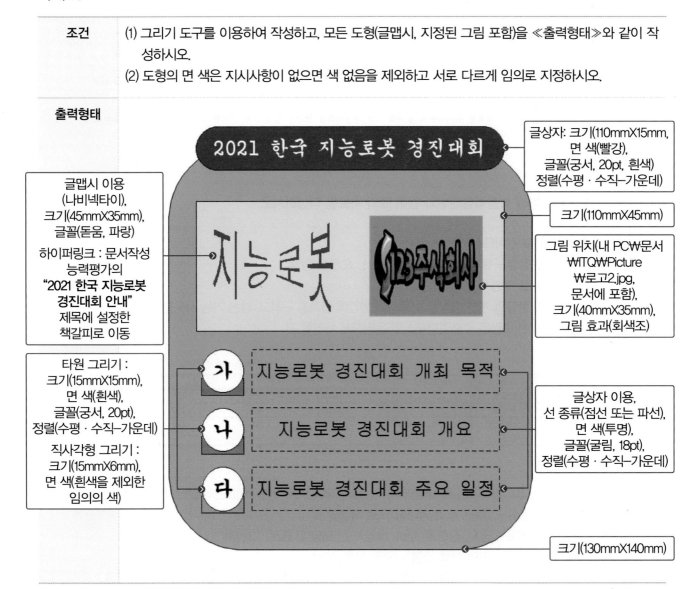

글상자: 크기(110mmX15mm, 면 색(빨강), 글꼴(궁서, 20pt, 흰색) 정렬(수평·수직-가운데)

글맵시 이용 (나비넥타이), 크기(45mmX35mm), 글꼴(돋움, 파랑)
하이퍼링크 : 문서작성 능력평가의 **"2021 한국 지능로봇 경진대회 안내"** 제목에 설정한 책갈피로 이동

크기(110mmX45mm)

그림 위치(내 PC₩문서 ₩ITQ₩Picture ₩로고2.jpg, 문서에 포함), 크기(40mmX35mm), 그림 효과(회색조)

타원 그리기 : 크기(15mmX15mm), 면 색(흰색), 글꼴(궁서, 20pt), 정렬(수평·수직-가운데)
직사각형 그리기 : 크기(15mmX6mm), 면 색(흰색을 제외한 임의의 색)

글상자 이용, 선 종류(점선 또는 파선), 면 색(투명), 글꼴(굴림, 18pt), 정렬(수평·수직-가운데)

크기(130mmX140mm)

03 수식 편집기로 다음 수식 (1), (2)를 각각 입력하시오.   40점

출력형태	(1) $\sum_{k=1}^{n} k^3 = 1^3 + 2^3 + 3^3 \cdots + n^3 = \left(\frac{1}{2}n(n+1)\right)^2$ (2) $a(1+r)^n = \dfrac{a((1+r)^n - 1)}{r}$

04 다음의 ≪조건≫에 따라 ≪출력형태≫와 같이 문서를 작성하시오.   110점

조건	(1) 그리기 도구를 이용하여 작성하고, 모든 도형(글맵시, 지정된 그림 포함)을 ≪출력형태≫와 같이 작성하시오. (2) 도형의 면 색은 지시사항이 없으면 색 없음을 제외하고 서로 다르게 임의로 지정하시오.

출력형태

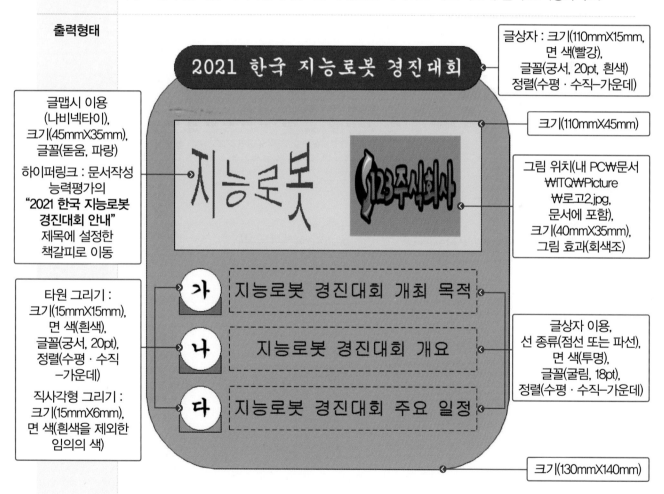

글상자 : 크기(110mmX15mm, 면 색(빨강), 글꼴(궁서, 20pt, 흰색) 정렬(수평·수직-가운데)

크기(110mmX45mm)

그림 위치(내 PC\문서 \ITQ\Picture \로고2.jpg, 문서에 포함), 크기(40mmX35mm), 그림 효과(회색조)

글맵시 이용 (나비넥타이), 크기(45mmX35mm), 글꼴(돋움, 파랑)

하이퍼링크 : 문서작성 능력평가의 **"2021 한국 지능로봇 경진대회 안내"** 제목에 설정한 책갈피로 이동

타원 그리기 : 크기(15mmX15mm), 면 색(흰색), 글꼴(궁서, 20pt), 정렬(수평·수직 -가운데)

직사각형 그리기 : 크기(15mmX6mm), 면 색(흰색을 제외한 임의의 색)

글상자 이용, 선 종류(점선 또는 파선), 면 색(투명), 글꼴(굴림, 18pt), 정렬(수평·수직-가운데)

크기(130mmX140mm)

⑥ 나머지 「−1)」을 입력한 후 [다음 항목](↦)을 클릭하고, 분모에 「r」을 입력한 후 [넣기](⊷)
를 클릭한다.

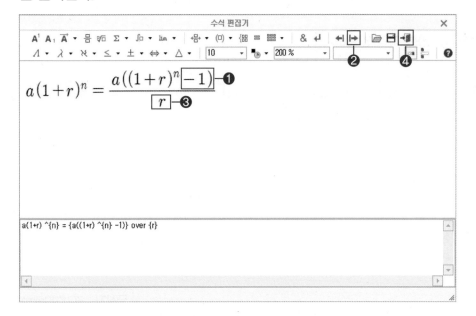

글꼴 : 돋움, 18pt, 진하게, 가운데 정렬,
책갈피 이름 : 로봇   덧말 넣기

지능로봇

머리말 기능
돋움, 10pt,
오른쪽 정렬

첫 글자 장식 기능
글꼴 : 굴림, 면 색 : 노랑

미래를 향한 최첨단 기술
2021 한국 지능로봇 경진대회 안내

각주

지 능로봇 경진대회ⓐ를 개최하는 목적은 다음과 같습니다. 첫째, 대회를 통하여 창의력을 개발하고 참가자 상호 간에 정보를 교환합니다. 둘째, 시스템 기술, 설계 기술, 전자 및 제어, 통신, 센서 기술 등 전방위적 첨단 기술의 결정체인 지능로봇의 개발로 로봇의 상용화와 벤처 창업화 및 유연 생산 자동화 시스템 구축에 기여합니다. 셋째, 국내외 첨단 지능로봇의 시연과 전시회에 학생과 일반인이 직접 참여해서 체험할 수 있는 기회를 제공함으로써 과학 기술에 대한 긍정적인 마인드 향상과 과학 문화 풍토를 조성하여 로봇의 대중화에 기여합니다.

경진대회(競進大會) 종목은 지능로봇 경진대회, 청소로봇 경진대회, 로봇올림픽이며 참가 로봇의 종류는 다음과 같습니다. 지능로봇은 문자, 음성 및 물체 등을 인식해서 작동하는 센서를 이용한 로봇, 청소로봇은 보통의 가정환경을 인식하여 청소를 하는 로봇, 로봇올림픽은 상업적(商業的)인 제품을 사용해도 되나 참가 팀만의 프로그램과 하드웨어적인 기술이 사용된 로봇으로 높이가 60cm 이상을 넘지 않는 제품으로 제한합니다. 참가를 희망하는 분들은 아래 내용을 숙지하여 신청하시기 바랍니다.

그림 위치(내 PC₩문서₩ITQ
₩Picture₩그림5.jpg, 문서에 포함)
자르기 기능 이용,
크기(40mm×40mm),
바깥 여백 왼쪽 : 2mm

■ 경진대회 개최 개요

글꼴 : 궁서, 18pt, 흰색
음영색 : 파랑

　가) 참가 신청 및 자격
　　a) 신청 기간 : 2021. 2. 11(목) ~ 2. 28(일)
　　b) 자격/장소 : 학교, 연구소, 기업체 등의 개인 또는 단체/포항실내체육관
　나) 주최 및 주관/후원
　　a) 주최 : 경상북도, 포항시, 포항공업대학교
　　b) 주관/후원 : 한국지능로봇연구소/특허청, 신일코리아

표 전체 글꼴 : 굴림, 10pt,
가운데 정렬,
셀 배경색(그라데이션) :
유형(수직), 시작색(흰색),
끝색(노랑)

■ 대회 주요 일정

글꼴 : 궁서, 18pt, 밑줄, 강조점

구분	기간	종목별 평가영역 및 점수		
		지능로봇	청소로봇	로봇올림픽
신청 및 접수	2. 11 ~ 2. 28	지능 능력(10점)	지도작성 성능(20점)	30m의 U자형 경기장에서 장애물을 통과한 10개 팀 중 기록이 좋은 순으로 수상자 선정
서류 심사 결과 발표	3. 15	제어 능력(10점)	청소영역 평가(20점)	
본 심사/시연	7. 5 ~ 7. 6	메커니즘(10점)	로봇 가격(10점)	
시상식	7. 7	완성도(10점)	청소 성능(40점)	

문단 번호 기능 사용
1수준 : 20pt, 오른쪽 정렬,
2수준 : 30pt, 오른쪽 정렬
줄 간격 : 180%

한국지능로봇연구소

글꼴 : 돋움, 20pt, 진하게, 장평 130%, 오른쪽 정렬

ⓐ 로봇 사진 1매 및 설명서, 시연 동영상 파일, PPT 판넬 자료 1장, 팀장 신분증 1부 제출

각주 구분선 : 5cm

- E -

쪽 번호 매기기, 5로 시작

① 완성한 첫 번째 수식 옆에 [Space Bar]를 눌러 적당한 공백을 삽입한 후 문제번호 「(2)」를 입력한다.

② [Ctrl]+[N], [M]을 누르거나 [입력] 탭 – [개체] 항목 – [수식](f_∞)을 선택한다.

③ [수식 편집기] 창이 나타나면 「a(1+r)」을 입력하고, [위첨자](A^1)를 클릭한 후 「n」을 입력하고 [다음 항목]([→])을 클릭한다.

④ 「=」을 입력하고 [분수]($\frac{\square}{\square}$)를 클릭한다.

⑤ 분자에 「a((1+r)」을 입력하고, [위첨자](A^1)를 클릭한 후 「n」을 입력하고 [다음 항목]([→])을 클릭한다.

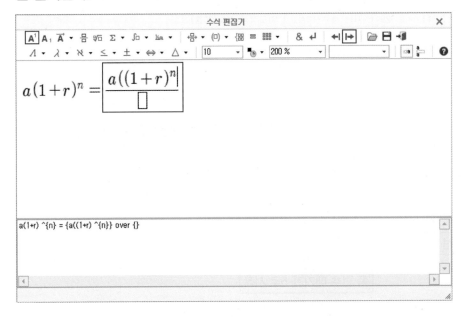

정답파일 Part 2 기출문제 따라하기\기출문제 따라하기 답안.hwp

답안 작성요령	• 파일명은 본인의 "수험번호–성명"으로 입력하여 답안폴더(내 PC\문서\ITQ)에 하나의 파일로 저장해야 하며, 답안문서 파일명이 "수험번호–성명"과 일치하지 않거나, 답안파일을 전송하지 않아 미제출로 처리될 경우 실격 처리합니다.(예 12345678–홍길동.hwp) • 글꼴에 대한 기본설정은 함초롬바탕, 10포인트, 검정, 줄간격 160%, 양쪽정렬로 합니다. • 색상은 조건의 색을 적용하고 색의 구분이 안 될 경우에는 RGB 값을 적용합니다. (빨강 255,0,0 / 파랑 0,0,255 / 노랑 255,255,0) • 용지여백은 왼쪽 · 오른쪽 11㎜, 위쪽 · 아래쪽 · 머리말 · 꼬리말 10㎜, 제본 0㎜로 합니다. • 페이지구분 : 1페이지–기능평가 I (문제번호 표시 : 1. 2.), 2페이지–기능평가 II (문제번호 표시 : 3. 4.), 3페이지–문서작성 능력평가

SECTION 01 **환경 설정**

---

① [서식] 도구상자에서 '함초롬바탕', '10pt'를 설정하고, [보기] 탭에서 [폭
맞춤]을 설정한다.

> ⏱ **기적의 3초컷**
>
> Alt + L 을 누르거나 [편집]
> 탭 – [글자 모양]([가])에서 '함
> 초롬바탕', '10pt'를 확인할 수
> 있다.

② F7 을 누르거나 [파일] 탭 – [편집 용지]를 선택한다. → 왼쪽 · 오른쪽
'11㎜', 위쪽 · 아래쪽 · 머리말 · 꼬리말 '10㎜', 제본 '0㎜'로 설정한다.

> ⏱ **기적의 3초컷**
>
> 글꼴에 대한 기본 설정은 함초
> 롬바탕이다.

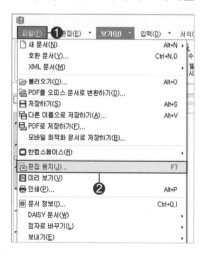

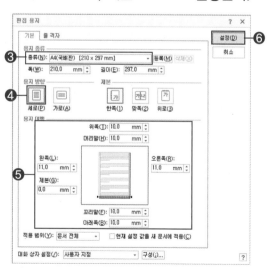

⑨ 분자에 「1」, 분모에 「2」를 입력하고, [다음 항목](➡)을 클릭한다.

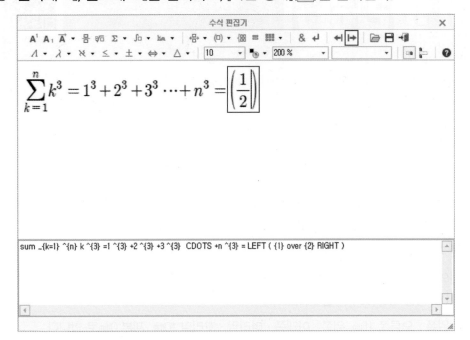

⑩ 「n(n+1)」를 입력하고, [다음 항목](➡)을 클릭한다.

⑪ [위첨자](A¹)를 클릭하고, 「2」를 입력 후 [넣기](➡)를 클릭한다.

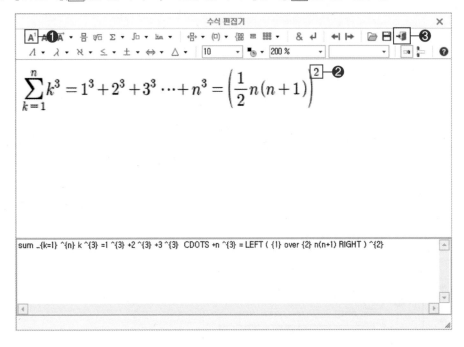

③ 문제 번호 「1.」을 입력하고 Enter 를 세 번 누른 후, 「2.」를 입력하고 Enter 를 한 번 누른다.

기적의 3초컷

1~4번까지의 문제 번호를 안 적고 작성하는 경우 해당 문제에 배당된 점수를 받지 못한다. 그러므로 각 문제의 번호를 꼭 입력하고 작성하도록 한다.

④ [쪽] 탭 – [구역 나누기](🖿)(Alt + Shift + Enter)를 클릭하여 페이지를 구분한다.

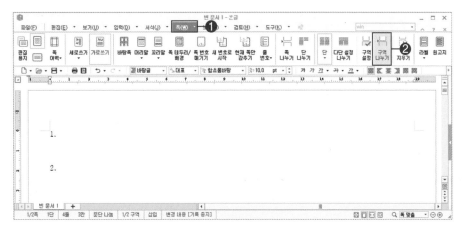

⑤ 두 번째 페이지로 커서가 이동되면 문제 번호 「3.」, 「4.」를 첫 번째 페이지와 같이 입력한 후 [구역 나누기](🖿)를 한 번 더 클릭한다.

기적의 3초컷

용지 여백 설정은 문제를 풀기 전에 먼저 지정한다.

⑥ 파일을 저장하기 위해 Alt + S 를 누르거나 [파일] 탭 – [저장하기](💾)를 선택하고, '내 PC₩문서₩ITQ₩' 폴더로 이동한다.

⑤ 문제지대로 「=」을 입력하고, 순서대로 「1」 입력, [위첨자](A¹) 클릭, 「3」 입력, [다음 항목] (⇥) 클릭하며 내용을 입력한다.

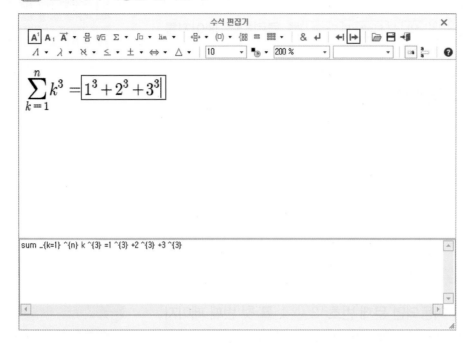

⑥ [기타 기호](△ ▾) – (⋯)을 선택하고, 「+」, 「n」을 순서대로 입력한 후, [위첨자](A¹) 클릭, 「3」 입력, [다음 항목](⇥)을 클릭한다.

⑦ 「=」을 입력한다.

⑧ [괄호]((□) ▾) – ((□))을 선택하고 [분수](믐)를 클릭한다.

⑦ '수험번호 – 이름.hwp' 파일명으로 답안 파일의 이름을 저장한다.

⑧ 제목 표시줄에 파일의 위치와 파일명이 정확히 기재되었는지 확인한다.

기능평가 ① 스타일

1번 문제는 영문과 한글에 '스타일' 기능을 적용하는 문제입니다. 한글 2016에서는 영문/한글 두 문단으로 출제되고 있습니다. 오타 없이 내용을 입력한 후 '문단 모양'과 '글자 모양'을 '스타일'로 지정하여 적용하세요.

조건	(1) 스타일 이름 – robot (2) 문단 모양 – 왼쪽 여백 : 10pt, 문단 아래 간격 : 10pt (3) 글자 모양 – 글꼴 : 한글(돋움)/영문(굴림), 크기 : 10pt, 장평 : 95%, 자간 5%
출력형태	We are to hold this contest to breed talented individuals in science technologies and make it easy and convenient for everybody to use and handle them in everyday lives. 인간 생활의 새로운 패러다임을 열어갈 로봇 경연대회는 참가자 상호 간에 정보를 교환하며 창의력을 개발하고 지능 로봇의 시연과 전시를 통해 일반인이 직접 체험할 수 있는 기회를 제공합니다.

② [수식 편집기] 창이 나타나면 [합](Σ ▾) – (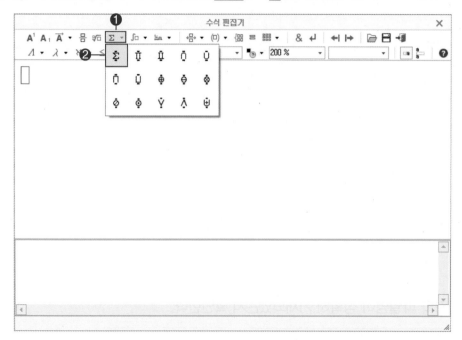)를 선택한다.

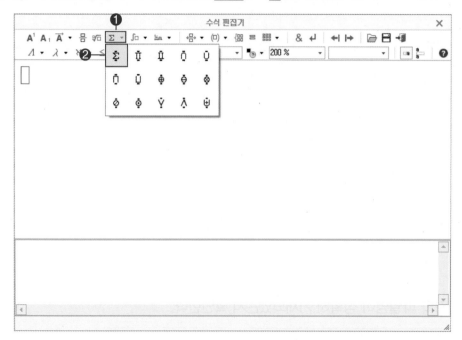

③ 「k=1」을 입력한 후 [다음 항목](▶)을 클릭하고, 「n」을 입력한 후 [다음 항목](▶)을 클릭한다.

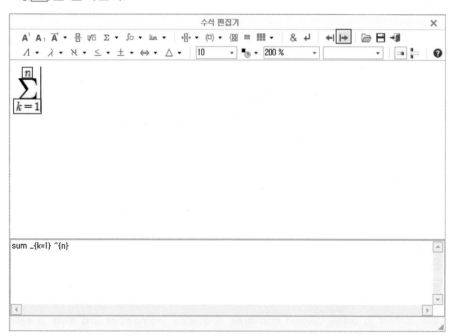

sum _{k=1} ^{n}

④ 「k」를 입력한 후 [위첨자](A^1)를 클릭하고, 「3」을 입력한 후 [다음 항목](▶)을 클릭한다.

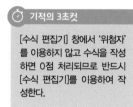

기적의 3초컷

[수식 편집기] 창에서 '위첨자'를 이용하지 않고 수식을 작성하면 0점 처리되므로 반드시 [수식 편집기]를 이용하여 작성한다.

① 문제 번호 「1.」 다음 줄에 [한/영](또는 왼쪽 [Shift]+[Space Bar])을 눌러 영문으로 변환 후 영문을 입력하고 다시 [한/영]을 눌러 한글로 변환 후 한글을 입력한다.

> 1.
>
> We are to hold this contest to breed talented individuals in science technologies and make it easy and convenient for everybody to use and handle them in everyday lives.
>
> 인간 생활의 새로운 패러다임을 열어갈 로봇 경연대회는 참가자 상호 간에 정보를 교환하며 창의력을 개발하고 지능 로봇의 시연과 전시를 통해 일반인이 직접 체험할 수 있는 기회를 제공합니다.

② 입력한 내용을 블록 설정한 후 [F6]을 눌러 [스타일] 대화상자에서 [스타일 추가하기]([+])를 클릭한다.

> ⏱ **기적의 3초컷**
>
> 스타일 지정은 [서식]−[스타일]을 클릭해도 된다.

③ [스타일 추가하기] 대화상자의 스타일 이름에 「robot」을 입력하고 [추가]를 클릭하여 스타일을 추가한다.

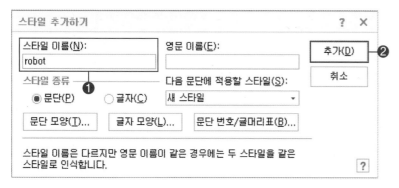

3번 문제는 수식 편집기를 이용하여 수식을 작성하는 문제입니다. 수식에서는 커서의 위치를 잘 확인해서 입력해야 합니다. 또한 자주 출제되는 수식 기호와 확장 연산자를 익혀두고 작성 순서에 주의해서 입력하세요.

출력형태

$$(1) \quad \sum_{k=1}^{n} k^3 = 1^3 + 2^3 + 3^3 \cdots + n^3 = \left(\frac{1}{2}n(n+1)\right)^2 \qquad (2) \quad a(1+r)^n = \frac{a((1+r)^n - 1)}{r}$$

SECTION 01 수식 입력 1

① 2페이지에 입력한 문제 번호 「3.」 다음 줄에 「(1)」을 입력하고 Ctrl + N , M 을 누르거나
   [입력] 탭 – [개체] 항목 – [수식](f_∞)을 선택한다.

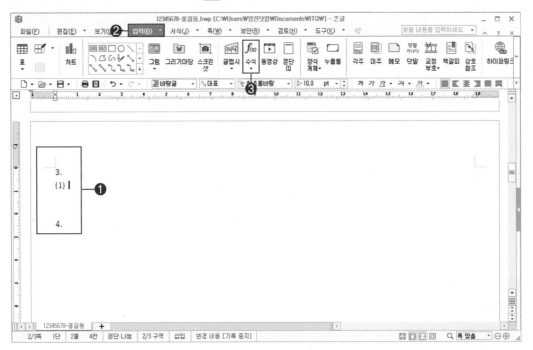

① [스타일] 대화상자의 스타일 목록에서 'robot'을 선택하고 [스타일 편집하기](✏)를 클릭한다.

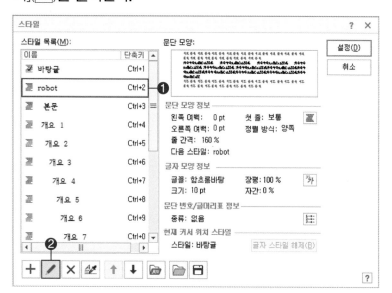

기적의 3초컷

[스타일 편집하기] 대화상자에서는 스타일의 문단 모양, 글자 모양, 문단 번호/글머리표를 편집할 수 있다.

② [스타일 편집하기] 대화상자에서 [문단 모양]을 클릭한 후 [문단 모양] 대화 상자에서 지시사항대로 왼쪽 여백 '10pt', 문단 아래 간격 '10pt'를 설정한다.

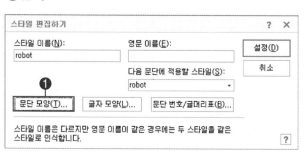

기적의 3초컷

[문단 모양]은 클릭하지 않고 대화상자에서 [T]를 눌러도 [문단 모양] 대화상자가 나타난다.

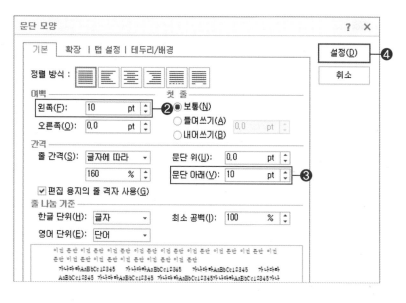

기적의 3초컷

[문단 모양]에서는 정렬, 여백, 간격을 조절한다. 주로 왼쪽 여백, 문단 아래 간격 조절이 출제된다.

② [범례 모양] 대화 상자의 [배경] 탭에서 선 모양의 종류를 '없음'으로 선택한다.

③ [글자] 탭에서 '굴림', '10pt', '보통 모양'을 설정한다.

③ [스타일 편집하기] 대화상자에서 [글자 모양]을 클릭한다. → [글자 모양] 대화상자에서 지시사항대로 '10pt', 장평 '95%', 자간 '5%'를 설정하고, 한글 글꼴을 지정하기 위해 언어 '한글', 글꼴 '돋움'을 선택한다.

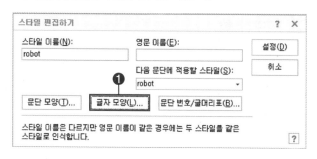

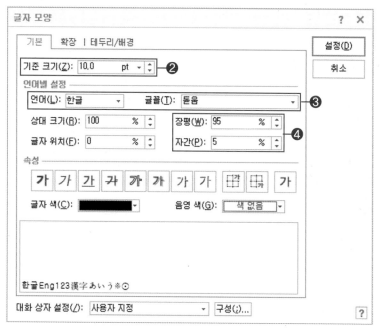

④ 영문 글꼴을 지정하기 위해 언어 '영문', 글꼴 '굴림', 장평 '95%', 자간 '5%'를 설정한다.

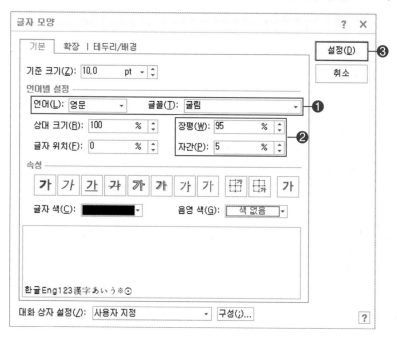

② [축 제목 모양] 대화 상자의 [글자] 탭에서 글자 방향을 '가로로'로 선택하고, '굴림', '10pt', '보통 모양'을 설정한다.

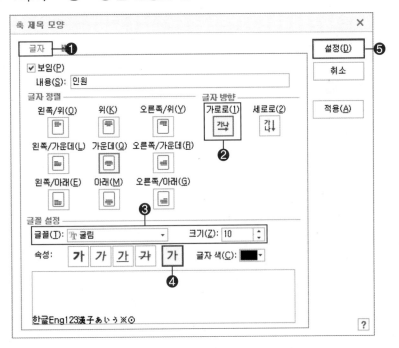

③ 같은 방법으로 'X축 제목'을 더블 클릭하거나 마우스 오른쪽 단추를 클릭하여 [축] – [제목]을 선택한다. → [축 제목 모양] 대화 상자의 [글자] 탭에서 '굴림', '10pt', '보통 모양'을 설정한다.

SECTION 05 범례 설정

① '범례'를 더블 클릭하거나 마우스 오른쪽 단추를 클릭하여 [범례 모양]을 선택한다.

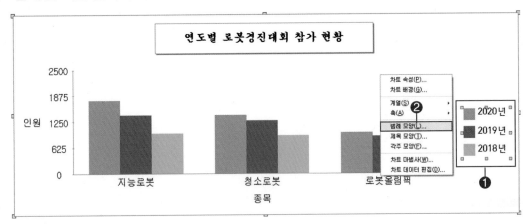

2번 문제의 표 작성은 일반적으로 5~6개 줄/칸의 형태로 출제되고 있습니다. 표를 만들면 내용을 입력하고 글꼴, 정렬, 셀 테두리, 셀 배경색을 지정한 후 블록 계산과 캡션을 설정하면 됩니다.

표 조건	(1) 표 전체(표, 캡션) – 굴림, 10pt (2) 정렬 – 문자 : 가운데 정렬, 숫자 : 오른쪽 정렬 (3) 셀 배경색 : 노랑 (4) 한글의 계산 기능을 이용하여 빈칸에 합계를 구하고, 캡션 기능 사용할 것 (5) 선 모양은 ≪출력형태≫와 동일하게 처리할 것

출력형태

연도별 로봇경진대회 참가 현황(단위 : 명)

구분	2020년	2019년	2018년	2017년	2016년
지능로봇	1,760	1,408	964	876	916
청소로봇	1,404	1,280	916	720	884
로봇올림픽	980	896	560	496	620
합계					

SECTION 01 **표 만들기**

① 입력한 문제 번호 「2.」 다음 줄에 커서를 위치시킨다.

② 표를 만들기 위해 Ctrl + N, T를 누르거나 [입력] 탭 – [표](▦)를 선택한다.

③ [축 모양] 대화 상자의 [비례] 탭에서 '자동으로 꾸밈'의 체크를 해제하고,
최솟값 '0', 최댓값 '2500', 큰 눈금선 '4'를 설정한다.

---

① 'Y축 제목'을 더블 클릭하거나 마우스 오른쪽 단추를 클릭하여 [축] – [제
목]을 선택한다. → [축 선택] 대화 상자에서 [세로 값 축]을 선택한다.

> ⏱ **기적의 3초컷**
>
> 차트 모양이 제대로 안 보이
> 거나 차트 제목이 잘려 보이
> 는 경우에는 차트의 크기를 늘
> 리거나 화면을 확대하면 해결
> 된다.

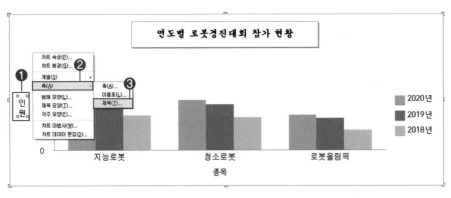

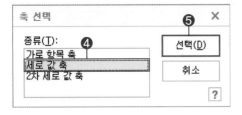

③ [표 만들기] 대화상자에서 줄 수 '5', 칸 수 '6'을 설정한 후 '글자처럼 취급'에 체크한다.

④ 표에 들어갈 데이터를 입력한다.

구분	2020년	2019년	2018년	2017년	2016년
지능로봇	1760	1408	964	876	916
청소로봇	1404	1280	916	720	884
로봇올림픽	980	896	560	496	620
합계					

⑤ 표 전체를 블록 설정(F5 세 번)한 후, [서식] 도구상자에서 '굴림', '10pt', [가운데 정렬](≡)을 설정한다.

⑥ 숫자 부분을 블록 설정한다. → [서식] 도구상자에서 [오른쪽 정렬](≡)을 지정하고, [표] 탭 – [1,000 단위 구분 쉼표](1,000) – [자릿점 넣기]를 선택한다.

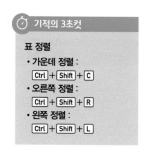

기적의 3초컷

표 정렬
• 가운데 정렬 :
  Ctrl + Shift + C
• 오른쪽 정렬 :
  Ctrl + Shift + R
• 왼쪽 정렬 :
  Ctrl + Shift + L

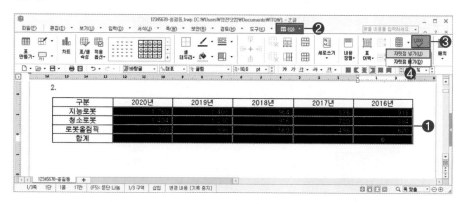

⑦ [축 이름표 모양] 대화 상자의 [글자] 탭에서 '굴림', '10pt', '보통 모양'을 설정한다.

⑧ 같은 방법으로 'X축 이름표'에 마우스 오른쪽 단추를 클릭하여 [축] – [이름표]를 선택하고 [가로 항목 축]을 선택한다. → [축 이름표 모양] 대화 상자의 [글자] 탭에서 '굴림', '10pt', '보통 모양'을 설정한다.

SECTION 03 축 모양 설정하기

① '축'을 더블 클릭하거나 마우스 오른쪽 단추를 클릭하여 [축] – [축]을 선택한다.

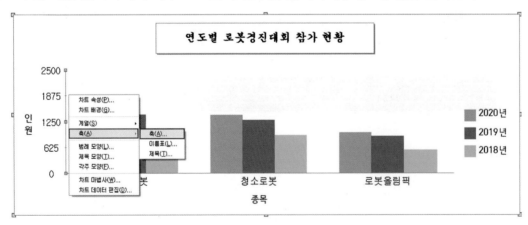

② [축 선택] 대화 상자에서 [세로 값 축]을 선택한다.

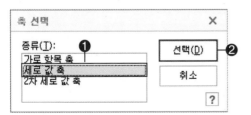

① 표 전체를 블록 설정(F5 세 번)하고 ㄴ을 누른다.

② [셀 테두리/배경] 대화상자의 [테두리] 탭에서 '이중 실선'을 '바깥쪽'에 설정한다.

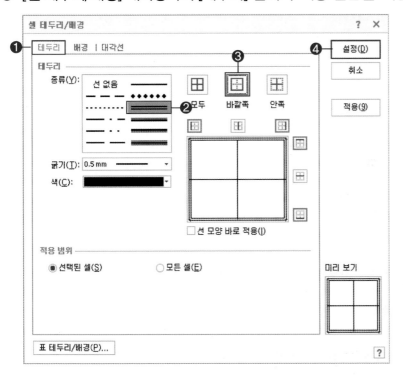

③ 계속해서 이중 실선이 들어갈 첫 번째 줄과 첫 번째 칸을 차례로 블록 설정하여 '이중 실선'을 설정한다.

구분	2020년	2019년	2018년	2017년	2016년
지능로봇	1,760	1,408	964	876	916
청소로봇	1,404	1,280	916	720	884
로봇올림픽	980	896	560	496	620
합계					

구분	2020년	2019년	2018년	2017년	2016년
지능로봇	1,760	1,408	964	876	916
청소로봇	1,404	1,280	916	720	884
로봇올림픽	980	896	560	496	620
합계					

④ 대각선을 설정할 5번째 줄 5, 6번째 칸을 블록 설정하고 ㄴ을 누른다.

구분	2020년	2019년	2018년	2017년	2016년
지능로봇	1,760	1,408	964	876	916
청소로봇	1,404	1,280	916	720	884
로봇올림픽	980	896	560	496	620
합계					◎

③ [제목 모양] 대화 상자의 [글자] 탭에서 '궁서', '12pt', '진하게'를 설정한다.

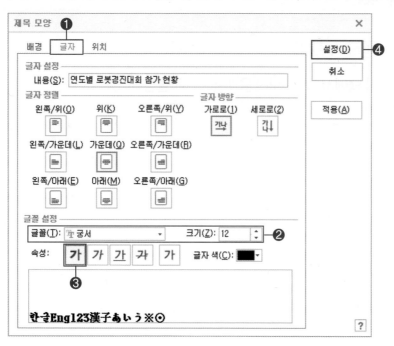

④ 주어진 출력형태를 참고하여, 제목 영역을 마우스로 드래그하여 크기를 조절한다.

⑤ '축'을 더블 클릭하거나 마우스 오른쪽 단추를 클릭하여 [축] – [이름표]를 선택한다.

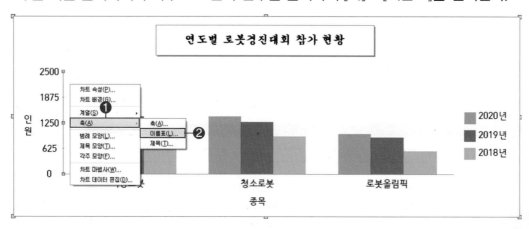

⑥ [축 이름표 선택] 대화 상자에서 [세로 값 축]을 선택한다.

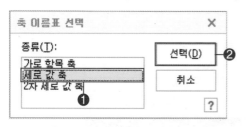

⑤ [대각선] 탭에서 '/' 모양의 대각선 종류를 선택한다.

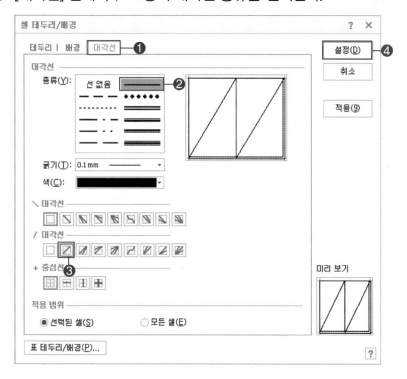

⑥ 배경색을 지정할 부분을 드래그하여 블록 설정한 후 **C** 를 누른다.

구분	2020년	2019년	2018년	2017년	2016년
지능로봇	1,760	1,408	964	876	916
청소로봇	1,404	1,280	916	720	884
로봇올림픽	980	896	◎ 560	496	620
합계					

⑦ [셀 테두리/배경] 대화상자의 [배경] 탭에서 '색'을 선택한 후 면 색에서 [색상 테마](▶)
를 클릭하여 '오피스' 테마를 클릭하고 면 색을 '노랑'으로 설정한다.

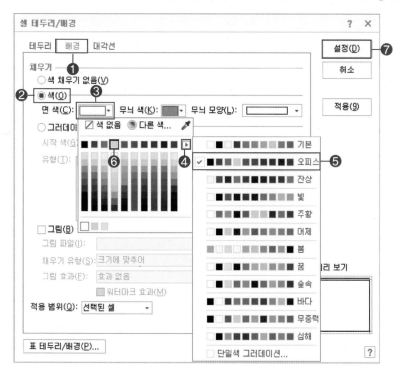

① '차트 제목' 부분을 더블 클릭하거나 마우스 오른쪽 단추를 클릭하여 [제목 모양]을 선택한다.

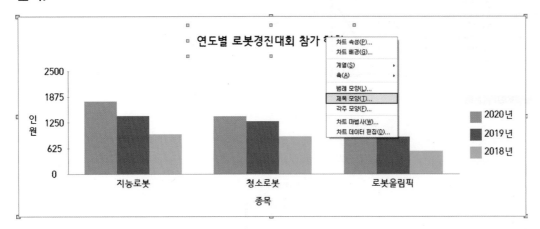

② [제목 모양] 대화 상자의 [배경] 탭에서 선 모양 종류를 '한 줄로'로 선택한 후 '그림자'에 체크하고 위치를 '2pt'로 설정한다.

① 계산식이 이루어져야 하는 부분을 블록 설정한 후 [표] 탭에서 [계산식](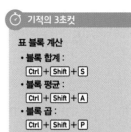) – [블록 합계]를 선택한다.

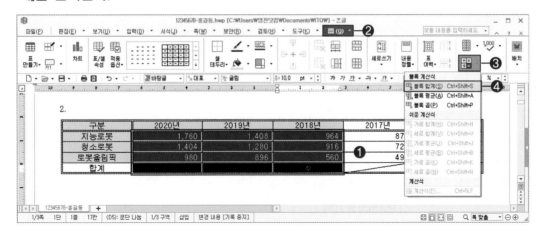

② 줄, 칸 너비 조절이 필요한 부분을 블록 설정한 후, [Ctrl]을 누른 채 방향키([←], [→], [↑], [↓])를 눌러 셀 간격을 조절한다.

구분	2020년	2019년	2018년	2017년	2016년
지능로봇	1,760	1,408	964	876	916
청소로봇	1,404	1,280	916	720	884
로봇올림픽	980	896	560	496	620
합계	4,144	3,584	2,440		

③ 캡션을 달기 위해 표를 선택하거나 표 안에 마우스 커서를 위치시키고 [표] 탭 – [캡션](🖺)의 드롭 다운 단추를 클릭한 후 [위]를 선택한다.

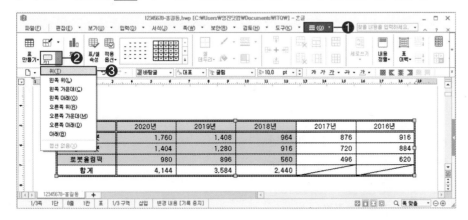

⏱ **기적의 3초컷**

표 블록 계산
• 블록 합계 :
  [Ctrl] + [Shift] + [S]
• 블록 평균 :
  [Ctrl] + [Shift] + [A]
• 블록 곱 :
  [Ctrl] + [Shift] + [P]

⏱ **기적의 3초컷**

• 단축 메뉴를 이용 : 표의 바깥 선을 선택하여 조절점이 나타나면 마우스 오른쪽 단추를 클릭
• [표] 탭 – [표] 항목 – [캡션] : 표 안에 커서를 위치시킨 상태에서 선택

⑦ [차트 마법사 – 마지막 단계] : [제목] 탭에서 차트 제목 「연도별 로봇경진 대회 참가 현황」, X축 제목 「종목」, Y축 제목 「인원」을 입력한다.

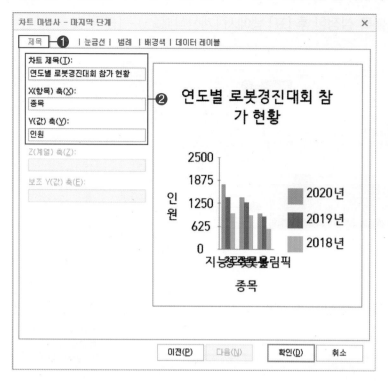

⑧ [차트 마법사 – 마지막 단계] : [범례] 탭에서 범례의 배치를 '오른쪽'으로 선택한 후 [확인]을 클릭한다.

④ 캡션 번호 '표1'이 자동으로 만들어지면 [Back Space]를 눌러 지우고 「연도별 로봇경진대회 참가 현황(단위 : 명)」을 입력한다.

표 1 |

구분	2020년	2019년	2018년	2017년	2016년
지능로봇	1,760	1,408	964	876	916
청소로봇	1,404	1,280	916	720	884
로봇올림픽	980	896	560	496	620
합계	4,144	3,584	2,440		

⬇

연도별 로봇경진대회 참가 현황(단위 : 명)

구분	2020년	2019년	2018년	2017년	2016년
지능로봇	1,760	1,408	964	876	916
청소로봇	1,404	1,280	916	720	884
로봇올림픽	980	896	560	496	620
합계	4,144	3,584	2,440		

⑤ 캡션 내용을 블록 설정하고 [서식] 도구상자에서 '굴림', '10pt', [오른쪽 정렬](▤)을 설정한다.

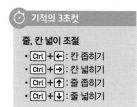

기적의 3초컷

줄, 칸 넓이 조절
• [Ctrl]+[←] : 칸 좁히기
• [Ctrl]+[→] : 칸 넓히기
• [Ctrl]+[↑] : 줄 좁히기
• [Ctrl]+[↓] : 줄 넓히기

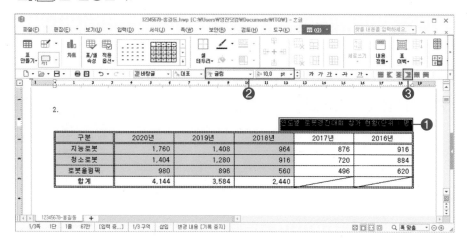

⑤ [차트 마법사 – 3단계 중 1단계] : [표준 종류] 탭에서 '세로 막대형'을 선택하고 '첫 번째' 차트 모양을 선택한 후 [다음]을 클릭한다.

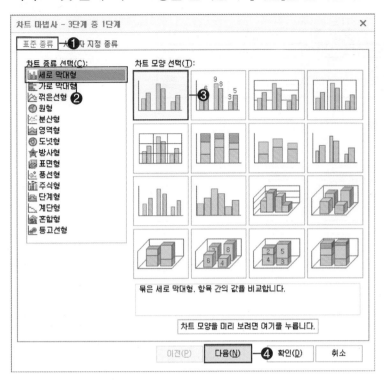

⑥ [차트 마법사 – 3단계 중 2단계] : [방향 설정] 탭에서 방향을 '열'로 선택하고 [다음]을 클릭한다.

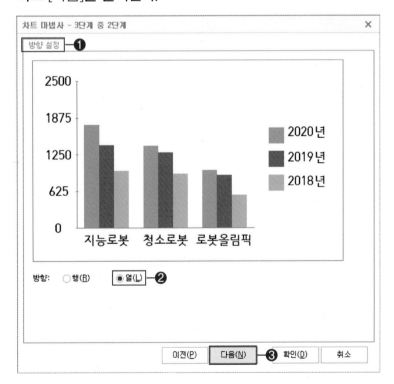

기적의 3초컷

문제에서 제시된 차트 모양을 확인하고 '열'과 '행'을 정확히 구분해야 한다.

2번 문제의 차트 작성은 이미 작성된 표에 있는 일부 데이터를 이용해 작성하는 문제입니다. 일반적으로 표에서 셀 배경색을 변경한 부분을 데이터로 사용합니다. 차트의 제목과 제목 이외의 요소의 글꼴이 다르게 주어지므로 주의하세요.

차트 조건	(1) 차트 데이터는 표 내용에서 구분별 2020년, 2019년, 2018년의 값만 이용할 것 (2) 종류 – 〈묶은 세로 막대형〉으로 작업할 것 (3) 제목 – 궁서, 진하게, 12pt, 배경 – 선 모양(한 줄로), 그림자(2pt) (4) 제목 이외의 전체 글꼴 – 굴림, 보통, 10pt (5) 기타 나머지 사항은 ≪출력형태≫와 동일하게 처리할 것
출력형태	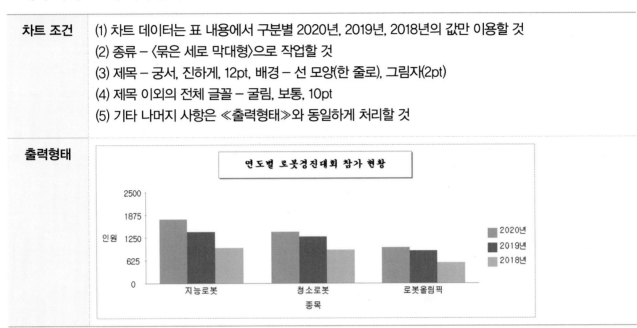

SECTION **01** 차트 만들기

① 작성한 표에서 차트에 반영될 만큼의 영역을 블록 설정한 후 [입력]
탭 – [차트](📊)를 선택한다.

> **기적의 3초컷**
>
> 차트의 최솟값, 최댓값, 큰 눈금선이 〈출력 형태〉와 같아도, '자동으로 꾸밈'의 체크를 해제한 후 직접 값들을 입력한다. '자동으로 꾸밈'의 체크를 해제하지 않으면 차트의 크기에 따라 눈금이 자동 변경된다.

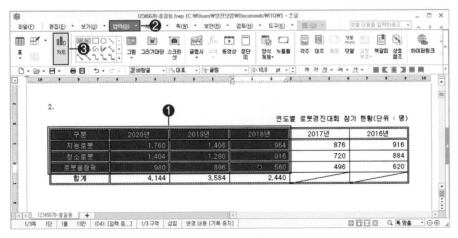

② 표 위쪽에 나타난 차트를 선택하고 [차트] 탭에서 [글자처럼 취급]에 체크하면 표 아래
로 이동한다.

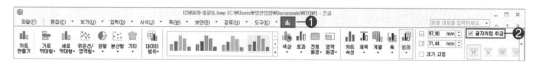

③ 차트의 크기를 표의 가로 크기와 비슷하게 조절해준다.

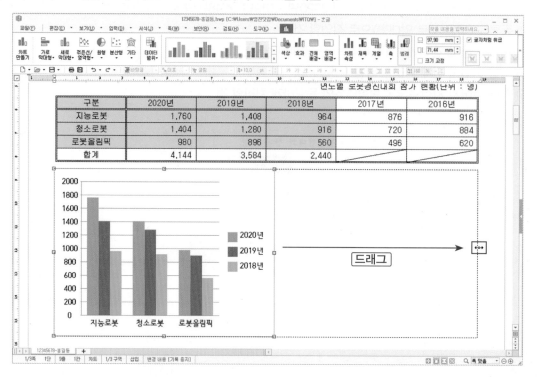

④ 생성된 차트를 더블 클릭하여 차트 편집 상태가 되면 마우스 오른쪽 단추
를 클릭하여 [차트 마법사]를 선택한다.

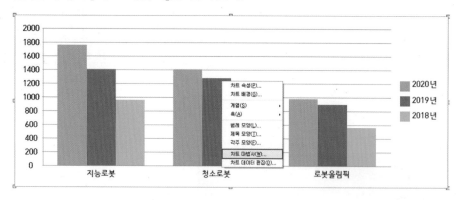

> 💡 왜 안될까요?
>
> **차트에 [차트 마법사] 기능이
> 없어요.**
> 차트를 더블클릭하여 편집 상
> 태로 전환하세요.